交通工程与信息化建设

杨凌云　车俊霖　许　俊　主　编

吉林科学技术出版社

图书在版编目（CIP）数据

交通工程与信息化建设 / 杨凌云，车俊霖，许俊主编 . -- 长春 : 吉林科学技术出版社，2022.5
ISBN 978-7-5578-9278-4

Ⅰ . ①交… Ⅱ . ①杨… ②车… ③许… Ⅲ . ①交通工程—信息化建设 Ⅳ . ① U491

中国版本图书馆 CIP 数据核字 (2022) 第 072636 号

交通工程与信息化建设

主　　编	杨凌云　车俊霖　许　俊
出 版 人	宛　霞
责任编辑	李玉铃
封面设计	徐逍逍
制　　版	徐逍逍
幅面尺寸	170mm×240mm　　1/16
字　　数	335 千字
页　　数	316
印　　张	19.75
印　　数	1-1500 册
版　　次	2022 年 5 月第 1 版
印　　次	2022 年 5 月第 1 次印刷

出　　版	吉林科学技术出版社
发　　行	吉林科学技术出版社
地　　址	长春市净月区福祉大路 5788 号
邮　　编	130118
发行部电话 / 传真	0431-81629529　81629530　81629531
	81629532　81629533　81629534
储运部电话	0431-86059116
编辑部电话	0431-81629518
印　　刷	廊坊市印艺阁数字科技有限公司

书　　号	ISBN 978-7-5578-9278-4
定　　价	78.00 元

编委会

前　言

随着我国经济的快速发展，运输的规模不断扩大。运用信息化技术可以实现交通规划。城市道路的工程设计不仅关系到人们的出行安全，也关系到城市的整体发展。完善的公路工程设计可以在施工前对各个方面进行合理的规划，采用先进的道路施工工艺，保证道路交通的性能和质量。因此，合理的道路交通工程设计能有效缓解城市交通拥挤状况，促进城市的和谐文明。我国正加大对城市道路交通的建设力度，但由于其在设计上的缺陷，导致实际应用中出现了很多问题。道路工程设计中，如果不能进行全方位的考虑，将很难从根本上解决城市交通拥堵的状况。

目前，我国道路交通安全管理方式仍停留在"事后处置"的模式上，存在着严重的"事后处置"问题。尽管目前城市道路施工已经全面展开，但在实际施工中遇到问题时，也仅仅能够采取维修或修补的方式解决，不能从根本上防止问题的发生。例如，有些学校门前的路段，由于没有相应的减速和保护措施，在学生上下学时段，出现严重的交通堵塞现象，光线或天气不好时，还可能诱发交通事故，导致学生的人身安全无法得到保障。交通路口的信号灯设置不合理，没有按照交通规律来规划，使上下班和学生上下学时段交通严重拥堵，对居民正常生活和工作造成严重影响。当前，信息技术的飞速发展，在交通工程管理中应用信息技术可以使交通流量得到有效的优化。

目 录

CONTENTS

第一章 交通工程学的内涵及发展 ·· 1

    第一节 交通工程学的定义、作用及研究内容 ····························· 1

    第二节 交通工程学的产生与发展 ·· 6

第二章 道路交通规划 ·· 11

    第一节 交通规划的意义、类型及总体设计 ····························· 11

    第二节 交通调查 ··· 18

    第三节 城市道路网的布局规则及公路网的规划布置 ················· 36

第三章 交通要素特性 ·· 45

    第一节 人的交通特性 ··· 45

    第二节 车辆的交通特性 ·· 57

    第三节 道路的交通特性 ·· 64

第四章 道路交通管理与控制 ·· 75

    第一节 道路交通管理 ··· 75

    第二节 道路交通控制 ··· 93

第三节　机动车管理与驾驶员管理 …………………………………… 103

第五章　城市交通系统 …………………………………… 111

第一节　城市交通结构 …………………………………… 111

第二节　行人交通、自行车交通及小汽车交通 …………… 119

第三节　城市公共交通 …………………………………… 126

第六章　智能交通系统 …………………………………… 141

第一节　智能交通系统的建设 …………………………… 141

第二节　智能交通的应用 ………………………………… 147

第三节　智能交通的发展趋势 …………………………… 156

第七章　信息系统及信息技术 …………………………… 166

第一节　信息及信息系统 ………………………………… 166

第二节　智能交通系统中的信息技术 …………………… 178

第八章　交通信息技术及其应用 ………………………… 189

第一节　交通信息管理技术 ……………………………… 189

第二节　GPS 技术 ………………………………………… 202

第三节　掌纹掌脉识别技术 ……………………………… 209

第九章　停车场规划及其信息化发展 …………………… 221

第一节　停车场规划 ……………………………………… 221

第二节　"互联网 +"背景下的出行信息化 ·········· 231

第三节　"互联网 +"背景下停车的信息化 ·········· 239

第十章　智能运输系统的信息化 ·········· 246

第一节　运输信息管理理论与技术 ·········· 246

第二节　交通运输的信息化建设 ·········· 258

第三节　"互联网 +"背景下交通运输的未来发展 ·········· 265

第十一章　智能物流系统的信息化 ·········· 277

第一节　现代物流的概念及信息化建设意义 ·········· 277

第二节　物流信息系统 ·········· 287

第三节　"互联网 +"背景下货运物流的发展 ·········· 297

结束语 ·········· 303

参考文献 ·········· 304

第一章 交通工程学的内涵及发展

第一节 交通工程学的定义、作用及研究内容

一、交通工程学的定义

交通工程学（Traffic Engineering）是随着道路工程、汽车制造、交通控制、信息采集、数据传输、自动化、智能化等有关公路交通的科学技术发展而产生的一门新兴学科，目前仍在发展完善中。交通工程学前景广阔，对提高公路和道路交通性能至关重要。

由于世界各国学者认识问题的角度、观点和研究方法不同，对交通工程学的定义也有多种提法，目前尚无公认的统一定义。

1983年，美国交通工程师协会指出：交通工程学是交通运输工程学的一个分支。涉及规划、几何设计、交通管理、道路网、终点站、毗邻用地，以及道路交通与其他交通方式关系的学科。

英国学者的定义：道路工程学中研究交通运营与控制、交通规划、线形设计的称为交通工程学。

日本学者的定义：交通工程学考虑客、货运输的安全、便利与经济，综合探讨公路、城市道路及相邻链接地带的整体用地规划、几何线形设计和运营管理等问题，属于工程上的分支学科。

我国的交通工程学者认为：交通工程学是研究道路交通规律及其应用的一门

技术科学。

以上几种定义，有的从学科的研究目的考虑，有的从学科的研究内容考虑，有的从学科的研究对象考虑，都具有一定的根据，但也在一定程度上受到了当时社会和时代条件的限制。交通工程学是一门发展中的交叉学科，近几十年来，研究内容日趋广泛，原有对交通工程学的定义已不适应现在的发展，缺乏全面性。

交通工程学应是研究道路交通中各种交通现象的基本规律及其应用的一门边缘学科，而不是原有其他学科分支的汇集和取代，具体研究内容尚在发展中，不可能也不必要完全罗列在定义中。在我国《交通工程手册》中提出如下定义："交通工程学是研究道路交通中人、车、路、环境之间的关系，探讨道路交通规律，建立交通规划、设计、控制和管理的理论和方法及有关的设施、装备、法律和法规等，使道路交通更加安全、高效、快捷、舒适的一门技术学科。"

20 世纪 70 年代以来，国外专家明确指出：交通工程学只有将工程（Engineering）、教育（Education）、法规（Enforcement）、环境（Environment）和能源（Energy）五个方面综合起来考虑，才能保证人、车、路和环境之间形成合理的时间和空间关系。因为工程、教育、法规、环境和能源这五个英语单词的第一个字母都是 E，所以，人们常将交通工程学称为"五 E"学科。

总之，交通工程学是以人（驾驶员、行人和乘客）为主体，以交通流为中心，以道路为基础，将这三方面的内容统一在交通系统的环境中进行研究，综合处理道路交通中人、车、路、环境四者之间的时间和空间关系，通过交通规划、设计、运营管理等方法，提高道路的通行能力和运输效率，减少交通事故，降低能源及机件损耗、公害程度与运输费用，达到安全、迅速、经济和低公害的目的。

二、交通工程学的作用

交通工程学研究的内容涉及道路交通及运输工程的各个方面。总结国内外研究和运用交通工程学的实践，以及交通工程学在发展过程中所显示的作用，可以概括为以下几点：

促进道路交通综合治理方案的形成和实施，降低交通事故的发生；有效地减少和避免交通拥挤、混乱状况，提高交通运输效率和运输企业的经济发展效益；

通过改善道路交通环境达到既提高道路通行能力又减轻驾驶员劳动强度的效果；通过对驾驶员交通心理及生理特性的研究，实施对驾驶员的科学管理，提高安全驾驶率；促使车辆和道路在质量和数量上协调发展，提高交通规划和公路网规划水平及道路的整体设计和施工水平；增进汽车驾驶员、乘客、行人、非机动车驾驶员等道路使用者的安全感和舒适感，减少道路运输中的货物损失；减少空气污染、交通噪声等交通公害；提高各项交通工作（含车辆运行管理、公路运输行业和企业管理）的管理水平、服务水平和法制教育水平。

三、交通工程学研究的主要内容

交通工程学的主要研究内容包括以下几个方面：

（一）交通特性

为了研究某一地区的交通，首先应掌握该地区的交通特性及其发展倾向。内容包括：

车辆的交通特性。车辆拥有量具体体现一个城市或一个地区的交通状况。要研究车辆历来的增长率、人口平均车辆数、车辆的增长与道路发展的关系、车辆组成、车辆拥有量的预测及如何合理地控制车辆拥有量的盲目增加。车辆运行特性，研究车辆的尺寸大小与质量、操纵特性、通行性能、加速性能、制动性能、安全可靠性、经济特性与交通效率。

驾驶员和行人的交通特性。驾驶员和行人是道路、车辆的使用者。应当从交通心理学的角度研究驾驶员的视觉特性、反应特性、酒精对驾驶的危害性、驾驶员的驾驶适合性，以及疲劳、情绪、意志、注意力等对行车的影响。

道路的交通特性。道路是交通的基本组成部分之一。交通工程学研究道路规划指标如何适应交通的发展；研究线形标准如何满足行车要求；研究线形设计如何保证交通安全；研究道路与环境如何协调。

交通流的特性。交通流的运行有其规律性，因此要对定义交通流的三个参数——交通量、车流速度、密度进行研究，同时要研究车头时距分布、延误。只有对交通流进行定量分析，掌握各种参数的具体数据，才能便于对车辆进行线形设计和交通管理。

（二）交通调查

交通调查是开展交通工程研究的基础工作。交通工程学主要的调查项目有：交通量、车速和车流密度调查；行程时间和延误调查；停车调查；公共交通客流调查；公路客、货流调查；道路通行能力调查；交通事故调查；交通环境调查；居民出行调查；起讫点调查。如何进行以上调查（包括调查时间、地点、方法、如何取样），如何进行数据分析，都是交通工程学要研究的问题。

（三）交通流理论研究

各种不同密度的交通流特性与其表达参数之间的关系，寻求最适合的交通状态模型，推导表达公式，为制定交通治理方案、增建交通设施、评定交通事故提供依据。目前有概率论、流体力学理论、动力学、排队论等交通流的研究方法。

（四）交通事故与安全

在全世界范围内交通事故是一个严重的问题。研究和掌握发生交通事故的规律，弄清交通事故与人、车、路、环境之间的关系，以及如何减少交通事故等，对保证交通安全极为重要。故需对交通事故的变化规律、影响因素和交通事故心理等进行广泛研究。

（五）交通规划

现代社会发展中，交通规划是社会经济发展和生活水平有关的总体规划程序中的一个重要组成部分。交通设施的供应情况依靠整个社会上可用的经济资源，此外，交通规划还取决于对诸如环境条件等因素的评价。交通规划中的各种数据的采集、分析以及交通规划所采用的许多理论和方法正是交通工程学研究的内容之一。交通规划是交通工程学研究和解决交通问题的一个重要途径。

（六）几何设计

几何设计指运用交通工程学的原理对道路几何线形等工程项目的特征进行深入研究，改进提高道路的性能，确保高等级公路汽车行驶快速、安全、舒适。

（七）交通组织管理与控制研究

组织、管理、控制交通的措施和装备，主要涉及的内容有：研究符合社会制度和公众道德规范的交通法规和执法管理；组织车流在路网上合理分布，在路线上有序行进；研究标志、标线的颜色、图形、尺寸、设置尺寸和画法以及反光、发光的标识；采用电子计算机技术及各种电子设备等新技术建立各种道路交通控制系统；研究道路交通专用的通信和数据传输系统；研究道路交通事故的快速救援处理系统。

（八）停车场及服务设施研究

停车需求，对停车场进行规划、设计和管理，讨论交通服务设施的布点、规模和经营。

（九）公共交通

讨论各种公共交通工具的特点、适用条件以及各种交通方式的配合，探索新的交通方式，为居民提供方便的交通系统。

（十）交通环境保护研究

加强排水系统，控制水土流失，保护天然植被、平衡生态环境以及减少交通噪声、废气、振动和漂移物对环境影响措施的研究，保护水源，创造良好的生活环境等。

（十一）交通能源节约与物资运输流量流向合理化的研究

道路交通中的机动车辆是以石油燃料为直接动力的能源消费型交通工具，减少机动车能源消费是节约能源的一大途径。研究道路交通能源节约的方法包括：对现有道路进行改善，加强交通管理，减少塞车，确保车速均匀，提高运载效率，减少空车运行，对新生产车辆的燃料效率标准严格控制，等等。鉴于物资供需单位分散、运力分散、重点批量物资如水泥钢材等供求关系信息不畅，未能统一调度，以致能源与运力浪费严重的现象，必须开展对物资运输流量流向合理安排的研究，以利于控制交通流量，减少交通事故。

第二节　交通工程学的产生与发展

一、交通工程学的产生

汽车的出现，使道路交通实现了第二次飞跃，由人力和畜力的低速交通时代进入了汽车的高速发展时代。从 1885 年德国人卡尔·本茨制造了第一辆用内燃机作为动力的三轮汽车，到 1892 年奥托发明了四冲程内燃机汽油汽车，完成了汽车由实验型向实用型的转变，形成了现代汽车的雏形。1908 年，美国人亨利·福特采用标准化、专业化生产方式，大大降低了汽车成本，使汽车成为大众普及型的交通工具。

汽车运输以其机动灵活、速度高、投资少、适应性强、可达性好等优点，使汽车运输得以迅速发展。美国是汽车运输发展最快的国家。1920 年，美国已有 800 多万辆汽车，300 多万公里道路，而到 1930 年美国的汽车拥有量已达 3000 多万辆，道路 400 多万公里，平均每 1000 个居民拥有 180 辆汽车。汽车已成为美国人生活中不可缺少的交通工具，大城市汽车交通相当繁忙。汽车运输的发展除了繁荣经济、方便生活外，同时也带来了交通事故、交通拥挤、车速降低、停车困难和环境污染等交通问题。为解决这些问题，人们开始重视对交通工程方面的研究。1921 年，美国任命了第一位交通工程师；1926 年，哈佛大学设立了交通工程专修科。这一时期交通工程主要研究交通法规的制定、交通管理，设置交通信号灯及交通标志标线等方面的问题。随着交通需求研究的发展，1930 年，美国成立了世界上第一个交通工程师协会，并正式提出了交通工程学的名称，标志着交通工程学作为一门独立的工程技术学科的诞生。

二、交通工程学的发展

交通工程学自 20 世纪 30 年代诞生，经过 80 多年的不断研究、应用和发展，得到了充实、扩展和完善。主要发展阶段为：

20 世纪 30 年代，主要研究车辆到达分布特性、单点自动信号控制，通过交通管理如何使道路适应汽车行驶及如何减少交叉路口阻塞。

20 世纪 40 年代，主要研究交通调查、交通规划，并根据交通调查及远景交通量的预测进行合理的交通设计，研究提高路面质量及交叉口通行能力的计算。

20 世纪 50 年代，主要研究高速道路线形设计、通行能力计算、立体交叉设计、停车存放问题。

20 世纪 60 年代，主要研究车流特性、城市综合调查与交通渠化、交通规划及使用计算机控制交通。

20 世纪 70 年代，重点研究并拟定合理的交通规划，减少不必要的人流和车流，缩短行程，倡导步行，恢复并优先发展公共交通，提供汽车选择的最佳运行路线，从根本上改变交通交通拥挤的现象，降低交通事故，加强交通对环境污染的防治力度。

20 世纪 80 年代，重点研究驾驶员交通特性、驾驶员心理和生理对公路线形设计的影响，经济发展对交通的定量需求和交通对经济发展的影响，主要干线和主要街道上自动控制系统的设置，按照交通工程学原理进行交通法规的制定、公害防治和环境保护等。

20 世纪 90 年代至 21 世纪，重点研究智能交通系统，主要服务领域包括先进的交通管理系统、先进的出行信息系统、先进的公共交通系统、先进的车辆控制系统、营运车辆调度管理系统、电子收费系统、应急管理系统等。

世界各工业发达国家均集中大量人力、物力、财力，采用各种高、新技术，研究智能运输系统（Intelligent Transportation Systems，ITS），或称智能车路系统（Itelligent Vehicle Highway Systems，IVHS）。日本和欧洲各国起步较早，从 20 世纪 80 年代后期即开始进行这方面的研究。美国在 1991 年"多方式地面运输效率法案"（Intermodal Surface Transportation Efficiency Act of 1991，ISTEA）通过后，IVHS 得到联邦政府的重视和支持。在该法案第六章，明确规定了 IVHS 的研究工作。关于 IVHS 的研究已形成北美（美国、加拿大），欧洲（有十几个国家）

和日本三大研究基地，每个基地均组织了跨部门的上百个企业、高校和科研机构，积极进行子系统的开发研究。各研究基地开发的项目很多，概括起来主要有先进的汽车控制系统（Advanced Vehicle Control System，AVCS），或称智能汽车控制系统；先进的交通管理系统（Advanced Traffic Management System，ATMS），或称自动高速公路系统；先进的驾驶员信息系统（Advanced Driver Information System，ADIS）。另外，还有先进的公共运输系统、先进的公路运输系统及商用车辆运营系统等针对各个运输部门和企业的子系统。

随着现代城市的发展，人们的活动半径越来越大。城间的公路运输，其经济运距已延长到数百公里，可与其他运输方式相抗衡，必将引起交通规划、交通方式、交通政策、交通组织管理等各方面的变革，推动交通工程的理论与实践不断向前发展。当前交通工程学值得深入研究的课题主要有：研究交通供给管理和交通需求管理，力求减少交通需求，增大交通供给，缓解交通紧张状况；研究各种运输方式综合运用，主要研究各种运输方式的功能与适用条件，发挥各自的优势；研究各种运输方式的衔接，形成有效的交通系统，同时还要研究向立体空间发展的"新交通体系"。

总之，在交通工程学发展的过程中，研究内容正不断拓宽。随着计算机技术的普及，系统科学、信息科学、控制论等现代科学的发展，交通工程学理论必将得到进一步丰富和发展。

三、交通工程学在我国的发展

交通工程学在我国目前的发展状况，概括为以下几个主要方面：

（一）建立学术和研究机构，培养专业人才

自中国交通工程学会成立以来，全国很多省、市、自治区成立了交通工程学会。交通、公安及城建部门成立了交通工程研究所（室），现在已拥有一支专门从事交通工程研究和设计的专业队伍，独自完成了高速公路安全、监控、通信、收费系统的设计工作，研制开发了我国第一个实时自适应区域交通控制系统。

（二）开展了基础数据的调查

按交通部的统一部署，各地公安部门在所有国道和主要省道上设置了交通调查站，形成全国公路交通调查网，对分车型的交通量、车速、运量、起讫点等动态数据进行长期观测调查，取得了大量的统计资料，基本掌握了国家干线路网的交通负荷与运行状况，为公路规划、交通构成、交通量变化规律等分析提供了基础资料。大中城市开始了居民出行调查、道路交通调查，掌握了大量的城市客、货运出行资料，这些资料给道路与交通的规划、设计、管理和决策提供了可靠的数据。

（三）城市交通规划与公路网规划

天津、上海、广州、北京、南京等城市先后开展了城市交通规划和公交线网规划的研究。实践证明，干线公路网规划对全国公路建设与规划起到了指导性作用。在我国京津塘、沈大、沪宁、广佛、广深珠、济青、贵黄、杭甬等高速公路和汽车专用公路系统的规划设计中，解决了工程实际中的许多问题，摸索出一套我国高等级公路系统规划设计原理、方法和经验。

（四）交通管理与交通控制

在城市道路和干线公路实施路面划线或隔离措施，使车辆各行其道。实施人行横道线，设置行人交通信号灯，并在大城市行人集中的地方修建人行过街天桥或地道。

现在，我国已研究出单点定时自动控制信号机和感应式自动控制信号机，北京、上海、天津、深圳等地引进了联动线控系统和区域自动控制系统。交通部、公安部与南京市共同完成了攻关项目，建成了我国第一个实时自适应城市交通控制系统——南京城市交通控制系统 HT-UTCS，并结合工程实际，完成了高速公路安全、监控、通信、收费系统的设计并投入运营使用，开发了硬件设备和控制通信软件，为我国高等级公路的现代化交通管理迈出了可喜一步。

（五）交通安全设施与交通检测仪器的研制

我国研制了多种汽车、自行车流量自动检测记录装置、雷达测速仪、驾驶员职业适应性检测装置等，还试制了反光标志、标线、隔离、防炫、防撞、诱导等交通安全设施。这些仪器和设施对于提高交通管理水平和通行能力，保障交通安全，提供交通信息和舒适美观的交通环境等起到了十分重要的作用。

（六）计算机技术在交通工程中的应用

目前，我国自行开发的交通工程计算机应用软件主要有交通模拟软件、交通调查数据处理分析系统、交通图形信息处理软件、交通工程辅助设计软件、交通规划设计软件、交通信号配时优化软件、交通事故分析软件、车辆与驾驶员档案管理系统、道路情况数据库及交通信息管理系统等。

（七）新理论、新技术的研究

在进行交通工程基础理论研究的同时，我国已开始将相关学科的新理论、新技术与交通工程理论和我国交通实际相结合，发展和完善交通工程学。例如，系统工程方法运用于交通运输、交通冲突技术的提出、交通量及交通事故的灰色预测、交通工程的系统模糊分析和决策等。另外，我国已经着手开发以专家知识、人工智能为基础的智能系统、知识工程、人机工程领域的新技术和新方法。

第二章　道路交通规划

第一节　交通规划的意义、类型及总体设计

一、交通规划的意义与内容

交通规划的目的是要设计一个合理的交通系统，以便为未来的、与社会经济发展相适应的各种用地模式服务。

（一）交通规划的意义

1. 交通规划是建立完善交通运输系统的重要手段

交通规划协调五种运输方式（公路、铁路、水运、航空、管道）之间的联系，并对道路提出任务和要求，使之与其他运输方式密切配合，相互补充，共同完成运输任务。同时，排除过去单一、孤立道路系统规划的某些偏见，如只注重路网的形式，不重视各种运输方式间的内在联系等。

2. 交通规划是解决目前道路交通问题的根本措施

因为交通问题是一个整体性、综合性的问题，单从增加道路建设投资或提高交通管理水平不能从根本上解决问题，必须与社会经济发展相适应，通过人、车、路、环境等方面综合考虑，促成工、农、商业、文化服务设施以及人口分布的合理布局，制定一个全面的、有科学依据的交通规划才是建立和完善交通体系的重要手段。

3. 交通规划是获得交通运输最佳效益的有效途径

道路建设投资的大小、车辆运输方式、路线的选择、车辆运营成本的高低以及交通管理水平的高低等都与交通规划密切相关，只有制定合理的交通规划，才能形成安全、畅通的交通运输网络，从而用最短的距离、最少的时间和费用，完成预定的运输任务，获得最优的交通运输效益。

（二）交通规划的内容

交通规划研究的是一个能使人与货物运行安全、高效、经济，并使人的出行舒适、方便且环境不受干扰的交通系统。它一般包括下列内容和工作步骤：

经济调查和分析：主要是对与交通有关的社会经济统计资料，历年客、货运输资料，以及各个交通分区的现状用地资料和规划用地资料进行系统的调查、整理和分析。

交通现状调查：对规划区域内现有各类交通现状进行调查，包括：各式运输已形成的运输网轮廓及其相互间的联系情况；各式运输工具的数量、装载质量、平均速度、吨位利用系数和行程利用系数；各式运输受季节限制的情况；现有道路及正在修建中的道路分布状况、技术等级、交通流量和交通拥挤情况；铁路及车站的技术现状和发展情况；航道及码头港口现状和发展资料；航线及机场现状和发展资料。

交通需要调查：包括客、货流的生成与吸引、出行目的和出行方式以及停车调查等。

根据以上各项调查资料，建立交通需求预测模型和交通评价模型，对现状系统进行综合交通评价，并对未来各个时期的交通需求进行预测。

根据对现状的综合交通评价和交通需求预测资料，提出近期的交通治理方案和交通系统规划方案。包括道路网、旅客运输系统、货物流通系统、停放车辆系统以及交通管理方案。

在上述方案综合交通评价基础上，确定道路网的布局，包括道路网的形式和指标、各条道路的等级和功能、各个交叉口的类型及有关技术参数。

建立交通数据库，不断进行交通信息反馈，修订交通模型、交通预测数据和规划方案，使规划不断完善。交通规划工作涉及方方面面，只靠交通规划部门自身并不能搞好交通规划，需要交通运政部门的参与和协助。交通运政部门通过积极主动地参与交通规划工作，也有助于实现综合配套、统筹规划、合理布局、全面发展、秩序良好的运输结构目标。

二、交通规划的层次类型与基本程序

（一）交通规划的层次和类型

按交通规划研究的地区范围不同，分为国家级的交通运输规划、区域性交通运输规划和城市交通规划。

国家级的交通运输规划要对全国的综合运输网络，包括铁路、公路、内河、海运、航空、管道等运输基础设施布局和建设做出总体安排，有时还涉及国际间的运输通道规划（如欧亚大陆桥）。

区域性的交通运输规划包括大区域的运输网规划（如长江三角洲地区综合运输规划）、省域运输网络规划、地区或市域运输网络规划、县域交通网络规划等。

城市交通规划。在国家级和区域级运输网络规划中，城市一般只作为一个节点考虑。城市本身的交通系统建设和发展需要通过城市交通规划专门研究。城市交通规划分全市性的交通规划和地区性的交通规划（如中心区或商业区交通规划、居住区交通规划、新开发区交通规划、火车站地区交通规划、航空港地区交通规划等）。

按交通规划考虑的时限来分，有远景或远期战略规划、中长期规划、近期建设规划等。

远景或远期战略规划，一般根据区域或城市长远的社会经济发展战略目标，研究确定区域或城市交通运输长远的发展战略目标和主干交通网络的总体布局。通常远景或规划期限为 20～30 年，远景规划要展望到 30～50 年甚至更长的发展时期。远期或远景规划的特点是战略性、宏观性、指导性，同时保持充分的弹性，以适应长远发展的不确定性。

中长期规划，要在相对明确、可实现社会经济发展目标和方针的指导下，对区域或城市交通运输网络系统的规模结构、布局、标准等做出系统的安排或明确的规定，以指导交通运输设施的实施建设。中长期规划的期限一般为 10～20 年。

近期建设规划，则是在远景战略规划，特别是中长期规划的指导下，对

3～5年内实施建设的交通运输设施项目、时序、规划、资金乃至初步方案等做出统筹安排，同时明确实施过程中的配套政策措施。

按交通规划涉及的对象和内容划分，分为综合性的交通规划和专项交通规划。区域性专项交通规划，是指铁路网规划、公路网规划、水运网规划、航空港布局及航空线路规划等。城市专项交通规划包括城市道路网规划、快速轨道线网规划、公交线网规划、停车设施规划、加油站规划、客货运交通枢纽规划等。

（二）交通规划的基本程序

开展交通规划是一项复杂的系统工程，涉及的面非常广阔。既要掌握国家和地区社会经济发展政策，又要对地区的社会经济、人口、土地资源和交通供需状况等做好广泛调查研究，更要对上述要素进行系统的、深入细致的分析预测，对规划方案作审慎的设计和评价。根据系统工程原理，交通规划的过程如下：

1. 组织准备

进行交通规划的第一步是做好组织工作。制定整个交通规划的工作计划，提出规划工作的任务，明确有一定权威性的负责单位，建设一个能够胜任这项工作的技术小组或咨询机构，并与政府决策人员建立正常的工作关系，与其他有关部门取得联系和协作，必要时还要吸收社会各阶层人士参加审议。一般来讲，属于哪一级规划，政府要责成该级交通主管部门牵头成立交通规划组织机构。

2. 制定目标

为使交通规划方向明确，在规划编制之初就要界定交通规划的工作目标和规划方案以及需要达到的交通系统的发展目标。交通规划的工作目标也就是规划编制最终提交的成果内容、要求、形式、数量，包括文本、图表等，规划方案所体现或达到的交通系统发展总体目标是：旅客和货物具有适当的可动性并达到环境平衡。

对于第一个总目标，分解为如下子目标：出行时间最短；出行费用最少；提供充分的系统容量；保障充分的系统安全性；提供充分的系统可信度。

对于第二个总目标，分解成如下子目标：提供区域内生产、就业、教育、生活平等的可达性分布；促进土地利用和运输设施按期望的方向组织；减少社会纠纷，促进地区经济、交通的可持续发展；减少空气和噪声污染。

3. 收集数据

交通规划的综合性要求收集各方面大量的数据。收集数据的目的是弄清区域内的道路交通特性，提供必要的信息。调查的规模和深度主要取决于所作研究要达到的目标，在调查之前，首先要明确调查的目的和要求。

4. 分析预测

调查为进行规划奠定了基础。在分析预测阶段，要对调查所取得的数据进行分析，并研究未来交通需求的预测技术（模型）；利用这些技术和模型对所研究区域未来若干年内的交通需求进行预测。

5. 制定方案

利用系统分析法，根据现状分析和交通预测，对未来交通网络提出若干个可行的方案。

6. 评价和选择

对于所提出的不同规划方案进行技术经济评价，找出既优化又现实，同时满足未来交通需求的推荐规划方案。

7. 实施保证

政策上、资金上和搬迁等各方面的保证。

8. 连续规划

交通规划是一个动态过程，意味着今天对未来所做的任何一个方案都不是十全十美、完全有效的。因此，在规划方案实施以后，必须对交通系统进行连续的监督检验，不断更新现有的数据文件，修改规划方案。因此，真正的交通规划是一个协调的、综合的、连续的过程。

三、交通规划的总体设计

无论是区域交通系统规划，还是城市交通系统规划，其规划的编制工作都是一个相当复杂的系统工程。一般在规划编制工作开始前，要对整个规划过程进行总体设计。总体设计包括落实任务，建立组织结构，确定规划的指导思想、规划目标及规划原则，确定规划期限、规划范围及主要的规划指标，提出规划成果的预期要求（包括规划的深度）等。

（一）规划任务的落实及组织结构的建立

区域交通系统规划一般分为多个层次，按国家、省（自治区、直辖市）、地（市）、县行政区划，由各级交通运输行业主管部门负责组织规划的编制。城市交通系统的各项规划应根据城市的发展需要而定。城市交通系统规划工作一般由城市规划管理部门或城市交通管理部门负责组织编制。

在进行交通规划时，各级交通运输管理部门（或规划部门）应设置交通规划专门机构，确保规划质量和规划工作不断深入开展，规划技术力量不足的交通运输管理部门（或规划部门）也可将规划编制工作委托给持有相应设计资质的交通规划设计单位或大专院校进行。

由于交通规划涉及范围广、技术要求高、社会影响大，在规划编制过程中应成立三个机构：规划领导小组、规划办公室、规划编制课题组。

（二）交通规划指导思想、规划原则的确定

1.交通规划指导思想的确定

交通规划的指导思想因交通规划类型、层次不同及规划区域不同而不同，没有统一的标准，应结合当地的实际情况制定。一般来说，制定交通规划的指导思想应考虑以下几点要求：

（1）要有战略高度

交通规划必须从战略高度出发，考虑比较广阔的地域和比较长久的时间，考虑城市或区域的性质、功能、特点，以及在国民经济中的政治、经济、文化、科技、军事、运输等方面的地位和作用，同时还有考虑城市或区域本身的结构、布局、地理和历史特点，使交通规划有广泛的适应性、长久的连续性，使交通规划能很好地适应未来，为现代化服务。

（2）要有全局观点

交通系统是一个复杂的系统，交通规划必须从全局出发，将交通系统视为一个相互联系的有机整体，进行全面的综合分析，从整体、系统上进行宏观控制。局部应服从全局，个体应服从整体，微观应服从宏观，治标应服从治本，眼前应服从长远，子系统应服从大系统。只有重视了全局、整体和大系统的要求，使系统在整体上合理、经济、最优，才能提高交通规划的综合效益和整体质量。

（3）体现可持续发展理念

我国土地资源与能源相对匮乏，环境污染相当严重，交通系统要消耗大量的土地资源与能源，影响环境。因此，交通规划应尽量节约宝贵的土地资源，优先发展低能耗、低污染的交通方式，促进交通系统的可持续发展。

（4）符合经济发展要求

交通系统直接为社会、经济、人民生活服务，交通系统的质量影响社会、经济的发展。同时，交通系统的发展又依赖于社会、经济发展水平。因此，交通规划应充分考虑交通与社会、经济、人民生活水平的关系，使之协调发展，彼此促进。

2. 交通规划原则的确定

交通规划原则因规划类型、规划区域的不同而不同，一般来说，进行交通规划必须遵循以下原则：

（1）交通系统建设服务于经济发展原则

交通系统发展布局必须服从于社会经济发展的总战略、总目标，服从于生产力分布的大格局。交通系统建设必须与所在区域或城市的社会经济发展各阶段目标相协调，并为当地社会经济发展服务。

（2）综合运输协调发展原则

在区域交通系统中进行交通运输方式的网络规划，必须综合考虑所在区域的铁路、公路、水路、航空、管道五大运输方式的优势与特点，宜陆则陆，宜水则水，形成优势互补、协调发展的综合运输网络。在城市交通系统规划中进行专项交通规划时，必须综合考虑步行、自行车、公共交通、小汽车、出租车等出行方式的优势与特点，形成优势互补、协调发展的城市综合交通系统。

（3）局部服从整体原则

某一层次的交通规划必须服从于上一层次交通系统总体布局要求。例如，在区域交通系统规划中，省域公路网规划必须以国家干线网规划为前提，市域公路网规划必须以国家干线网、省域干线网规划为前提。在城市交通系统规划中，某一交通方式的规划必须服从综合交通规划，道路网络规划及停车场布局规划必须与综合交通规划为前提等。

（4）近期与远期相结合原则

交通系统建设是一个长期发展的过程。一个合理的交通系统建设规划应包括远期发展战略规划、中期建设规划、近期项目建设规划三个层次，并满足"近期宜细、中期有准备、远期有设想"的要求。交通系统建设的长期性决定了交通系统规划必须具有"规划滚动"的可操作性，"规划滚动"以规划的近、远期相结合为前提。

（5）需要和可能相结合原则

交通系统建设规划既要考虑社会经济发展对交通运输的要求，建设尽可能与社会经济发展相协调的交通网络，促进社会经济的发展，又要充分考虑人力、物力、财力等建设条件的可能性，实事求是地进行交通网络的规划、布局及实施安排。

（6）理论与实践相结合原则

交通系统规划是一个相当复杂的系统工程，必须利用系统工程的理论方法，对交通系统从相互协调关系上进行分析、预测、规划及评价，才能获得总体效益最佳的交通系统规划布局及建设方案。但交通规划若脱离了工程实际，就会变成"纸上谈兵"，失去实际意义。

第二节　交通调查

一、交通规划的调查工作

社会经济系统、运输设施服务系统和交通活动系统是运输系统分析的三个基本要素。交通规划的任务归根结底要建立三者间的定性、定量关系，求得它们之间的协调与平衡发展。在进行定量分析和预测之前，要进行调查研究，收集必要的基础数据。

（一）社会经济调查

1.社会经济调查的目的和意义

社会经济调查是根据交通规划的需要，对所研究区域的社会经济状况做全面的了解。收集各方面的基础资料。其任务按性质分为综合社会经济调查和对某一固定的道路及大型构造物的个别社会经济调查。

综合社会经济调查，是对全国（或某一地区、某一城市）主要客、货运形成点的直接详细调查，取得对全国的或某一地区、某一城市的交通规划所需的基础资料。个别社会经济调查，是指对拟新建或改建的某一交通线路（航线、铁路或公路）或构造物的社会经济调查，目的在于确定客货运量的大小，决定路线的方向、技术等级和标准，确定施工程序以及论证投资效果等。这里我们主要讨论综合社会经济调查，个别社会经济调查可以参照进行。

2.社会经济调查的内容

综合社会经济调查的内容主要包括：行政区划、分区规划、隶属关系、管辖范围、影响区域等；人口（总数、分布、构成、增长等）；土地利用（土地特征、建筑构成、开发程序、客货发生等）；国民经济发展（国民收入、工农业总产值、生产和基建投资等）；产业（产业结构、布局、资源、运量等）；客货运量（运输量、运输周转量、各种方式所占的比重等）；资金来源（国家投资、银行贷款社会集资等）；社会价值（时间价值、劳动力价值、美学景观价值、人文历史价值等）。

3.社会经济调查的步骤

社会经济调查的步骤通常分为三个阶段：准备阶段、采集阶段、整理汇总阶段。

（1）准备阶段

收集汇总调查区域内的地形、地物图册和各种社会经济统计资料，拟定调查提纲、表格，制定工作计划。

（2）采集阶段

按工作计划和调查提纲进行实地采访调查，表格登记工作。

（3）整理汇总阶段

将调查得到的数据资料归并整理，推算规划年限所需的各种数据，如人口数，国民经济发展指数、客货运量、交通设施和交通工具的需求量等。

（二）交通设施及其服务能力调查

交通设施和服务能力调查的目的是弄清区域内交通系统的供应状况，即系统的容量和服务水平。就道路交通而言，要收集下列基础数据：道路网总体状况统计数据（总长度、总面积、密度、面积率、各级道路比重、质量等）；路段状况统计（长度、面积、线形、等级、车道划分、分隔设施、路面质量、侧向与竖向的净空等）；交叉口设施状况统计（几何形状、控制方式、分隔渠化措施等）；公交线网设施状况统计（路线长度、经过区域、设站情况、车辆情况、服务人员等）；交通管制设施状况（交通标志、信号、标线、公安交警等）。

（三）交通实况调查

交通系统的服务对象是客、货，以及运送客货的车辆。为了对交通设施进行规划建设，弄清客、货以及运送客货车辆的出行规律及其在交通网上的分布非常重要。交通实况调查通常包括：起讫点调查、货物源流调查、公交运营调查、对外交通调查和路网交通流调查等内容。

1.起讫点调查

（1）概念

起讫点调查，又称 OD 调查，是两个英文单词 Origin（起点）和 Destination（终点）的缩写。目的是弄清所研究区域内人和货的交通特性，主要包括居民出行调查，流动人口出行调查，机动车出行调查等。这些调查的内容和方法基本类似，统称起讫点（OD）调查。

（2）OD 调查方法

OD 调查根据调查内容、要求的不同可以采用多种不同的方法。这里介绍几种最常用的方法：

家访调查：对居住在调查区内的居民，进行抽样家访，由调查员当面了解该户中包括学龄儿童在内所有成员一日的出行情况。家访调查的优点是可以直接得到居民家庭中所有成员一日内详细出行情况，而且还可同时得到出行者的许多社会经济特征资料。缺点是成本高、费时多、工作量大。

发表调查：一般用于机动车出行调查。将调查表由公安交警发至驾驶员手中，逐项填写。

路边询问调查：在主要道路或城市出入口设置调查站，截停来往车辆，询问车的出行情况。

公交月票调查：对购月票的公交乘客发表调查，了解月票使用者的出行情况。

除以上调查方法外，还有明信片调查法、电话询问法、车辆牌照调查法等，有兴趣的读者可参阅有关交通规划方面的参考书。

2. 货物源流调查

（1）调查目的

货物源流调查的目的是分析预测货物发生（即各交通区的货物运入、运出量）、分布（即各交通区之间及各交通区与外地之间的货物来往量）提供必要的基础数据。

（2）调查内容

①各单位的货物运入、运出量。

②调查日各交通区之间及各交通区与外地之间的货物来往量。

③各单位历年有关基础数据。

（3）调查方法

①发表调查。由主管单位（部门）按系统（行业）发放调查表到各所属单位及其分支机构，由单位负责填写，并交回发表单位。

②采访调查。由调查员深入各单位进行统计调查。

3. 公交运营调查

（1）调查目的

确定公交线网上乘客分布规律，为公交线网优化提供依据；确定各公交线路的乘客平均乘距及乘客平均乘行时间；确定公交车辆的满载率、车载量，用于建立居民出行量与车流量之间的换算关系。

（2）调查内容

公交线路断面流量，以及日公交线路总的运行情况的调查。

（3）调查方法

①站点调查法。每条公交线路的各停靠站设 3～4 名观测员，记录各公交车辆在各停靠站的上、下乘客人数。

②随车调查法。观测员在车内随车观测，每一被调查车辆内设 2～3 名观测员（一个车门设 1 名），调查该车在各停靠站的上、下乘客人数、车内人数。站台余留人数及开车时间。

4. 对外交通调查

在城市交通规划中，为了解城市对外的客、货运流量、流向特性和需求，进行对外交通规划以及对外交通调查。

二、公路交通量调查

（一）公路交通量调查的基本知识

1. 公路交通量调查的目的和意义

公路交通量是公路交通部门从进行工程前期工作的可行性研究开始，直至规划、设计、养护管理、交通工程研究等一系列工作的基础数据，也是制定方针政策和决策的依据。交通量资料只有通过实地观测调查的手段才能得到，因此开展交通量调查是一项重要意义的基础工作。

（1）为公路交通的发展战略、公路建设的总体布局与规划、中长期建设规划与计划等宏观决策提供依据。在制定公路建设的项目建议书、计划任务书及初步设计等文件时，若缺少交通量资料，工作便无法进行，工程前期工作如未完成，建设项目则不能立项，同时也不能安排年度建设计划与投资。

（2）公路交通量是确定公路建设项目应采用的技术标准的主要资料。

①为评价公路对现有交通车辆的适应程度提供依据。不同的公路技术等级所能适应的交通量与车速是不同的，应以不同时期的交通情况作为评价该阶段的公路适应交通需要的依据。

②预测未来年度交通量，如某一规划年度交通量和远景交通量等，均需有基准年度的交通量。

③制定交通管理、交通设施配置方案，也要依据交通量资料及有关参数间相互关系的数学模型。

④交通调查资料是评价公路交通运输服务质量水平的依据。国外用"服务水平"（简写为 LOS）指标来定量阐明道路使用质量情况。

⑤为编制公路养护和大中修计划提供依据。

⑥为进行交通工程学基础理论研究和其他公路科学研究提供基础资料。

⑦为进行公路交通安全、沿线环境对车辆运行的影响评价及制定相应的环境保护措施等提供依据。

2. 交通量的定义和分类

交通量定义在选定的时间段内，通过道路某横断面的车辆和行人的数量定义交通量（亦称交通流量）。该断面交通量可以作为包含其在内的某一长度路段交通量。在研究车行道的交通状况时，一般所说的交通量若未加特别说明，则指车流量。

3. 交通量的分类

（1）根据交通物体分类，分为机动车交通量、非机动车交通量和行人交通量等。非机动车交通量分为自行车、人力车、畜力车交通量等。

（2）根据观测时间、地点的不同分为秒、分、小时或某段时间的断面或路段交通量。

（3）根据使用方面的需要，对断面交通量进行数据处理后，有断面平均交通量、路段（线）平均交通量及区域交通量等。

（二）交通量调查实施

1. 一般公路交通量调查

实施常规交通量调查时，应根据调查的目的要求，制订调查计划，对调查工作的内容、方法、所需条件等，进行系统的、周密的准备，选择与部署，使调查工作取得预期的成果。

2. 调查区间的划分原则

（1）在设置交通量观测站前，应先将调查区域范围内的每条干线和支线划分为若干调查区间。每区间只需设立一个观测站，其观测结果可代表该调查区间路段任意断面的交通量。

（2）按交通量大小作为划分区间的主要依据。交通量变化大的路段调查区间宜短，以反映交通量的实际状况，如城市出入口路段，交通量变化小的路段调查区间可适当延长。

（3）为了管理上的原因，划分区间时应考虑行政区划，必要时可跨区作业。

（4）无特殊情况，不应随意变动已确定调查的区间划分。

（5）划分调查区间时，应兼顾观测站点的设置要求，以便在典型地段设立观测站点。

（6）每条路线区间的划分应是连续的，即前一区间的终点是后一区间的起点。因故停止通车的路段可暂停观测。

（7）在划分调查区间后，应对各调查路段进行编号。根据交通量数值划分调查区间的具体分级规定。

3. 建立观测站点

对于覆盖全国或区域的交通量调查，一般是建立固定的观测站点，做定期的观测工作，以便取得长时间的、历史性的交通量资料。这类站点分为连续式和间隙式两种形式：

（1）连续式观测站

为了获得交通量的连续性资料，掌握交通流的变化规律，提供交通量不平衡系数、设计小时交通量系数等交通流参数。简化交通量观测和进行道路交通规划等工作积累数据资料时，需要建立连续式观测站，这种观测站自开始观测时起就连续不断地进行交通量观测，记录以小时为单位的交通量，必要时也记录高峰时段 5 ~ 15min 的交通量。由于连续式观测的结果所代表的交通流规律覆盖面积较广，且建站观测需耗费大量的人力、物力，因此，布点距离可以增大。

（2）间隙式观测点

这种观测点是按计划每间隔一段时间进行一次交通量的观测。间隔时间一般采取均布的方式，一次观测时间的长短可以定为每月 1 日、2 日或 3 日，每日观测 24h。在取得一日 24h 变化规律后，亦可仅观测 12h 或 16h，换算为 24h 的数据。间隙式观测点除按区间划分设置外，还应在典型位置设立交叉口、桥隧和渡口等。间隙式交通量的主要用途是提供路段年平均日交通量，作为宏观掌握调查区域内各条路线及路网的交通量区间分布及变化规律。

（3）临时性观测点

根据道路改造、交通管理和交通设施建设等情况的需要，在无固定观测站点或需补充某些数据时，临时进行的交通量观测。观测时间的选择应注意交通流在不同时间的峰值和谷值的变化，如星期一、六、日车流量往往偏离正常值，而昼间、夜间交通量亦不相同，此外，还应考虑到天气变化，如晴雨对交通量的影响以及节假日的影响等，这些时段均应避免进行交通量调查。

4. 交通量调查方法

（1）人工观测法

安排人员在指定地点按调查计划进行交通量观测。人工观测用原始记录表格以划正字方式记录来往车辆，亦可用机械或电子式的简单计数器记录，按统计要求，将记录结果登记在记录表格上。根据调查计划要求，统计的时间（单位可以是 5min、15min、1h 和 8h 等），分车型、分来去方向进行记录，根据需要可划分车道记录。目前我国交通量观测多用人工调查，从理论上看人工观测无论在分辨车型或是计数方面都应比仪器观测准确，并且机动灵活方便，但由于受管理水平的影响较大，导致精度不高，优势不明显。

（2）仪器自动计测法

仪器自动计测法系利用自动车流量记录仪作数据记录，以仪器自动计测代替人工观测。优点是节省人力。排除人为因素对观测精度的影响，便于进行连续的、长期交通量观测。其缺点是，仪器较精密，对自然气候条件、道路条件及使用能源等有一定要求，限制了使用范围，而且仪器价格较高等。自动计测仪一般由检测器、数字处理机和记录、显示装置构成。根据检测器（传感器）的不同，一般将自动计测仪分为以下几种类型：

①气压式是将密闭的充气橡胶管作为传感器横放在道路上，车辆通过时，车轮的重力作用使管内的压力产生变化，推动气动开关，产生信号。其特点是结构简单，价格低廉，但精度不高。

②地磁式是采用插有磁棒的感应线圈作探头，埋设在路面下约 10 ~ 20cm 处，汽车从探头上方通过时，改变了线圈内的磁力线分布，并将这种感应电信号输出进行放大整形，以驱动计数器运作，将数据记录下来。特点是结构简单，性能可靠，适用于行车速度大于 5km/h 的路段使用。

③电磁式是以高导磁率的磁性材料做芯棒，外绕线圈组成探头，埋置于路面的观测断面下方，车辆通过时，由于外磁场的作用，激励电流出现正、负半周的振幅差，将此送入电路处理后，得到车辆通过的信号。特点是探头体积小巧，灵敏度高，不受车速限制，电路较为复杂。

④超声波式是由架设在车道上方的超声波发射器向路面发射超声波，经路面反射后由拾波器收回，车体到达此处阻断了声波的反射，继电器则使电流接通，产生信号并记录。此仪器的特点是不需破坏路面，且稳定性好、灵敏度高，但成

本较高，易受行人及非机动车干扰。

⑤红外线式检测器分为主动式和被动式两种：前者系由检测器发出红外线经车体反射而传感信号；后者由检测器接收车体因热辐射而产生的红外线而传感信号。其结构并不复杂，但对路面条件要求较高，外界对所发射的红外线造成干扰时，数据易失真。

（3）流动车观测法

利用自备车辆，往返行驶于某一选定路段，进行交通流观测，即为流动车观测法。此法适用于交通流较稳定，岔道较少和岔道交通量较小的路段，其观测的数据可同时整理出路段交通量、行驶车速和行车时间等三项数值。

（三）交通量数据处理与分析

交通量资料作为公路交通建设管理部门及国民经济有关部门的基础数据资料，常根据各部门的使用要求，对调查取得的原始数据，进行加工处理，应用各种不同的计算统计方法，进行计算、汇总和分析，并用表格和图形表示出来。在开始数据处理前，首先应逐一检查每一观测数据的真实可靠性，有些数据存在着明显的不合理性，表明其存在着某种差错，这种数据如无法纠正应剔除。

1. 一般常规交通量数据的处理与分析

对原始记录的计算整理在观测现场所做的交通量数据原始记录，往往是以小时、数小时（一个观测班组的工作时间或若干分钟的交通量）作为一个统计单位，同时还要分车型记录，所以原始记录表内容很详细、数量庞大，使用不便，必须通过计算、整理、归纳、分析，方可便于使用。

（1）计算绝对值和换算值的交通量总数、分类交通量总数（如机动车、非机动车，机动车中可分为汽车和拖拉机等）。

（2）按各类交通量计算日交通量累计值。

（3）在取得一个月的原始资料后，计算月平均日交通量，周平均日交通量。

（4）在取得一年各月的交通量后，计算周日平均交通量、年平均日交通量、周日不平衡系数、月不平衡系数。

（5）计算平均小时交通量系数、昼间交通量系数、雨雪天交通量系数等。

（6）对于以连续数小时统计的交通量数据，还应计算全年各小时交通量与年平均日交通量的比值，即小时交通量系数。

（7）确定最大日交通量的数值及其出现日期。

2. 混合交通中各车型比例的计算

（1）混合交通中各类车型比例的计算

每月或每年中，某一类车型交通量换算值的总和（或月、年平均日交通量值）除以该月或年的混合交通量换算值的总和（或月、年平均日交通量值，即为该类车型占整个混合交通的比例数值。例如汽车类、拖拉机类、非机动车类等，占总体混合交通的比例情况）。

（2）某类车辆中各种车型所占比例的计算

当需了解某种车型在本类车辆中所占比例时，则以该种车型交通量绝对值的总和（或月、年平均日交通量）除以该类车辆交通量绝对值的总和（或月、年平均日交通量），即为该种车型占该类车辆交通量的比例数值。例如汽车类车辆中，各种大、中、小型车，客、货车等各占汽车总和的比例情况。

3. 各级公路比重调查资料整理与分析

比重调查原始记录的整理与计算方法基本与一般公路交通量调查一样，但由于包含有非机动车的混合交通情况既复杂又不稳定，因此一般以汽车交通量计算各级公路交通量比重。所使用的交通量不必换算而用绝对值。

4. 交通量数据的综合统计与分析

为了便于决策、管理，建设和科研等部门在交通量使用上的不同需要，可将交通量按各种数理统计方法进行数据加工与分析，并绘制成各种图表，可以更直观地将交通量表示出来。

5. 交通量综合分析图表的绘制

配合交通量的数据处理与分析可产生大量图表，如图类有直角坐标图、柱状图、曲线图及饼形图等；表类有原始数据表、计算表、综合统计表等。根据资料整理分析内容，一般不难做出设计。

按技术等级划分的公路现有里程与需求里程比较柱状示意图。以不同颜色区分现有里程与需求里程数的柱状图，对比效果明显而清晰。

各类汽车占有率及混合交通组成比例饼形示意图，用饼形图的面积占有率表示各类汽车占有率和混合交通组成各部分的比例，这种图形能直观地表示所列内容。

全年的小时交通量按大小顺序排列曲线图。该图亦称为设计小时交通量曲线图。

6.交通量数据处理手段

随着微型电脑的引进,首版微电脑处理连续式交通量数据软件系统问世,并在全国推广使用。在微电脑普及应用的基础上,公路主管部门又组织开发了日臻完善的交通量调查信息系统,逐步从一般性处理数据发展为具有传递和交换功能的数据库信息系统。目前交通量调查信息系统具有如下功能:

(1)数据采集

数据的准确与完整直接对系统的运行和使用产生影响,数据采集是整个系统的基础。目前,多使用自动化采集数据,自动储存数据,定期通过接口自动录入计算机,使采集与处理全面实现自动化操作。

(2)数据存储

交通量数据以年度为基本计量单位,计算机一般只存贮一年的完整数据,其余各年度的数据均应存贮在软盘内。

(3)数据传递

目前交通量调查信息系统由三级组成,各级之间均需进行传递与交换,并且均采用软盘形式以统一的数据结构建立。

(4)数据加工

使用交通量数据的部门均可按需要编制软件加工处理数据。交通量调查主管部门已开发出一系列数据加工处理软件,满足用户的需要。

三、行车速度调查

(一)基本概念

1.车速调查的目的和作用

在交通工程学范畴内,车辆或车流的速度是一个重要的基本参数,其数值大小与公路的通行能力、交通安全、交通控制管理、规划设计等方面有着直接关系。车速是对包含各级公路交通设施在内的服务功能度量的一项重要指标,它综合地反映了这些设施的功能、质量和服务水平的状况。

2.行车速度定义

车速的一般定义是:车辆在单位时间内行驶的距离。按车速资料使用及研究等方面的不同要求，需对各类车速分别定义。

地点车速（点车速、瞬时车速）：车辆通过道路某一地点时的速度。

行驶车速：车辆行驶过某一路段里程与所耗用的实际时间（停车时间除外）之商。

综合车速、区间车速、行程车速：以车辆行驶过的道路里程长度与所需总行程时间之商为综合车速。总行程时间的含义包括交叉口延误、渡口待渡、行车受阻等停车时间，不包含住宿、停车休息、修车时间及离开其行驶路线以外所花费的时间。即：综合车速＝行驶距离＋运行总时间。

时间平均速度：一定时间内通过道路某一地点的车辆速度的算术平均值。

区间平均速度：区间平均速度是各车辆通过观测路段所用时间平均值除以路段长度所得的商。

设计车速，又称计算行车速度，进行道路几何构造设计时所依据的速度。

（二）车速的观测方法

1. 车速调查地点与时间的选定

（1）调查地点

一般应根据车速资料的使用目的结合影响车速的各种因素选择调查地点。在改善、加强交通管制或对有问题的地段进行分析时，应在管制区域内选择有代表性地点或事故多发地点进行观测；在对交通管理措施、道路条件、改善效果进行前后评价对比时，应在同一观测地点或区域进行观测；设置信号机或路面标志、标线时，应在交叉路口附近或几个路口的相应地点进行观测；为掌握道路上不同路段的汽车平均运行速度和水平，应选择不同技术等级、不同路面类型和不同地形等情况的交通量较大地段作区间速度调查。若无特殊目的，只是一般性地了解各条路线或各路段车速变化及分布情况，宜在全线（或分路段）进行调查；对于交通量较大的路线或主要干线，宜选主要交叉口之间的路段或两城镇之间的路段，作为一个调查单元进行调查。

（2）调查时间

除特殊需要外，车速调查时间一般宜选在交通量饱和或较大的月份，使资料具有较强的代表性，否则车速观测值偏高。具体观测时段宜选在上、下午高峰时间及非高峰时间等三个时间范围，避开节假日与集市。

若为评价交通改善措施的效果所做的前后对比调查，应力求使两者间的交通量、气候条件和调查时间区段基本一致，并使用同一种车型进行调查。

2. 样本的数量与要求

由于道路上驶过的车辆数量很大，作车速观测时，只需从通过道路的全部车辆（总体）中，抽取部分车辆（样本）进行观测，推算总体车速。为了保证推算的精确，应计算确定所需样本的最小数目，注意人为抽样不均匀而产生的误差，对不同速度、各种车型的车辆都要进行抽样观测。当车辆呈连续流以相近车速行驶时，应选择记录头车车速。区间车速调查样本的选择路线（区间）平均车速样本的选择，主要是确定最少的观测样本里程数，此外还应对于影响公路车速的诸多因素加以考虑，选择具有典型代表意义的路段进行观测，使分析结果与实际情况相符。实际取样里程应大于计算的最小取样里程。

3. 车速观测方法

（1）地点车速的观测方法

地点车速是道路某一地点的瞬时速度，因此只需选定一段很短的距离，测试当时车辆行驶的速度即可。目前分为如下几种方法观测：

人工观测首先确定观测地点，选择约 30 ~ 50m 的一条路段，在平直路段车速高时距离可稍大，车辆通过该路段的时间在 2 ~ 3s 为宜。观测前备齐秒表、卷尺、记录表格、标旗、铅笔等用品，由经过训练的两名观测员实施观测工作。观测时，在观测范围两端做标记，一人持标旗立于起点，另一人持秒表立于终点，所站位置以不影响车辆行驶速度为宜。车辆驶入起点时，持旗人（起点）发出信号，持表人（终点）启动秒表计时，车辆到达终点，迅速制动秒表，以读取车辆通过时间，做出记录，根据距离和时间，计算车速。

仪器观测目前常用仪器为雷达测速仪。其原理是应用多普勒效应，根据接收到的反射波频移量的计算而得出被测物体的运动速度。据此设计的雷达测速仪可直接读出车速。操作时，由两名观测员站立路旁，一人将仪器对准欲观测的行驶中的车辆，并发射微波，另一人直接读数并记录。

车辆检测仪包括超声式、电感式、地磁式等，其原理均为在拟观测地点的两端设置传感器（检测器），当车辆通过时，均会发出信号，并传输给记录仪，以记录车辆驶于两个传感器上的时间，将两个传感器之间的距离除以通过时间即为所求车速。测量地点车速可用录像、摄影、航测等方法，由于其价格较高，目前一般不予采用。

（2）区间（路段）车速的观测方法

区域范围内的部分或全部公路的区间车速资料，可采取访问调查方法获得。其做法是到运输部门（运输公司、客车站）或经常有车辆行驶于某一路线的单位走访调查，由于这些部门车辆不断行驶于该条道路，样本量大、准确性较高。作实地观测时，主要有以下三种方法：

跟车法：选用此法时，既可跟自备的试验车，也可跟一般客、货车或乘车尾随一辆被观测车。共需两名观测员，两个秒表、记录表格及文具，观测车辆。当被测车从观测路线起点启动时，观测员一人按动秒表，另一人将秒表所示时间记录在记录表上，车辆行驶于观测路线上，每经一地，均应记下经过时间、停车时间及停车原因。至终点时，记下结束时间。车辆往回开时，重复上述操作过程。往返4～6次即可，计算行驶车速和区间车速。车辆驾驶人员需要有一定的经验，能用接近运行车辆的平均车速驾驶车辆，避免忽高忽低，以保证数据准确。

记车号法：此法只适用于观测车辆的区间车速。观测时在观测路线的两端各设六名观测人员，按上、下行分为四组安排于观测断面。起测前以标准时间校准秒表，车辆驶入断面时同时起测。由一人报车辆牌号的最后三位数，一人读汽车通过该处的时间，要先报秒后报分，另一人记录。观测结束后，将两断面的记录数据加以整理，计算出同一车牌号码在两断面处的时间差和距离，即可计算区间车速。若观测车辆达50对时，其精度可满足要求。该法对于路线的交叉口多、出入该路线的车辆多或途中停车多的路线效果较差，不宜使用。

流动车观测法：此法可观测路段行驶车速、行车时间和交通量，具体操作要领见观测交通量调查内容。通过观测即可用下式计算平均行程时间与行驶车速。

4. 车速资料的应用

交通流速度是交通运行情况的基本量度，因此，交通流速度资料有很多应用，现简要介绍如下：

（1）探求各种车辆速度的发展趋势

通过对道路上运行车辆的定期或不定期抽样调查，测定各种车辆的速度，得到不同车型的车速及车速随时间的变化规律，探求速度的发展趋势。

（2）用作道路改善和运行调度的依据

根据交通流速度在道路网络上不同路段的分布情况，判断出某处道路条件与交通状况，以便有针对性地采取改善措施。驾驶员一般选择行车时间短的路线行车。因此，运行调度部门可以根据两地之间不同道路的距离和交通流速度情况帮助驾驶员选择适合的行车路线。

（3）交通管理的依据

交通管理部门要经常研究交通量和车速在各道路上的分配。一条道路行车速度的快慢，在很大程度上反映出该路是通畅还是阻塞，当车速资料表明道路交通阻塞严重时，要考虑把部分车流量分流到邻近道路上去，以保证道路的畅通。此外，根据车速观测资料，还可以确定道路的限速值，如15%位车速和85%位车速的应用。

分析事故成因与确定安全系数。没有速度，也就没有交通事故的发生。因此，根据某条道路上的速度分布与交通事故统计资料，分析、确定交通流速度与交通事故的统计关系。在具体的事故分析中，车速更是必不可少的资料。

四、交通流密度调查

（一）定义与调查目的

1.定义

车流密度为道路的单位长度，路段上，一个（或几个）车道上某一瞬间存在的车辆数量。其单位为辆/km。另外，车流密度有以下两种表示方法：

（1）车行道的车辆占有率和空间占有率

道路的单位面积中各车辆所占面积的总和称为空间占有率。实测调查中，一般将观测路段上的车辆总长度与该路段长度之比的百分数作为空间占有率。车行道空间占有率表示的某一时刻车辆占用路段的比例，以此反映观测路段上的交通负荷程度。

时间占有率。在道路的观测断面上，车辆通过时间的累计值与观测时间的比值，该比值通常以百分数表示，称为时间占有率。时间占有率从车辆行驶的时间占用方面反映道路的拥挤情况。

（2）平均车头间距

车头间距是指同一车道上行驶的车辆，前后两车辆车头与车头之间的距离。观测路段上所有的车头间距的平均值即为平均车头间距。根据平均车头间距即可求得观测路段平均车流密度。因此，平均车头间距间接地反映了道路的交通运行情况。

2. 调查目的与作用

车流密度调查是交通调查的重要组成部分，它对了解研究交通状况具有十分重要的作用。主要表现在：车流密度。是描述交通流的三个参数之一，调查车流密度即可对道路的三个参数函数关系进行研究，掌握交通的运行规律，预测未来交通运营发展情况，制定交通控制措施。车流密度是反映道路上车辆拥挤程度的最直观指标，它直接反映了道路上车辆的密集程度。因此，了解道路的车流密度，可以对道路的交通状况做出评价。同时对改善道路的各种设施提供参考。车流密度指标，可以反映道路上交通堵塞状况。当道路上交通严重拥挤，车辆运行处于停滞状态时，交通流量与车辆运行速度等于零，这时用流量与速度两参数已无法描述交通状况，而用车流密度则可表示道路交通状况。因此，车流密度对道路通行能力的研究十分有用。

（二）调查方法

车流密度的调查方法有三种：定点观测、出入流量调查、摄影调查法。下面对这三种调查法进行阐述。

1. 定点观测

定点观测法是通过观测车流量及车速数据，应用流量、车速、车流密度三者的函数关系推导车流密度。

2. 出入流量法

出入流量法适用于观测路段间无合流、分流的情况，观测路段不宜太短（一般取 1km 左右），由于中途无车辆出入，车流行驶状态稳定，观测的精确度较高，能够满足使用要求。

3. 摄影调查法

摄影调查法是对观测路段连续照相，在所拍摄到的照片上直接点数车辆数，该种方法是密度调查最准确的途径，但是，由于拍摄胶片的清晰度受气候情况影响较大，调查时应注意选择晴朗的天气。摄影调查法分为地面高点摄影法及航空摄影法。地面高点摄影必须将摄影机置于观测路段的附近，能够覆盖整个观测路段。由于在具体情况中不可能总能找到这样的高点，因此该方法受到一定的限制。航空摄影法虽然没有上述限制，但费用较高。

五、行车延误调查

行车延误是指车辆在行驶中，由于受到交通控制设施和各种交通干扰而造成行驶时间的损失。为获取这种时间损失的大小、原因、地点和持续时间、发生频率等数据所进行的调查。

（一）延误类型及其产生原因

按延误形成原因和不同着眼点，分为：

1. 固定延误

固定延误又称基本延误。主要发生在交叉口，因交通控制而产生（交通信号、停车或让车标志、横过铁路道口），与交通流本身特性无关。

2. 运行延误

运行延误是由于交通流中其他因素干扰引起的延误。其中包括车辆起动、转向和出现故障的干扰，行人横过道路的干扰，交通拥挤、合流和交织引起的运行延迟。

3. 停车延误

停车延误指车辆在行驶中由于某种原因减速、制动、停驻造成的时间损失，包括驾驶员的反应时间，其与车辆性能和驾驶员自身素质有关。

4. 排队延误

排队延误是指因交通阻塞或红灯停驶造成的排队时间与以畅行车速驶过排队路段时间之差。其中排队时间是指车辆第一次停车到越过停车线的时间。

5. 引道延误

引道延误是在交叉口前排队通过引道的时间与车辆以畅行速度通过引道延误段时间之差。其中引道延误段是在入口引道上，从车辆发现前方信号或已有排队车辆开始减速行驶的断面到停车线的距离。

（二）延误调查的必要性

1. 通过延误调查，可以了解发生延误的地点、原因和交通阻塞程度，评价道路现状和服务水平。

2. 在拟定地点定期进行延误调查，可以获得延误随时间变化的规律，探求交通状况发展趋势，为道路设施建设和交通管理措施提供决策依据。

3. 通过延误调查，为交通运输部门制定运输规划，选择合理路线和制定行车时刻表提供原始资料。

通过对交通设施改善前后的延误调查，评价改善后的经济效益和社会效益。

（三）交通延误资料的作用

1. 评价道路的阻塞程度和服务质量

交通延误十分直观地反映了道路交通的阻塞情况，面对道路的使用者，最关心的是时间和延误问题。因此，交通延误资料客观地反映了道路的阻塞程度，也体现了道路服务质量的高低。

2. 道路改建的依据

在拟定道路或路口改建计划时，是否应拓宽道路或实行快慢车隔离，是否应设左转专用道等，都应以延误分析为依据。

3. 运输规划

交通运输部门在运营调度时往往不是选择距离最短的路线而是选择行车时间最少的路线，有了延误资料，有利于运输部门进行路线选择。公共交通运输部门制定行车时刻表、调整路线运行状况时，也要依据延误资料。

4. 经济分析

交通运输部门计算运输成本、交通管理部门对采取某一工程措施或管理措施进行可行性研究，通常将时间换算成经济指标，其中延误资料是重要的原始资料。

5. 前后对比研究

对交通设施改善前后的延误时间进行调查，可以对改善的效果做出评价。

6. 交通管制

根据延误资料，确定是否限制停车，是否采取单行或禁行等交通管制措施。延误资料还是设置路口信号灯的重要依据，当路口某一方向的延误明显大于另一方向时，则应调整绿信比，使两方向延误大致相等。

7. 交通延误资料

可以作为交通运政部门进行定线管理、合理调控线路运力的重要依据。

第三节　城市道路网的布局规则及公路网的规划布置

一、城市道路网布局规划

城市道路网规划应该以合理的城市用地功能组织为前提，根据城市现状及自然环境特点，经济、合理地规划布局道路网络，同时区分不同功能的道路性质，结合城市的具体用地情况组成道路系统。

规划城市道路网既要满足客货车流、人流的安全通畅，还要反映城市风貌、历史和传统文化，为地上、地下工程管线和其他设施提供空间，满足城市日照通风与城市救灾避难等要求。在进行城市道路网络系统规划时，应对上述功能综合考虑，相互协调。

（一）城市道路网布局影响因素

城市道路系统既是组织城市各种功能用地的"骨架"，又是城市进行生产和活动的"动脉"。城市道路系统布局是否合理，直接关系到城市是否可以合理、经济地运转和发展。城市道路系统一旦确定，也就决定了城市发展的轮廓、形态，即使遇到自然灾害或战争的破坏，在恢复和重建城市时，也较难改变，影响是深远的，将在一个相当长的时期内发挥作用。影响城市道路系统布局的因素主要有三个：城市在区域中的位置（城市外部交通联系和自然地理条件）、城市用地布局形态（城市骨架关系）和城市交通运输系统（市内交通联系）。

（二）城市道路网络布局结构

历史上形成的城市道路系统形态主要有棋盘式路网、放射形路网、环形放射形路网等，随着城市的发展，在典型的城市道路网布局的基础上发展延伸出九种道路网络布局形式，现归纳分析如下：

1. 方格形道路网

方格形道路网又称棋盘式路网，如北京、西安老城区道路网，成都、桂林、太原中心区（老城）的道路网。特点是：道路使用均衡，车流可以较均匀地分布在所有街道上，路网容量被均衡利用，市中心的交通负担不重；从交通方面看，这类路网不会形成太复杂的交叉口，多为十字形或丁字形交叉口，交通组织简单便利；在重新分配车流方面具有较大的灵活性，当某一条街道受阻时，车辆可选择的绕行路线较多，行车行程时间不增加；城市街道布局严整、简洁，有利于建筑物布置，方向性好。

但是，方格形道路网对角线方向交通联系不便，非直线系数较大，一般为1.2，甚至可达1.4，增加了居民的无效出行距离，加重了路网负担；干道网的密度一般较高，存在很多交叉路口，既影响车速，又不易于交通管理和控制，把城市交通分配到全部道路上，不能使主次干路明确划分，限制了主次干路按功能发挥作用。

为改善对角线方向车流绕行距离过长的问题，可在方格形道路网中适当加入对角线方向的干道，形成棋盘对角式路网。这样对角线方向交通可以缩短30%左右的出行距离，增加了可达性。由于斜向干道的穿越，会形成近似三角形的街坊和交叉口，给建筑布置和交通组织带来不利影响。

2. 环形放射式道路网

环形放射式道路网，由从城市中心向四周若干条放射线和以城市中心为圆心的几条环形线组成。城市中心即为中心区，四周分布几个副中心区，比较理想的布局方式是从中心向四周一定范围内布置居住区，包括工作、生活、商业、服务业、娱乐等，市区外围为工业区，城市各组团间由城市干道和绿化带分隔。

环形放射式道路网起源于欧洲以广场组织城市的规划手法，最初是几何构图的产物、多用于大城市。这种道路系统的放射形干道使市中心和各功能，以及市区和郊区间有便捷的交通联系，市中心可达性好，有利于形成吸引力强大的市中心，保持市中心的繁华；环形干道有利于外围市区及郊区的相互联系，并疏散过境交通，避免对市中心产生过大的压力。但是，放射式干道容易把外围交通迅速引入市中心地区，造成中心区的交通紧张，中心区路网超负荷，而外围路网容量得不到充分利用，浪费了路网时空资源，其交通机动性较方格网差。如在小范围内采取这种形式，易造成一些不规则的小区，给建筑布局和朝向带来困难。这种形式一旦形成，如果规划管理不当，可能变成连片密集型发展模式，形成城市用地的"摊大饼"。同时，环形干道也容易引起城市沿环道发展，促使城市呈同心圆式不断向外扩张。

为了充分利用环形放射式道路系统的优点，避免其缺点，国外一些大城市在原有的环形放射路网基础上调整改建，形成快速路系统，对缓解城市中心的交通压力，促使城市沿交通干线向外发展起了十分重要的作用。

3.自由式道路系统

自由式道路系统通常是由于地形起伏变化较大，道路结合自然地形呈不规则状布置而形成的。这种类型的路网没有一定的格式，变化很多，非直线系数较大。如果综合考虑城市用地的布局、建筑的布置、道路工程及创造城市景观等因素精心规划，不但能取得良好的经济效果和人车分流效果，而且可以形成活泼丰富的景观效果。

我国山区和丘陵地区的一些城市也采用自由式道路系统，道路沿山脉或河岸布置，如青岛、重庆等城市。但这种布置多是从工程角度出发，有的道路仿照盘山公路修建，呈现出不自然的交通状况。而且，在传统的规划思想影响下，只要有一些平地，都尽可能采用方格形道路系统。

4.混合式路网

混合式或综合式道路网系统是根据城市所在地区的地形和交通需求将城市不同区域的各个道路系统有机结合起来，使道路网既能满足交通需求，又能满足经济和建筑上的需求。混合式是多种形式的组合，是城市分阶段发展的体现。

这种路网形式考虑了自然历史条件，有利于因地制宜地组织交通，使城市得到一个完整而统一的建筑规划结构。混合式路网全面考虑了城市中的基本组成要素，使它们在城市用地上协调配合，如果规划合理，这将成为一种扬长避短的形式。

经历了不同发展阶段的大城市混合式道路网系统，如果在好的规划思想指导下，对城市结构和道路网进行认真的分析和调整，因地制宜进行规划，可以很好地组织城市生活和城市交通，取得较好的效果。

5. 线性或带形道路网

线性道路网是以一条干道为轴，沿线两侧布置工业与居住建筑，从干道分出支路联系每侧的建筑群。线性道路网布局分为两种方式：一种方式是干道一侧为居住区，另一侧是工业企业区，干道的中部为中心区，两侧各有一个副中心区；另一种方式是沿干道为一个或多个建设区，中间为居住区，有行政、商业、服务业中心，两侧各为一个工业企业区，最外侧各有居住区及商业服务业副中心，并与工业区分开布局。

还有一种和线性道路网布局相似的带形城市道路网。这种布局往往以中间的干道为主轴，两侧各有一条和主轴平行的道路作为辅助干道，三条路为主要脉络和一些相垂直的支路组成类似方格形的道路网。例如，兰州、深圳等地区就是带形城市道路网。

6. 方格环形放射式道路网

这种道路网中心区为方格形，向四周环形放射式发展。由于历史原因，我国城市道路网多采用这种布局形式，随着城市化进程加快，区域之间交往增加，过境交通增大，编制总体规划中的道路网络，自然需要改造原有的放射线和发展新的放射线，同时为了便于各条放射线之间的联系，以缓解疏散中心区的交通环路应运而生，大城市一般建几个环路，至于放射线的数量，随着城市的大小，地理位置和相邻城市的关系有所不同，大体上内地城市放射线较多，沿海城市放射线较少。

7. 手指状（巴掌式）道路网

这种道路网以多条放射线呈手指式发展，市区以外沿手指状的道路两侧规划重点建设区，每个重点建设区规划一个行政办公及商业服务业为主的副中心区，各重点建设区之间以楔形绿带分隔，手指式放射线通过几条环路联系起来。

8. 星状放射式道路网

星状放射式道路网和子母城市的布局（即城市由市区和卫星城所组成）相配套，道路网从城市中心起呈放射状联系多个卫星城市，城市由几个层次的同心圆组成。

9.交通走廊式道路网

城市中心区道路网形成之后，城市沿放射干道发展，形成交通走廊式道路网。

（三）城市道路网布局规划方法

道路网布局规划一般采用先确定道路网规划指标和道路网空间布局形式，接着进行道路网系统性分析，然后布置专用道路系统，最后进行检验与调整的过程。

1.道路网规划指标的确定

道路网布局规划需要明确道路网规划指标，道路网规划指标主要包括人均道路用地面积、车均车行道面积、道路网密度、道路等级结构、道路网连接度、非直线系数等。

2.道路网空间布局形式

在社会经济、自然地理等条件的制约下，不同城市的道路系统有不同的发展形态。从形式上看，常见的城市道路网布局有四种典型类型：方格网式道路网布局、环形放射式道路网布局、自由式道路网布局、混合式道路网布局。

仅仅从每种道路网布局的特点出发是难以决定其优劣与取舍的，规划中应尊重已经形成的道路网格局，考虑原有道路网的改造和发展，从城市地理条件、城市布局形态、客货运流方向及强度等方面确定城市的道路网布局，不应套用固定模式。道路网空间布局形式的确定是一个定性分析与定量分析相结合的过程。

3.道路网系统性分析

道路网的系统性表现在城市道路网与城市用地之间的协调关系、与对外交通系统的衔接关系及道路网系统内部各组成要素之间的协调配合关系。道路网布局系统分析包括以下几个方面的内容：

（1）城市道路系统与城市用地布局的配合关系

该部分内容主要分析城市各相邻组团间和跨组团的交通解决情况、主要道路的功能是否与两侧的用地性质相协调、各级各类道路的走向是否适应用地布局所产生的交通流，以及是否体现对用地发展建设的引导作用等。

（2）城市道路网与对外交通设施的配合衔接关系

该部分内容主要分析快速道路网与高速公路的衔接关系、城市常速交通性道路网与一般公路的衔接关系、城市对外交通枢纽与城市交通干道的衔接关系。考虑高速公路对城市交通有着重大的影响，在规划的层次上应将高速公路交通影响分析纳入交通规划研究内容。

（3）城市道路系统的功能分工及结构的合理性

该部分内容主要分析道路网中不同道路的功能分工及结构是否清晰、合理，各级各类道路的密度是否合理等。保障交通流逐级有序地由低一级道路向高一级道路汇集，并由高一级道路向低一级道路疏散，避免不同等级道路越级相连。

4.道路网布局的检验与调整

经过以上过程，初步拟订的道路网需经过检验。检验的标准是拟定的道路是否能满足道路交通需求和环境质量要求。检验的基础是道路交通需求预测技术、道路网络分析技术和道路交通环境影响分析技术。道路网规划方案的调整分为两个层次，当道路服务水平质量和环境质量状况不符合规划要求时，应调整道路网布局规划方案，并对调整后的道路网布局规划方案重新检验，如果经过多次调整后仍不能满足规划要求，应对城市总体交通结构进行反馈，提出修改意见。

二、公路网规划

我国的道路交通具有多种交通工具并存，以汽车交通为主的特点。它是贯穿于工业区、商业区、农业区、旅游区和居住区，联系城市和农村，并与铁路、港区、飞机场相衔接的错综复杂的生产体系。公路网规划目的是根据经济发展的要求，按照土地利用的规划和现状，对某一区域内的公路发展做出科学的、宏观的统筹安排。

（一）公路网分类与组成

在公路网中，由于每条道路在国民经济中的作用不同，自然条件的复杂程度不同，车辆种类和速度以及运量不同，技术完善程度和管理方法也不同。从规划、设计和管理的要求出发，公路网中的各条道路需要进行分类。

1.公路的技术等级

公路按照使用任务、功能和适应的交通量分为五个等级，在各等级中又根据地形规定了不同的计算行车速度及其相应的工程技术标准。

高速公路为专供汽车分向、分车道行驶并全部控制出入的干线公路。四车道高速公路一般能适应按各种汽车折合成小客车的远景设计年限，年平均昼夜交通量为 25000 ~ 55000 辆；六车道高速公路一般能适应按各种汽车折合成小客车的远景设计年限，年平均昼夜交通量为 45000 ~ 80000 辆；八车道高速公路一般能适应按各种汽车折合成小客车的远景设计年限，年平均昼夜交通量为 60000 ~ 100000 辆；

一级公路为供汽车分向、分车道行驶的公路，一般能适应按各种汽车折合成小客车的远景设计年限，平均昼夜交通量为 15000 ~ 30000 辆。二级公路一般能适应按各种车辆折合成中型载货汽车的远景设计年限，平均昼夜交通量为 3000 ~ 7500 辆。三级公路一般能适应按各种车辆折合成中型载货汽车的远景设计年限，年平均昼夜交通量为 1000 ~ 4000 辆。四级公路一般能适应按各种车辆折合成中型载货汽车的远景设计年限，年平均昼夜交通量为：双车道 1500 辆以下；单车道 200 辆以下。

2.公路的行政等级

公路分为国家干线公路（简称国道），省、自治区、直辖市干线公路（简称省道），县公路（简称县道），乡公路（简称乡道）和专用公路五个等级。

国道是指具有全国性政治、经济意义的主要干线公路，包括重要的国际公路、国防公路、连接首都与各省、自治区首府和直辖市的公路，连接各大经济中心、港站、枢纽、商品生产基地和战略要地的公路。

省道是指具有全省性（自治区、直辖市）政治、经济意义，连接省内中心城市和主要经济区的公路，以及不属于国道的省际重要公路。

县道是指具有全县性（旗、县级市）政治、经济意义，连接县城和县内主要乡（镇）、主要商品生产和集散地的公路，以及不属于国道、省道的县际间公路。

乡道是指主要为乡（镇）内经济、文化、行政服务的公路，以及不属于县道的乡与乡之间和乡与外部联络的公路。

专用公路是指专供或主要供厂矿、林区、油田、农场、旅游区、军事要地等与外部联络的公路。

显然，公路的技术等级与行政等级之间，既有联系，又有区别。

（二）公路网规划及布置的基本要求

公路网是城市地区以外的、城市与城市之间的道路网。由于每条道路在国民经济中的作用不同，自然条件的复杂程度不同，行车种类和车速以及运量不同，其技术完善程度和管理方式也不相同。公路网规划和布置的基本要求是：

1. 公路网规划必须和其他运输网密切配合，构成相互协调的综合运输。由于公路路线布设比铁路、水运受客观限制条件少、灵活性大，应尽可能为铁路、水运的联系和发展创造方便条件。

2. 干线网的技术等级要通过地区的重要性及交通量的大小划分并规划沿线交通设施和修建顺序。

3. 要充分利用原有公路和地方道路，通过改善逐步提高达到路网等级和技术标准要求。

4. 应符合分期修建和工程经济的原则。

5. 应力求做到公路网密度小而运输线短，运输效率高、运输成本低的要求。

6. 公路网规划还应注意配合地方农田水利建设以及开发地方资源的需要。

7. 公路等级应根据公路网的规划和远景交通量，从全局出发，结合公路的使用任务、性质综合确定。

8. 环境保护的要求。无论在公路施工建设过程中的环境保护，还是运营过程当中汽车废气、噪声及路面污水排放导流等，都应在规划过程中加以充分的考虑。

（三）公路网的确定

公路网的形式一般取决于下述因素：行政和经济中心之间的交通需要；客、货运输流的大小和方向；规划地区的自然条件，特别是山脉分布、大河走向、不良工程地质条件；国防方面的特殊要求等。

对于公路干线系统，世界上多数国家是以首都和省会所在地为中心，呈放射状布置国家干线网和省内干线网，干线与干线之间则连以环形干道，形成了放射加环形的主干线布置系统。除此以外，也有以网格状布置的。我国公路网采取纵横网及放射相结合的原则，连接各省、市、自治区首府及大军区、重要港站枢纽、工农业基地及50万人口以上的大中城市。

对于次一级的公路和在干线之间局部地区的公路，根据地区地形以及集散点的分布情况予以布置，一般采用树枝状式和方格状式。对于不同的区域、不同的城市，其路网布局要考虑所在地区的社会、自然、经济情况选取。

总之，公路网的规划、设计不能仅仅局限于一个点、一条线，应从整个路网系统着眼。路网布局的好坏对整个运输系统的效率有很大的影响，良好的路网布局可以提高运输系统的效率，增加路网的可达性，节约大量的投资，节省运输时间和运输费用，以取得良好的经济效益、社会效益与环境效益。

第三章　交通要素特性

第一节　人的交通特性

一、驾驶人交通特性概述

在构成道路交通的诸项基本要素中，有关车辆、道路及环境等学科的理论已比较成熟，而对于道路交通基本要素之一的人交通特性的研究则不够成熟和普遍。道路交通系统中的人包括驾驶人、行人、乘客和交通管理人员等，其中驾驶人是主要部分。驾驶人通过视、听、触觉器官从交通环境中获得信息，经过大脑处理，做出反应和判断，支配手、脚运动器官，操纵汽车，使之按驾驶人的意志在道路上运行。这一过程中，驾驶人受到自身生理、心理因素的制约和外部条件的影响，如果在信息的搜集、处理、判断的任一环节上发生差错，都会危及交通的畅通和安全。所以，驾驶人的可靠性非常重要。驾驶人的可靠性取决于三组因素：驾驶人的技术熟练程度、个性与感受交通情报的特性以及在动态交通环境中的应变能力。对上述交通特性的研究是以交通心理学为理论基础，研究驾驶人及行人在交通环境中的心理、生理和行为特征。根据道路运政管理工作的需要，在驾驶人的交通特性中，我们将着重介绍驾驶人的交通心理和交通生理特征。

（一）视觉特性

在行车过程中，驾驶人需要及时感知各种交通信息。根据统计分析，各种感觉器官给驾驶人提供交通信息数的比例分布如下：视觉占80%、听觉占14%、触觉占2%、味觉占2%、嗅觉占2%。其中，视觉最重要。因此，对视觉机能的考核和研究是驾驶人交通特性研究的重要内容。

1. 视觉

人的眼睛注视目标时，由目标反射出来的光进入眼内，经过眼中间物质的曲折，投射于眼睛黄斑中心窝，结成物像，再由视神经经过视路传至大脑的枕叶视中枢，激起心理反应，形成视觉。也就是说，所谓视觉，就是外界光线经过刺激视觉器官在大脑中所引起的生理反应。视觉在辨别外界物体明暗、颜色、形状等特性以及对物体空间属性如大小、远近等的区分上起着重要作用。

2. 视力

视力是人的眼睛分辨物体形状、大小的能力。视觉敏锐度的基本特征在于辨别两个物点之间距离的大小。视力有静视力、动视力和夜视力之分。

（1）静视力

准视力表共分12级。0.1至1.0每级差0.1，共10级。另有1.2和1.5两级。待检人员距视力表5m，能分辨视标上宽1.5mm缺口的方向时，其视力定为1.0，这时缺口在眼中构成的视角为1.0。对数视力表共分14级，即4.0级（相当于标准视力表的0.1级）、4.1（0.12）、4.2（0.15）、4.3（0.2）、4.4（0.25）、4.5（0.3）、4.6（0.4）、4.7（0.5）、4.8（0.6）、4.9（0.8）、5.0（1.0）、5.1（1.2）、5.2（1.5）、5.3（2.0）。我国驾驶人的体检视力标准为：两眼视力不低于标准视力表0.7或对数视力表4.9（允许矫正），无赤、绿色盲。

（2）动视力

汽车行驶时，驾驶人同车体一起按一定的速度前进，也就是说驾驶人与道路环境中的物体是相对运动的。驾驶人观察物体运动的视力，称为动视力。动视力与汽车行驶速度有关，随着车速的提高，视力明显下降。此外，动视力随驾驶人年龄的不同而有所差异，年龄越高，动视力低落的幅度越大，举个例子，车辆以60Km/h的速度行驶时，车内驾驶人能看清车前240m的标志，而以80Km/h的速度行驶时，则在接近160m处才能看清。为保证驾驶人在发现前方有障碍物时，能有足够的时间辨认和采取相应的措施，希望车速提高时，视认距离能相应增加，由于生理条件的限制，结果恰恰相反。

（3）夜视力

在黑暗环境中的视力称为夜视力。据研究，照度与视力呈线性关系，即照度减小，视力下降。太阳落山前，公路上的照度较高，日落后的黄昏时刻照度明显降低，在由明转暗的情况下，眼睛看东西主要靠视杆细胞起作用。而视杆细胞的感受性增加缓慢，需要 30 ~ 40min 的时间，才能稳定在一个水平上。由于天黑得较快，暗适应还没充分形成，加之打开前灯，恰与周围的光度相等，不能形成对比，因此黄昏时最难驾驶并易出事故。入夜光线更暗，在天然照明情况下，视力可降至白天视力的 4% ~ 10%，这是全靠视杆细胞活动的结果。

3. 视力适应

人的眼睛对于光亮程度的突然变化，要经过一段时间才能适应。由明亮处进入暗处，眼睛习惯、视力恢复，称为暗适应；由暗处到明亮处，眼睛习惯、视力恢复，称为明适应。暗适应，时间较长，通常要 3 ~ 6min 才能基本适应，约 30 ~ 40min 才能完全适应。而明适应可在 1min 内达到完全适应。进入没有照明条件的隧道内大约发生 10s 的视觉障碍；在城区和郊区交界处，由于夜晚照明条件的改变都会使驾驶人产生视觉障碍，影响行车安全。因此，在隧道入口处和与郊区公路连接的城区道路上应设有缓和照明，以减少视觉障碍，保证交通安全。此外，在黄昏时路面的明亮度急速降低（特别是秋天的黄昏），而天空还较明亮，暗适应性较困难，此时正值驾驶人和行人都感到疲劳的时候，事故也较多，应引起重视和警惕。还应注意，在夜间，每个人的视力适应速度各不相同。比如，从 20 岁到 30 岁，人的暗适应能力往往是不断提高的；而 40 岁以后则开始逐渐下降；60 岁时，暗适应能力仅仅为 20 岁人的 1/8。每个驾驶人都应掌握这种视力适应的变化特性，这对于行车安全非常重要。

4. 眩目

眩目是由于刺目光源对眼球中角膜及视网膜间介质中所产生的散乱现象，这种现象有连续与间歇之分。夜间行驶的汽车多半是间歇性的眩目。一种是当受到对向车灯强烈照射时，不禁要闭目或是移开视线，这种现象称之为生理性眩目。另一种是由于路灯照明反射所产生的眩目，它只是使驾驶者有不愉快的感觉，这种现象称之为心理性眩目。在暗淡光亮下的眼睛，受到强光刺激后，要产生眩晕感，使视力下降。

5. 视野

人双眼注视某一目标，注视点两侧可以看到的范围叫视野，指的是司机在行车中眼睛固定注视一定目标时，所能见到的空间范围。因此，"视野"又称"视场"。当眼固定注视一点时（或通过仪器）所能看见的空间范围，双眼视野大于单眼视野。对各种颜色的视野大小也不同，绿色视野最小，红色较大，蓝色更大，白色最大。这主要是出于感受不同波长光线的锥体细胞比较集中，视网膜小所致。视野是指人的头部和眼球固定不动的情况下，眼睛观看正前方物体时所能看得见的空间范围，我们称为静视野。眼睛转动所看到的为动视野，常用角度表示。视野的大小和形状与视网膜上感觉细胞的分布状况有关，可以用视野计测定范围。水平内的视野是：双眼区域大约在左右 60° 以内的区域；人们最敏感的视力是在标准视线每侧 1° 的范围内；单眼视野的标准视线每侧 94° ～ 104° 。垂直平面视野是：最大视区为标准视线以下 70° ，颜色辨别界限在标准视线以上 30° 和标准视线以下 40° 。实际上，人的自然视线是低于标准视线的。一般情况下站立时自然视线低于标准视线 10° ；坐着时低于标准视线 15° ；很松弛的状态下站立和坐着时自然视线标准视线分别为 30° 和 38° ，观看展示物的最佳视区低于标准视线 30° 的区域内。

6. 视觉敏锐度

视觉敏锐度是指分辨细小的或遥远的物体或物体细部的能力。在一定条件下，眼睛能分辨的物体越小，视觉的敏锐度越大。这里所谓大小是用视角表示的，因为这样才能有比较。所以，更恰当的定义是能分辨或能看见视角越小的物体，视觉的敏锐度就越大。视觉敏锐度的基本特征在于辨别两点之间距离的大小，因此，也可以把它看作视觉的空间阈限。视觉敏锐度是一个非常重要的指标。良好的视觉可以较早地认知和确认目标，这时发生的任何刺激，能减少总反应时间，视觉敏锐度关系到最清晰的视野，在 3° ～ 5° 的锥体内，视觉最敏锐，在 5° ～ 6° 的锥体内，视觉十分敏锐，在 10° ～ 12° 的锥体内，视觉清晰，在 20° 的锥体内，有满意的视觉。在垂直面上，视觉敏锐度的角度只是水平面上视觉敏锐度的 1/2 ～ 1/3。研究表明，辨认出道路路标上字母的能力，随着眼的光轴与到字体方向间夹角的增大，很快地降低。如果该夹角在 5° ～ 8° 以下，有 98% 的驾驶人能准确地分辨字母，夹角增大到 16° 时，只有 66% 的驾驶人能准确辨认出字母。驾驶人的年龄对视觉敏锐度有影响。若取 20 周岁的视觉敏锐度为 100%，那么 40 周岁的视觉敏锐度为 90%，60 周岁的视觉敏锐度为 74%。

7. 注视

行驶中的外界信息，几乎都是由驾驶人的视觉传达到大脑中，所以，眼的功能非常重要。选择必要的信息都要通过眼睛，对不重要的信息就不一定凝视，只是在视野的边缘一掠而已。对很重要的信息，在视野边缘的也要转动眼球，使之落入眼网膜的中心。所谓注视时间，就是驾驶人在行驶过程中对视觉信息的注意凝视时间。注视时间的长短，要看信息的重要程度，辨认难易而定。此外，道路两旁与交通无关的刺激信息（如商业广告、信号灯边缘增加引人注目的霓虹灯等设施）也会过多地吸引驾驶人注视，增加对驾驶人的视觉干扰，因此应尽力避免。

8. 立体视觉

立体视觉是人对三维空间各种物体远近、前后、高低、深浅和凸凹的一种感知能力。当观察一个立体对象时，由于人的两只眼睛相距大约 65mm，所以两只眼是从不同角度观察对象的，左眼看到物体的左边多些，右眼看到物体的右边多些，在两个视网膜上分别感受着不同的视像。就是说，在空间上的立体对象造成了两眼在视觉上的差异，即双眼视觉差。现代视差信息理论认为，双眼注视景物时产生的视差是人对深度感知的基础，当深度信息传至大脑枕区再经加工处理后，便产生了深度立体感知。这种把两眼具有视差的二维物像，融合分析为一个单一完整的具有立体感的三维物像过程，就是双眼视觉，即立体视觉。立体视觉的生理基础是双眼视觉功能的正常。但双眼视力均为 1.5 的人，立体视觉也不一定健全。立体视觉缺乏者称为立体盲。据国外资料介绍，立体盲的发病率为 2.67%，立体视觉异常者则高达 30%。对驾驶人来说，立体盲是一种比色盲、夜盲更为有害的眼病。驾驶人在交通环境中，必须准确地判断车辆与车辆之间、车辆与交通设施之间的远近距离和确切方向、位置，判断车辆的速度，正确认识交通环境中的一切事物。如果缺乏立体视觉或视觉异常，则容易发生交通事故。立体盲是道路交通安全的严重隐患之一。美国早已把立体视觉的检查列入驾驶人考核项目。立体视觉检查也应列入对我国驾驶人的考核项目，在职业驾驶人选择、考核时，对立体盲者应坚决予以淘汰，以预防交通事故。

（二）反应特性

驾驶人的反应特性也是其最重要的交通特性之一，通常用反应时间表示。人的机体接受刺激，认知到这种刺激，并尽快做出反应动作，这个从接受刺激，到作出反应动作所需要的时间，称为反应时间（又称反应潜伏期）。就车辆驾驶而言，对一个特定刺激产生感知并对它做出反应，应包括四个性质截然不同的心理活动。感知：对需要做出反应的刺激再认识和了解；识别：对刺激的辨别和解释；判断：对刺激做出反应的决策；反应：由决策引起的肢体反应。这一系列连续活动所用的总时间称为感知——反应时间。对于驾驶人来说，特别重要的是制动反应时间。以紧急制动为例说明这个问题。驾驶人从发现紧急情况到把右脚移到制动踏板上所需要的时间，称为制动反应时间；从开始踏制动踏板到出现最大制动力的时间（包括制动系统传递的延滞时间和制动力增长时间），称为制动器作用时间；从出现最大制动力到使车辆完全停住的时间，称为持续制动时间。这三个时间内汽车运行的距离，称为汽车制动非安全区。因为缩短制动器作用时间和持续制动时间涉及设计和制造技术问题，所以，这里最关键的是如何缩短和控制制动反应时间。对于制动反应时间，试验室里的假定是，确认危险（反射时间）0.4s，如，将脚从加速踏板挪到制动踏板0.1s，脚接触到制动踏板和将踏板踩下共计0.7s。实际行驶情况是，外界刺激进入眼中，眼球转动需要时间，人的思维判断是否危险也需要时间。这种动作过程的必要时间，随着条件不同而异，这些动作可以看成是判断危险的一个过程。反应时间的长短取决于驾驶人的个性、年龄、对反应的准备程度、信息的强弱、刺激时间的长短、刺激次数的多寡等。主要的影响因素有以下几个：

1. 刺激信息

驾驶人的信息来自道路和交通环境，包括道路线型、宽度、路面质量、横断面组成、坡度、交叉口及车辆类型、交通量、行车速度、机动车与非机动车的行驶情况和相互干扰情况以及行人情况、交通信号、交通标志和交通标线等。在驾驶车辆的过程中，交通环境不断变换，驾驶人随时接受外界信息，做出相应的反应。驾驶人所遇到的外界信息大致分为五种情况：

早显信息：信息出现有一定的时间提前量，如各种交通标志预告的交通信息。

突显信息：指突发信息。例如，在行车中，行人或自行车突然倒于车前以及儿童突然出现的事故信息。

潜伏信息：指驾驶人不能直接观察到的信息。这种信息的特点就是它的"隐蔽性"。如没有被驾驶人发现的车辆带病行驶，与宽阔的公路连接的"羊肠小路"，以及弯道超车不够或反超车等。

微弱信息：指外界信息刺激量过小，难以被驾驶人所接受的信息。这种信息被驾驶人的感觉器官反映到大脑以后，往往辨别不清、容易犹豫、疏忽，甚至错觉。如黄昏时，驾驶人有时候误将蹲在路中间系鞋带的小孩当成垃圾筐而轧死。

先兆信息：指信息到来之前具有某种征兆的信息。如在行车中已发现有事故的苗头，违章驾驶、超速行车、酒后驾驶等。对于早显信息和先兆信息都是在驾驶人有思想准备的情况下发生的，故驾驶人比较容易做出正确的判断和决策。微弱信息和潜伏信息都需要驾驶人集中注意力捕捉和发现信息，如果疏忽大意，就会产生犹豫或错觉，造成动作迟缓，甚至做出错误判断。最困难的是突显信息，要求驾驶人在极短的时间内采取措施，如果驾驶人反应迟钝或注意力不集中，必然会措手不及，造成事故。

2. 分析和判断

分析和判断是大脑的思维活动过程。对于驾驶人来说一般分为三种情况：一种是驾驶人接受外界信息后，能够迅速地分辨真伪，得出正确的判断，一般有经验的驾驶人由于大脑中储存很多信息，遇到外界情况变化时，反应迅速，判断正确；第二种是对外界信息分辨不出真伪，思维混乱，以致造成判断错误；第三种是对外界信息归纳缓慢或考虑欠周，造成分析失误或犹豫不决。对于后两种情况，都是造成交通事故的重要因素，应力求避免。

3. 年龄与性别。

同一个人，随着年龄的增长，反应时间增大，年龄在 10 ~ 17 岁时，人的比较与判断能力和反应速度均未达到 90%。18 ~ 29 岁，人的比较与判断能力和动作与反应速度达到了最大值，这个年龄段的人，尤其是 20 ~ 25 岁这段时间，反应速度是人生中最快的。30 岁以后开始有下降的趋势。40 岁开始，反应时间均匀增加，一直到 50 岁，比平均反应时间增加 25%。50 岁以后，反应时间开始明显增加，特别受反应时间的影响，男性驾驶人比女性驾驶人反应快。

4. 交通环境

随着客观情况复杂程度的增加，反应时间增长。在有信号控制的交叉路口的入口街道上，自由行驶的车辆对红灯制动反应时间平均为 0.5s。在车流量很大，行人很多的街道上，由于驾驶人要进行观察，故对相同信号的制动反应时间增加到 1.2 ~ 1.5s。此外，驾驶人饮酒、疲劳等也影响其反应时间。当车速为 50km/h 时，汽车每秒钟走 14m；车速为 60km/h 时，每秒走 17m。若反应时间增加 0.2s，在紧急制动时，汽车多走 2.8 ~ 3.4m。根据一些交通事故分析指出，在大多数情况下，只要有零点几米的安全距离，就可以避免事故的发生。所以，每个驾驶人都应当知道自己的反应时间，而且应以零点几秒计算，以便行车过程中遇到紧急情况及时采取措施。应当指出，反应时间不单指快，而且驾驶人要动作正确。驾驶人没有权力为了避免撞车，不考虑采取的措施如何，而一味地加快车速。这样会招致更为严重的后果。在混合交通条件下，从众多的危险之中选择最危险的情况，正确地、冷静地、迅速地做出反应，是驾驶人必备的品质，特别是当有中等密度的行人时，更是如此。

（三）性格特性

性格是人的个性心理的核心，是一个人最鲜明、最重要的区别于他人个性的心理特征，是人对现时态度以及与之相适应的行为方式的标志。根据心理学的分类原则，可以将驾驶人分为性格外向型和性格内向型两大类。

1. 外向型

总的特点是其心理活动过程经常指向外在事物。思维速度与行为动作趋于一致，性格开朗、感情奔放、行为举止敏捷等。因此，外向型驾驶人普遍具有以下特征：自信心强、感知觉灵敏、临危反应及应变能力强、驾驶动作敏捷协调，但内在体验薄弱，易受情绪左右，好冲动，自控制能力较差，喜欢刺激和冒风险，胆大而心不细，其驾驶行为特征以快车型为代表。

2. 内向型

总的特点基本与外向型相反，其心理活动过程经常指向内心世界。思维速度与动作速度反差较大，性格沉静，感情含蓄，行为谨慎，顺应困难。因此，内向型驾驶人普遍具有以下特征：勤思考，内在体验深刻而不易外露，善于自控情绪，自信心不强，办事条理性及计划性强，力求稳妥，反应缓慢，应变能力差，尤其是临危缺乏自信和果断，紧急避险失误率高，其驾驶行为特征以慢车型为代表。

　　驾驶人的性格倾向是在其个人的教育过程中，在个性与教育的相互关系中形成的。性格倾向形成以后比较稳定，但也可以改变。首先，性格与人的立场、观点、理论、信念有密切联系，经过思想教育和自我修养，随着立场观点的变化，其性格也会发生变化。其次，经常稳定的刺激会使人产生与之相适应的稳定态度和行为方式，形成良好的性格。知道了自己的性格特征，可以巩固好的方面，改正不良的方面，使自己不断进取，成为一个有崇高理想、高尚道德情操和优良性格的驾驶人。知道了别人的性格，可以在一定程度上预测他的行为。此外，了解一个人的性格，不至于无意中去惹人生厌，触人发怒，并可根据其性格关心他人，帮助他人。因此，应根据驾驶人性格倾向有针对性地组织安全行车教育。首先要使每位驾驶人清楚地体会自己的性格倾向及其对安全行车的影响；其次要通过经常性的帮助，促使两种性格倾向的驾驶人在驾驶特征上相互渗透，以利安全行车。当然，驾驶人性格倾向有随年龄、社会生活、肇事记录、驾驶经历等影响，由外向型向内向型转化的趋势。

　　（四）疲劳特性

　　所谓疲劳是指作业者在连续作业一段时间以后，劳动机能的衰退和产生疲劳感的现象。这是作业者的生理、心理在作业过程中发生变化的结果，属于正常的生理现象。作业者在疲劳状态下连续作业的直接后果是工作效率下降、事故率上升。驾驶作业虽然不是重体力劳动，但是，为了应付不测的事态和急速变化的环境，驾驶人总是处于一种应急状态，使之眼睛和神经持续地高度紧张。特别是在高速行驶时，眼球运动有时达到每分钟 150 次以上，眼睛感到很累，由此引起驾驶人的中枢神经产生疲劳，招致感觉的钝化和知觉的下降，引起认识不全面或迟缓、判断的失误，最严重时产生驾驶时打瞌睡的危险现象。这种驾驶人员在连续驾驶车辆后，产生生理、心理机能以及驾驶操作效能下降的现象称为驾驶疲劳。驾驶人长时间坐在固定座位上，要从复杂的环境中不断获取交通信息并迅速处理。这种紧张状况时刻都在增加驾驶人员的心理负担。由于驾驶工作的连续性，在行驶中常常因遇到交通堵塞或红灯信号而停车，导致心情烦恼、急躁，加重心理负担，产生疲劳。在一些景物单调的道路上长距离行车，也易产生疲劳，称为驾驶疲劳。

疲劳不是病态，而是一种正常的生理状态。多数专家认为，一般性疲劳，休息一天便可解除，驾驶人的体力和工作能力可以完全复原。过度疲劳，则是多次疲劳的影响积聚而成的，它可能突然以某种病态表现出来。如果说疲劳是劳动过程的产物，那么，过度疲劳则是疲劳得不到休息补偿的结果。疲劳，一般分为身体疲劳和精神疲劳两种。前者由于体力劳动所致，表现在身体方面；后者由于脑力劳动所致，表现在精神方面。因为汽车驾驶作业是脑力劳动与体力劳动的结合，所以，驾驶人的疲劳是这两种疲劳的综合体现。从疲劳恢复的时间看，可以把疲劳分为一次性疲劳、积蓄疲劳和慢性疲劳。一次性疲劳是经过短期的休息，比如睡一夜觉就可以恢复的疲劳。这是一种由于日常劳动所引起的疲劳，正常驾驶疲劳就是属于这一种。积蓄疲劳不能用短时间的睡眠来恢复，睡一夜觉后，第二天还是疲劳，这是由于时间过长而积累起来的疲劳。要恢复这种疲劳必须长时间休养和十分充足的睡眠。否则，这种积蓄疲劳会发展成为慢性疲劳。慢性疲劳是一种病态疲劳，是由于长时期处于疲劳状态而引起的。这种疲劳使劳动质量下降，影响身心健康。积蓄疲劳严重者也和慢性疲劳者相似，都不宜驾驶车辆。

（五）生物节律

人类生活的自然环境随着时间的变化而有规律的交替，即是自然节律。如昼夜的交替、季节的变换、潮汐的涨落等。人类作为生活在自然环境中有生命的机体，与自然环境相适应，其生理活动同样表现出有规律的变化。生理学家称这些人体内存在的生理循环为"生物节律"。生物节律的变化与人类行为有着密切的关系。研究证明，人体中没有哪一种化学变化和物理变化是没有节律的，如脉搏、呼吸、血压、排泄、睡眠、体温及妇女的经期等。对人类生理节律的研究表明，多数节律是以24h为周期循环的。人体还表现出较长时间的节律。如周期约近一个月的体力节律（23d）、情绪节律（28d）、智力节律（33d）等。这三个节律一般称为生物节律。生物节律提出于19世纪末20世纪初，它在某种程度上揭示了人的生理、心理变化的规律。生物节律的内容可以概括为以下几点：

人类行为受其固有的、可测定的生物节奏变化的影响。

人的体力、情绪和智力循环周期分别为23d、28d和33d。

这些节律从人们出生的那一时刻开始，就分别按各自的周期循环变化，从高潮期到临界期，直至低潮期；再从低潮期到临界期，直至高潮期，不断地循环往复，直到生命结束。

每当人们的这些循环处于高潮期，人们的行为也处于最佳状态：体力旺盛、精力充沛、情绪高昂、视野开阔、思维敏捷、工作效率高；当循环处于低潮期，人们的行为适应性差，处于较差状态：体力衰弱、耐力下降、情绪低落、反应迟钝、思维抑制、工作效率低；当这些循环处于高潮期与低潮期之间的临界期，人体内发生复杂和急剧的生理变化，各器官功能协调性差，人们的行为处于一种不稳定状态，这个时期，人们的行为很容易受外界因素的影响而出现差错或酿成事故。如果有两个以上的节律都在同一天到达临界期，则其影响更为明显。一个人从出生到三个循环又完全重合在同一天，共经过 21252 天。这些天中，大约经过 16925 个非临界日，4327 个临界日。换句话说，人生中大约在 20.36% 的日子处于其生物节律的临界日状态。如果生物节律对驾驶人的行车安全没有影响，那么，在交通事故统计中，属于驾驶人临界日发生的事故应占事故总数的 20.36% 左右。应该指出：关于生物节律的上述观点在目前还缺乏足够的科学根据。例如人的生命活动自胚胎期就已开始，这对生物节律的计算起点是否有影响？人的一生很复杂，引起人的体力、智力、情绪变化的因素相当多，这些因素如何与生物节律共同影响人的日常行为？外界的各种刺激以及人体自身的健康疾病等因素对生物节律的周期是否有影响？人体机能随着年龄的增长而逐渐趋于衰老，生物节律周期是否也随年龄而有所变化？此外，人与人之间在生物节律周期上是否存在着个体差异？男女之间在生物节律上是否存在差异？这些问题尚无法解释和验证。生物节律学说是一门新兴学科，在目前虽然有些问题尚未明确，但至少可以给我们一个启示：驾驶人的行为状态是有一定规律的，了解和掌握这些规律，对保证交通安全具有重要意义。

二、行人与乘客的交通特性

（一）行人的交通特性

行人的交通特性（Pedestrian Characteristics）表现在行人的速度、对个人空间的要求、步行注意力等方面。其与行人的年龄、性别、出行目的、文化素养、心境、体制等因素有关，也与行人生活的区域、周围环境、街景、交通状况等有关。

（二）乘客的交通特性

乘客交通特性（Passenger Characteristics）的共同要求是安全、迅速、舒适。因此，线形设计、交通工具配备、交通设施布设都应考虑这些要求。

当汽车在曲线上行驶，横向力系数大于 0.2 时，乘客有不稳定感；横向力系数大于 0.4 时，乘客站立不住，有倾倒的危险。所以，在线形设计标准中对平曲线的最小半径有相关规定。

汽车由直线经缓和曲线进入圆曲线时，其离心力逐渐增加，当离心力增加很快时，乘客感到不舒服，为了使乘客感觉不到转弯，要限制离心加速度 a。这样，便对缓和曲线的长度提出了要求。

在山区道路上或在陡边坡高填土道路上行车，乘客看不到坡脚，会产生害怕心理。如果在这种路段的路肩上设置护栏或放缓边坡，会消除乘客的不安心理。

道路美学与交通安全之间存在着微妙的关系。采用顺畅连续的线形、宽阔的带弧形的边沟、平缓的边坡等都有助于道路美化和增加交通安全。这样，道路本身比较安全，驾驶员和乘客看起来也比较安全。无论道路景色多么优美，没有安全感就不能认为在美学上是令人满意的。

乘客都希望缩短出行时间，尽快到达目的地。人们经常见到的挤车现象，就是这种心理状态的具体表现。对于已在车上的乘客，希望中途不停车，直达目的地。对于要乘车的旅客，希望出门就有车站，每辆车都停靠，来车即可上车。一般来说，乘车时间越长，越容易产生疲劳，从而使劳动效率降低。

乘客的舒适对减轻疲劳有重大作用。调查表明，工人乘坐电力列车到郊区上班时，坐着乘行 60min 以上，与在市里上班，需要换乘，站着乘行小于 60min 相比，前者生产指标好。为了减轻乘客疲劳可采取一些有效的措施，具体如下：

市内公共交通规划应明确规定职工上下班出行时间，配备适量的交通工具，规定车辆满员率。一般而言，市内工作出行时间不宜超过 45min；郊区工作出行时间不宜大于 70min。乘客长时间保持一个坐姿容易疲劳，所以车辆的座位设计应考虑如何减轻疲劳，如用软垫，座位靠背可改变倾斜角度。同时，应注意调节车厢内的温度、湿度、空气并防尘。坐车时间过长，容易产生烦躁情绪。为此，路线的布设应考虑美学要求，尽量利用名胜古迹、自然景物组成优美的道路交通

■ 交通工程与信息化建设

◆ 56

环境，使乘客在旅途中能观赏风光，感到心旷神怡。同时，沿线布设一些休息场地，使需要停驻的车辆稍停片刻，以便乘客下车活动、伸展肌肉、减轻疲劳。

乘客在长途旅行中会产生了解沿途情况的心情。例如，沿途经过哪些地方，各有什么特点，前方到达哪个车站，已走了旅途的多少里程，距目的地还有多远等。因此，沿路应设一些指示标志和里程碑，以解乘客疑惑。

第二节　车辆的交通特性

一、机动车的分类

车辆是道路交通的基本要素之一。根据《中华人民共和国道路交通安全法》规定，车辆是指机动车和非机动车。

机动车是指以动力装置驱动或牵引，在道路上行驶人员乘用或用于运送物品，以及进行工程专项作业的轮式车辆；非机动车是指人力或畜力驱动，在道路上行驶的交通工具，以及虽有动力装置驱动但设计最高时速、空车质量、外形尺寸符合有关国家标准的残疾人机动轮椅车、电动自行车等交通工具。

在机动车的管理中常按下述类型进行分类统计：座位数 ≤ 9 的载客汽车、其他总质量 ≤ 4.5t 的汽车、其他汽车、汽车列车及无轨电车、四轮农用运输车、三轮农用运输车、两轮摩托车、边三轮摩托车、正三轮摩托车、轻便摩托车、轮式拖拉机车组、手扶变型运输机。

由于汽车在机动车中占有支配地位，下面将主要介绍它们的分类知识。

根据相关国家标准，可将汽车分为八类，即载货汽车、越野汽车、自卸汽车、牵引汽车、专用汽车、客车、轿车和半挂车及专用半挂车。通常按所担负的运输任务将汽车划分为三大类。

（一）轿车

轿车乘坐 2 ~ 9 人（包括驾驶员）。轿车按发动机排量分为以下几种：

微型轿车：发动机排量在 1L 以下。

普通轿车：发动机排量为 1.0 ~ 1.6L。

中级轿车：发动机排量为 1.6 ~ 2.5L。

中高级轿车：发动机排量为 2.5 ~ 4.0L。

高级轿车：发动机排量在 4L 以上。

（二）客车

客车乘坐 9 人以上。按车身长度，客车分为以下几级：

微型客车：车身长度在 3.5m 以下。

轻型客车：车身长度在 3.5 ~ 7.0m。

中型客车：车身长度在 7 ~ 10m。

大型客车：车身长度为 10 ~ 12m。

特大型客车：包括铰链式客车（车身长度大于 12m）和双层客车（车身长 10 ~ 12m）两种。

（三）载货汽车

载货汽车主要用于载运各种货物，驾驶室内容纳 2 ~ 6 名乘员。货车按其总质量分级：

微型货车：总质量小于 1.8t。

轻型货车：总质量为 1.8 ~ 6t。

中型货车：总质量为 6 ~ 14t。

重型货车：总质量大于 14t。

汽车列车：由专门牵引车牵引的为半挂列车，由普通货车牵引的为全挂列车。

此外，还有根据特殊的使用要求设计或改装的车辆，主要执行运输任务以外的特种作业，如公安消防车、市政工程作业车、环卫环保作业车、医疗救护车、商业售货车等。

二、车辆的设计外廓尺寸

车辆尺寸与道路设计、交通工程有密切关系。例如，制定公共交通规划时要用到公共汽车额定载客量的参数，研究道路通行能力时要使用车辆长度等数据，车辆宽度影响着车行道宽度设计等。

三、机动车的主要特性

在现代交通系统中，道路的修筑、桥梁的架设、交通事故的分析无不与车辆的性能有关。因此，在设计和分析交通设施时必须充分考虑机动车的主要特性（Critical Characteristics of Vehicles）。

（一）动力性能（Driving Charateristics）

简单地看牵引力的大小并不能说明两辆车之间动力性能的好坏，为了对动力性能做进一步探讨，特引进动力因数的概念。无论机动车的自重等参数有什么不同，只要其动力因素相同，便能克服同样的坡度，产生同样的加速度。目前常把动力因素作为表征车辆动力特性的指标。利用动力特性图确定机动车行驶的最高速度、加速能力和爬坡能力。

在公路和城市道路的设计和交通事故分析中，车辆的加速性能是关键性因素之一，影响到变速车道长度、最大纵坡度、最小超车视距等技术指标的选定。车辆加速度的大小决定于车辆的自重、发动机功率、各挡传动比及滚动阻力、坡道阻力、空气阻力等诸多因素。

低挡时变速器的传动比大，牵引力就大，加速度大。高挡时传动比小，牵引力就小；而且此时速度高，空气阻力大，加速度小。

最大加速度的单位又分两种情况，这是因为加速度是指单位时间内速度的变化率，而速度常用两种单位：一种是每秒行驶多少米（m/s）；另一种是每小时行驶多少千米（km/s）。每秒钟速度的变化（加速度）也有两种单位 m/s^2，km/h/s。

加速度单位采用 km/h/s 时，不同车辆加速到同样的速度所需的时间和距离，与它们的加速度成反比。载货车加速度小，其起步所需的时间和距离就长。在车速较高的高挡阶段，载货车的最大加速度比轿车小得多，所以载货车的变速能力差得更多，导致在混合交通中，载货车之间出现很长的空挡，降低了道路的运行效率。

机动车的上坡能力是用满载时在良好路面上的最大爬坡度表示。最大爬坡度是指机动车在变速器挂 I 挡时的最大爬坡度。轿车最高车速大，加速时间短，又经常行驶在较好的路面上，所以一般不强调其爬坡能力。由于轿车的 I 挡加速能力大，所以爬坡能力也强。载货车要在各种地区的各种路面上行驶，要求具有足够的爬坡能力，一般在 30%，即 16.7° 左右。越野车要在坏路或无路条件下行驶，爬坡能力是一项重要指标，它的最大爬坡度可达 60%，即 30° 左右，甚至更高。

（二）制动性能（Braking Performance of Vehicles）

在车辆的安全设计中，最重要的操纵特性是制动和减速，而在实际交通系统的设计和运行中，制动时间和制动距离要考虑两个因素，在实验室中可以通过测定制动减速度和制定力反映制动性能的优劣。制动性能与许多因素有关，包括车辆制动系统、轮胎系统和状况、路面种类和状况等。

制动距离指的是从踏着制动踏板开始到汽车停住为止，车辆所驶过的距离，不包括驾驶员的知觉—反应距离。因此，与水平路面相比制动距离在上坡时减小，下坡时增大。这里的制动距离是假定路况能提供最大减速度时取得的，日常行驶中，很少有驾驶员能在这种状态下制动。在紧急情况下，此值的计算是保守的，实际上大多数车辆能在小于计算距离下停车。

现代交通对制动性能的稳定性提出了更高的要求，所谓制动性能的稳定性是指制动性能不因制动器摩擦条件的改变而恶化的性能，分为热稳定性和水稳定性。

热稳定性（抗热衰退性）是指因连续制动使制动器温度升高后仍能保持冷态制动效应的能力。它主要由制动器的容量、结构和摩擦衬片的材质决定。制动热稳定性在车辆下长坡和高速紧急制动时显得尤为重要。

水稳定性是指不因制动器浸水而使制动效能减退的能力。较差的水稳定性是雨天交通事故的重要诱发因素之一。

制动性能还表现在制动时车辆的方向稳定性上，即制动时车辆保持按给定轨迹行驶的能力。各车轮上的制动力大小分配不均匀、比例不当将导致制动跑偏、侧滑，使车辆失去控制，破坏其方向稳定性。

（三）通过性（Passing Characteritics）

通过性是指机动车不用其他辅助措施，而以足够高的平均速度通过各种路面（潮湿、冰、雪），无路地段和越过各种自然障碍的能力。通过性主要取决于车辆的支承牵引参数及几何参数，也与动力性、平顺性、稳定性、视野等密切相关。车辆通过性分轮廓通过性和支承通过性。

1. 轮廓通过性

通常把机动车的最小离地间隙、接近角和离去角、纵向和横向通过半径、车辆所能通过的最大横坡作为车辆轮廓通过性的评价指标。

（1）最小离地间隙

最小离地间隙是车辆的最低点（除车轮外）与路面间的距离。可用来表征机动车无碰撞越过障碍物的能力。该间隙不足，使车辆被地面托住而无法通过时，称为间隙失效。由于车辆底部零件碰到地面而被顶住时，称为顶住失效。

（2）接近角和离去角

接近角和离去角是指从车身前、后突出点向前、后轮引切线，该切线与路面间的夹角。接近角或离去角过小，将发生车辆前端或尾部触及地面而不能通过，则分别称为触头失效或托尾失效。

（3）纵向通过半径

纵向通过半径是在机动车侧视图上所做的与前、后车轮及两轴间轮廓线最低点相切的圆的半径 R1。它表征汽车无碰撞通过弧形凸起障碍（小丘、拱桥等）的能力。

（4）横向通过半径

横向通过半径是在机动车正视图上所做的与驱动桥两车轮及桥壳最低点相切的圆半径 R2。

（5）车辆所能通过的最大横坡

车辆所能通过的最大横坡是指车辆重力通过一侧车轮中心，而另一侧车轮的地面向反作用力等于零时路面的横向坡度。此时，车辆即将发生侧翻。

2. 支承通过性

通常把附着质量和附着质量系数，以及车轮接地比压（车轮对地面的单位压力）作为机动车通过性的评价指标。

（四）机动性（Flexibility）

机动性是指车辆在最小面积内转向和转弯的能力。机动性的主要评价指标有前外轮最小转弯半径 R_H、转弯宽度 A、突伸距 a 和 b。

（五）稳定性（Stability）

行驶稳定性是指机动车根据驾驶员的意愿按照规定的方向行驶，且不产生侧滑或倾翻的能力。影响汽车稳定性的主要因素有：轴距和轮距、质心位置、汽车绕过质心垂线的转动惯量、轮胎特性、转向系的结构与性能、车身的空气动力学性能。

此外，机动车的性能还包括汽车的燃油经济性、舒适性、可靠性及排放污染、噪声污染、辐射污染等。

四、自行车的交通特性

自行车的交通性是我国城市交通的一大特点，除个别城市自行车不多外，大、中、小不同规格城市的出行方式构成中，自行车出行均占很大比例。因此，研究自行车的交通特性（Critical Characteristics of Bicycles），对于治理城市交通，保障交通安全具有重要的意义。自行车的基本特性：

（一）短程性

自行车靠骑车人用自己的体力转动车轮，其行驶速度直接受骑车人的体力、心情和意志的控制，行、止、减速与制动亦取决于骑车人的操纵。同时，也受路线纵坡度、平面线形、车道宽度、车道划分、气候条件与交通状况的直接影响。个人的体力虽有强、弱之分，但总是有限的。因此，只适应于短距离出行，一般在 5～6km（或 20min 左右）。

（二）行进稳定性

自行车静态时直立不稳，当以一定速度前进时，可保持行进的稳定性，只要不受突然出现的过大横向力的干扰，可以稳定向前而不致侧向倾倒的。

（三）动态平衡

自行车骑行过程中重心较高，因此，存在如何保持平衡的问题，特别是在自行车转向或通过小半径弯道时，必须借助于人体的变位或重心倾斜以维持运行中的动态平衡。

（四）动力递减性

自行车前进的原动力是人的体力，即两脚蹬踏之力，一般成年男子，10min以上可能产生的功率约为220.6W，成年女子约为147.7W，儿童约为73.5W。持续时间越长，可能产生的功率越小，车速亦随之减小。这就是动力递减的结果，一般自行车出行不宜超过10 km。

（五）爬坡性能

由于自行车的动力递减，因此对于普通无变速装置的自行车，不能爬升大坡、长坡，也不宜爬陡坡，否则易发生危险。通常规定短坡道的坡度不大于5%，长坡道的坡度不大于3%。对于纵坡3%、4%与5%的坡道，其坡长限制为500m、200m、100m。对于北方冰雪地区，其坡度与坡长更应减小，否则冬天无法骑车。

（六）制动性能

自动车的制动性能对于行车安全与通行能力具有重要意义，它与反应时间一起决定纵向安全间距，即纵向动态净空（Lm）。

第三节　道路的交通特性

道路是供行人步行和车辆行驶的设施统称。道路按照其所处的地区不同分为公路、城市道路、厂矿道路、林区道路、乡村道路等。通常位于城市及其郊区以外的道路称为公路，位于城市范围以内的道路称为城市道路。

一、城市道路的类别与等级（Typesand Grades of Streets）

（一）城市道路的类别

城市道路应按道路在道路网中的地位、交通功能及对沿线的服务功能等，分为快速路、主干路、次干路和支路四个等级，并应符合下列规定：

快速路应中央分隔、全部控制出入、出入口间距及形式，应实现交通连续通行，单向设置应不少于两条车道，并设有配套的交通安全与管理设施。快速路两侧不应设置吸引大量车流、人流的公共建筑物出入口。

主干路应连接城市各主要分区，以交通功能为主。主干路两侧不宜设置吸引大量车流、人流的公共建筑物出入口。

次干路应与主干路结合组成干路网，以集散交通的功能为主，兼有服务功能。

支路宜与次干路和居住区、工业区、交通设施等内部道路相连接，解决局部地区交通，以服务功能为主。

（二）城市道路的等级

我国幅员辽阔，人口众多，城市星罗棋布。各个城市在人口数量、地理位置、政治经济发展、人口密度、土地开发利用、演变历史、交通状况等方面各具特色，对城市道路交通的要求也不同。

城市规模的大小是按城市人口规模划分的。城市规模划分标准以城区常住人口为统计口径，将城市划分为五类七档：城区常住人口 50 万以下的为小城市，其中人口 20 万以上 50 万以下的为 I 型小城市，人口 20 万以下的为 II 型小城市；城区常住人口 50 万以上 100 万以下的为中等城市；城区常住人口 100 万以上 500 万以下的为大城市，其中人口 300 万以上 500 万以下的为 I 型大城市，人口 100 万以上 300 万以下的为 II 型大城市；城区常住人口 500 万以上 1000 万以下的为特大城市；城区常住人口 1000 万以上的为超大城市。

除快速路外，每类道路按照所在城市的规模、设计交通量、地形等分为 I、II、III 级。特大城市及大城市应采用各类道路中的 I 级标准，中等城市应采用 II 级标准，小城市应采用 III 级标准。

二、路网密度

要完成一定的客、货运输任务，必须有足够的道路设施。路网密度（Density of Road Networks）是衡量道路设施数量的一个基本指标。一个区域的路网密度等于该区域内道路总长与该区域的总面积之比。一般来讲，路网密度越高，路网总的容量、服务能力越大。但是，路网的密度也不是越大越好，路网密度的大小应与经济发展水平相适应，与所在区域内的交通需求相适应，应使道路建设的经济性和服务水平及道路系统的社会效益、经济效益、环境效益得到兼顾和平衡，既要适当超前，也要节约投资。

三、路网布局

道路的规划、设计不能仅仅局限于一个点、一条线，而应着眼于整个路网系统。路网布局（Layout of Road Networks）的好坏对整个运输系统的效率有很大影响，良好的路网布局可以大大提高运输系统的效率，增加路网的可达性，节约大量的投资，节省运输时间和运输费用，取得良好的经济效益、社会效益与环境效益。

对于不同的区域、不同的城市，不存在统一的路网布局模式。路网布局必须根据所在区域的自然、社会、经济情况等选取。

（一）公路网的布局模式（Layout of Highway Networks）

典型的公路网布局有三角形、并列形、放射形、树杈形等。我国公路网按行政体制由国道、省道、县道和乡道组成。

（二）城市道路网的布局模式（Layout of Streets Networks）

典型的城市道路网布局有棋盘形（方格形）、带形、放射形、放射环形等。我国古代城市道路以方格形最为常见，近现代城市发展了许多其他形式的道路布局。

四、公路主线的几何特征

公路是建筑在大地表面上供各种车辆行驶的空间线状结构物。它的组成包括几何线形、路基路面、桥梁隧道、排水系统、防护工程、附属设施等。除交叉口以外的公路路段（又称主线）的几何线形分为平面线形、纵断面线形、横断面线形三方面进行设计。

（一）平面线形（Horizontal Alignment）

将公路的中心线投影在大地水平面上所得线形称为平面线形，它由直线和曲线组成，其中，曲线包括圆曲线及缓和曲线。

1. 直线

两点之间用直线连接时，距离最短，视线最好，这是直线的优点。但是，直线过长不利于行车安全，驾驶员思想容易麻痹，产生单调疲劳，容易出现超速行驶，所以对直线长度有所限制。一般规定，在公路上直线行驶的最长时间为70s左右。

考虑直线不容易与周围地形相配合，所以在现代高等级公路设计中，直线部分所占的比例越来越少。据统计，国外高速公路直线只占30%左右，其余70%都是平顺圆滑，与周围环境相协调的空间曲线，以使公路达到最佳的视觉效果。

2. 圆曲线

平面曲线中最简单的是圆曲线，设其半径为 R，弧长为 S，半径越小，曲率越大，方向变化越快，车辆越可能产生横向失稳。为了确保行车安全及乘客的舒适性,圆曲线半径不能太小。

3. 缓和曲线

在直线与圆曲线之间还应插入缓和曲线,原因如下:

直线段曲率为零,曲率半径为无穷大,而圆曲线的曲率半径 R 为常数。从直线到圆曲线(或相反)需要有一段曲率和曲率半径逐渐变化的路段,使离心力逐渐变化,满足舒适性的要求。

从直线到圆曲线(或相反),车辆前轮需要转过相当的角度,此时驾驶员转动方向盘需要逐步进行,与此相对应的车轮轨迹的曲率是逐渐变化的。

在圆曲线上,路面需要横向外侧超高,直线段不需要超高,因此,在直线与圆曲线之间需要有超高的过渡段。

以上三点说明在直线和圆曲线之间需要有一段过渡曲线,这就是缓和曲线。这样平面曲线的基本形式应为直线——缓和曲线——圆曲线——缓和曲线——直线。

《公路工程技术标准》规定各级公路的缓和曲线一律采用回旋线,因为它比较简单、实用。如果圆曲线的半径很大,超过《公路工程技术标准》规定的不设超高的最小半径时,也可以不需要缓和曲线。

(二)纵断面线形(Vertical Alignment)

沿公路中线作竖直剖面,并将此空间曲面展成平面,便得到公路的纵断面。纵断面由直线和曲线(称为竖曲线)组成。

1. 最大纵向坡度

纵向坡度大,有利于克服高差,并可使山区路线缩短,工程量减少。但是,纵向坡度太大会影响车辆的加速性能及爬坡能力,且下坡时制动距离不能保证,甚至产生侧滑现象。因此,对于纵向坡度必须加以限制。

对于纵坡长度也要有一定限制,既不能太长,也不能太短。《公路工程技术标准》中对各级公路的最大坡长和最小坡长都有具体规定。当二、三、四级公路连续纵向坡度大于 5% 时,应在最大坡长处设置缓和坡段。缓和坡段的坡度应不大于 3%,长度不小于 100m,但四级公路可减至 60m。

2. 竖曲线

在纵坡变化的地方不能突然俯仰,必须逐步过渡,这就需要设置竖曲线。竖曲线一般采用圆曲线，也可采用抛物线。

（三）横断面线形（Cross-Sectional Design）

公路横断面由车行道、路肩、中间分隔带、边坡、边沟等组成。对于高速公路和一级公路，还设有变速车道、爬坡车道、紧急停车带及路面设施等。二、三级公路只有双车道，不能分道单向行驶，中间不设分隔带。四级公路为单车道，当路基宽度只有 4.5m 时需要设置错车道。

1. 路基、路面及车行道宽度

车行道宽度B等于车道的宽度乘车道数。车道的宽度根据车速不同分为两种情况，当计算行车速度v＞60km/h时，车道宽度采用3.5～3.75m；当v≤60km/h时，采用3.0～3.5m。路面宽度包括车行道、路缘带、硬路肩及变速车道、爬坡车道、紧急停车带等，但对于二级以下的一般公路，路面宽度就是车行道宽度。一般公路的路基宽度B等于车行道与两侧路肩宽度之和，但对于高速公路和一级公路，还应包括中间分隔带、变速车道、爬坡车道、紧急停车带的宽度等。

2. 弯道的外侧超高

在直线路段为了横向排水，将路面铺筑成中间高两侧低，形成路拱。向两侧倾斜的路拱坡度一般为 1%～2%。当车辆行驶在弯道路段时，如果路面仍然向两侧倾斜，弯道外侧的路面向外倾斜，则重力横向分力的方向与离心力方向一致，加大了侧翻与侧滑的危险性。为了利用重力的横向分力抵消离心力的作用，弯道上的路面需整体向内侧倾斜，这就是外侧超高。由于车辆速度并不一定等于计算行车速度，有时甚至在弯道上临时停车，因此，超高横向坡度不能太大。积雪冰冻地区不能超过 6%。其他地区高速公路和一级公路不超过 10%，其他各级公路不超过 8%。

3. 弯道的内侧加宽

弯道路段不仅需要外侧超高，而且需要内侧加宽，这是因为前轮转向，后轮不能转向，使前后轮在弯道上的轨迹不重合，所需要宽度比直线行驶时要宽一些。

4. 行车视距

行车视距包括停车视距、会车视距及超车视距，其中主要的是停车视距。

（1）停车视距

当驾驶员突然发现前方路上有障碍不能绕过，能安全地停止在障碍物前所需的距离，称为停车视距。

（2）会车视距

会车视距是指两辆对向行驶的汽车，能在同一车道上及时制动而不碰撞所需的最小距离，它近似等于一辆汽车停车视距的两倍。高速公路、一级公路应满足停车视距的要求。其他各级公路一般应满足会车视距的要求，会车视距的长度不应小于停车视距的两倍。

（3）超车视距

对向行驶的双车道公路，应根据需要并结合地形，在适当的距离内设置具有超车视距的路段。超车视距是为了超越前车，借用对向车道而不至与对向来车相撞所需的最小距离。高速公路和一级公路由于单向行驶，不存在超车视距问题。

5.平面视距的保证

车辆在平曲线或交叉口上转弯时，曲线内侧的树木、建筑物及路堑边坡等可能妨碍驾驶员所需要的视距。

五、城市道路的特性

（一）城市道路的功能和特点

道路在城市生活中具有独特的重要作用。城市中不同功能的组成部分，例如，市中心区、工业区、居住区、机场、港口、码头、车站、仓库、公园、体育场等，都必须通过道路连接，城市的四大活动（工作、学习、生活、旅游）也都离不开道路交通运输。实践证明，没有良好的城市道路和完善的城市道路网，将在很大程度上影响城市的建设和发展。所以，在制定城市总体规划时，必须妥善考虑道路网的规划布局和建设问题。

城市用地紧凑、居民集中、建筑鳞次栉比，它要求既要有合理的空间结合，又要有一定的空间距离，以保证良好的城市环境，公共卫生（适当的日照、空气的流畅、气温和温度的调节等）和防火安全。城市道路应该广泛地与城市的绿化结合起来，成为城市各个分区的区界和卫生与防护空间，并应利用这个空间作为城市排水和布置地上、地下管线的通道。

城市的各个功能组成部分，通过道路的连接构成统一的有机体，并配合道路表现城市建筑各个方位的立面，以及建筑群体之间组合艺术。因为人在道路上的视点是移动的，并随道路的转向而转移视点方位，由此可以获得丰富而生动的环境景象。因此，城市道路在承担最基本的交通运输任务的同时，还成为反映城市面貌与建筑风格的手段之一。与公路相比较，城市道路具有如下特点：功能多样性、组成复杂、行人交通量大、车辆多、类型杂、车速差异大、交叉口多、沿路两侧建筑密集、道路交通量分布不均衡、政策性强。

（二）城市道路系统及其组成

道路系统是由城市辖区范围内各种不同功能的道路（包括附属设施）有机组成的道路体系。城市道路网通常是指城市中各种道路在城市总平面图中的布局。城市道路系统的功能不仅是把城市中各个组成部分有机地连接起来，使城市各部分之间有便捷、安全、经济的交通联系，同时也是城市总平面的骨架，对城市建设发展是否经济合理起着重要作用。城市道路系统一般包括城市各个组成部分之间相互联系、贯通的交通干道系统和各分区内部的生活服务性道路系统。城市道路系统还应包括道路网结构形式、组成及路幅宽度和停车场等。凡属不为过境交通服务的小区内部道路，如居住小区内的街坊连通道路，以及位于街坊内供居民出入的道路均不计入城市道路网。

城市道路系统，特别是干道网的规划合理与否，直接影响城市交通运输、生产与生活，同时也影响建筑布置和战备工作。由于城市干道走向一旦确定，路网一经形成，所有地上、地下管线都将沿着道路用地敷设，沿街建筑均将沿道路用地控制线两侧兴建，事后很难改变。

因此，城市道路系统规划是城市建设的百年大计。规划中必须结合城市的性质与规模、用地功能的分区布置、交通运输、自然地形、城市现状，以及工程地质、水文条件、城市环境保护和建筑布局要求等进行综合分析，反复比较确定，使不同功能的干道、支路组成一个系统完整、功能明确、线形平顺、交通便捷通畅、布局经济合理的城市道路网。

城市中，沿街两侧建筑红线之间的空间范围为城市道路用地，该用地由以下各个不同功能部分组成：供各种车辆行驶的车行道；专供行人步行用的人行道；起卫生、防护与美化作用的绿带；用于排除地面水的排水系统，如街沟或边沟、雨水口、客井、雨水管等；为组织交通、保证交通安全的辅助性交通设备，如交通信号灯、交通标志、交通岛、防护栏等；交叉口和交通广场；停车场和公共汽车停靠站台；沿街的地上设备，如照明灯柱、架空电线杆、给水栓、邮筒、清洁箱、接线柜等；地下的各种管线，如电缆、煤气管、给水管、污水管等；在交通高度发达的现代城市，还建有高架高速路、人行过街天桥、地下通道、地下人行道、轻轨交通和地下铁道等。

（三）城市道路横断面布置的四种形式

1. 单幅路（一块板）

单幅路上机动车与非机动车可混合行驶，适用于支路和次干路。机动车在中间，非机动车在两侧。有条件时用分道线将它们分成快车道（机动车道）和慢车道（非机动车道），在不影响交通安全的条件下，允许临时超越分道线，调剂使用。

2. 双幅路（两块板）

双幅路利用中央分隔带把车行道一分为二，分向行驶，适用于次干路或主干路。每一侧车行道上可以再用分道线划分出快车道和慢车道。当旁侧有辅道可供非机动车行驶时，双幅路可作为快速路。例如，特大城市的高架路就是双幅路，专供机动车快速行驶。

3. 三幅路（三块板）

三幅路中间一幅为双向行驶的机动车道，两侧为单向行驶的非机动车道。三幅路用于非机动车多、交通量大、车速高的主干路，要求红线宽度 ≥ 40m，否则，横断面布置有困难。

4. 四幅路（四块板）

四幅路不仅两侧非机动车道单向行驶，而且中间机动车也单向行驶，适用于交通量大，机动车速度高的主干路和快速路。

六、道路交叉

道路与道路相交的部位称为道路交叉口。根据相交道路的主线标高是否相等，可以把交叉口分为平面交叉和立体交叉两大类。

（一）平面交叉

1.平面交叉的形式

当相交道路的主线标高相等时，称为平面交叉。平面交叉的形式有三路交叉的 T 字形和 Y 字形和四路交叉的十字形和 X 字形、错位交叉。

平面交叉的交错点及减少冲突点的措施进入交叉口的车辆，由于行驶的方向不同，交错点有以下三种：

分流点——来自同一方向的车辆向不同方向行驶时的分叉点。

交汇点——来自不同方向的车辆向同一方向行驶时的汇合点。

冲突点——来自不同方向的车辆向不同方向行驶时的交叉点。

这三种交错点中，以冲突点最危险，交织的交汇点其次。冲突点包括直行与直行的冲突点、直行与左转的冲突点、左转与左转的冲突点。冲突点的数目随着交叉口道路条数的增加而迅速增加。

为了减少以至消除冲突点，可采用以下三种途径：

在交叉口实行交通管制，也就是用交通信号灯或交警手势指挥，控制来自不同方向的左转车和直行车，使它们在时间上错开通行，以减少冲突点的个数。

对交叉口实行渠化交通，即在交叉口布设交通岛、分隔带或划上分道线，使车辆按规定的车道行驶，尽可能地将冲突点转变为交汇点。

改用立体交叉，即将不同方向道路的主线标高错开，一上一下，各行其道，互不干扰，从根本上消除冲突点。

2.交叉口的交通组织方式及调整

（1）左转车辆的交通组织

交叉口左转车辆是产生冲突点及影响直行车通行能力的主要因素，因此合理地组织左转车辆的行驶路线是提高交叉口通行能力，保证交通安全的关键所在。交叉口左转车辆的交通组织有以下几种途径：

信号灯（色灯）管制。在设置一定周期的自动信号灯路口，实行绿灯信号车辆左转，有条件的地方，应把左转信号灯与直行信号灯分开，以便完全消除冲突点。

环形交通。在四路以上的交叉口的中央设置交通岛，使进入交叉口的车辆不受色灯控制而一律绕中心岛单向行驶，它把所有的冲突点转变为交织的交汇点。

（2）渠化交通

在道路上划分道线或用分隔带、交通岛分隔车道，使不同方向的车辆顺着规定的车道行驶，称为渠化交通。目的是使行人和驾驶员都容易辨明相互行驶的方向，利于有秩序地通过。控制车辆的行驶方向，使斜交对冲的车流变为直角或同方向的锐角交织，变冲突点为交汇点。利用交通岛限制车道宽度，控制车速，防止超车，并在其上设置交通标志。交通岛还可用于行人过街时避车用的安全岛。

（3）拓宽交叉口

为了提高通行能力，划分左转、直行及右转车道，往往需要增加交叉口附近的车道数，为此应在交叉口的一定范围内拓宽道路，使每个方向增加 1～2 个车道。

（4）调整交通组织

当交通量过大，道路系统改建很困难时，可以采取调整交通线路、控制车辆行驶、组织单向交通等措施。比如，在混合交通量很大的路段，白天禁止兽力车、载货车行驶，甚至把局部繁华地段改成步行街。又如，封闭某些小的支路，减少交叉口的数目，保证干路畅通。

（二）立体交叉

当相交道路的主线标高不相同时，称为立体交叉。立体交叉在空间上下错开，交叉口没有冲突点，行车畅通无阻，大大提高了交叉口的通行能力，这就是高速公路沿线全部采用立体交叉的主要原因。但是，立体交叉与平面交叉相比，占地面积大，建筑成本高。

1. 立体交叉的分类

立体交叉根据有无匝道连接上下道路，分为分离式立体交叉与互通式立体交叉两种。

（1）分离式立体交叉

分离式立体交叉只能供车辆直行，不能在交叉口转弯到另一条道路。它既可以用于道路间交叉，又广泛用于道路与铁路、渠道、管线等的交叉。

（2）互通式立体交叉

互通式立体交叉除跨线桥外，还用匝道将上下道路连通，使车辆从一条道路转弯行驶到另一条道路。

互通式立体交叉包括跨线桥（上跨或下穿）、右转外侧匝道、左转环形匝道、定向式穿线匝道、出口减速车道、入口加速车道等。

2. 互通式立体交叉的基本形式

互通式立体交叉有三种基本形式：三路连接的喇叭形、三路连接的半定向形、三路连接的全定向形。

四路连接有六种基本形式：菱形、苜蓿叶形、半苜蓿叶形、环形、涡轮定向形、半定向形。

3. 互通式立体交叉之间及其他设施之间的距离

互通式立体交叉之间的距离，大城市周围一般为 5 ～ 10km；平原地区的小城市一般为 5 ～ 25km；为了便于公路维修、救援等执行任务的需要，即使在人口稀少的山区，最大间距一般也不大于 30km。

由于互通式立体交叉连接的高速公路或城市的快速路、主干路行车速度高，因此互通式立体交叉之间的距离不能太小。互通式立体交叉之间的最小间距应能保证前一立体交叉从匝道驶入的交汇点到下一立体交叉驶向匝道的分流点之间交织行驶的需要，以及为驾驶员及时提供情报而需在到达互通式立体交叉（或其他设施）之前设置一系列前置标志所需的距离。

第四章　道路交通管理与控制

第一节　道路交通管理

一、交通管理的概念与内容

（一）交通管理的概念

交通管理是指按照既定的交通法规和要求，运用各种手段、方法和工具，合理地限制和科学地组织、指挥交通。交通控制是通过运用现代的信号装置、通信设施、信息控制和网络系统对动态交通的准确调度，使其安全并畅通运行。两者结合起来称为交通管制，其重点在于运用各种交通设施准确掌握交通信息，有效指挥交通。

（二）交通管理的内容

交通管理主体上是国家行政管理，具体包括五个方面。

1.技术管理

（1）交通标志、道路标线的设施与维护。

（2）信号控制设施的设计、安装、管理与维护。

（3）安全防护及照明设施的安装、维护管理。

（4）检测交通发展动态。

（5）交通信息收集和传播。

2.行政管理

（1）规划组织单向行车。

（2）禁止或限制某种车辆、某种运行方式。

（3）实施上下班措施或组织可逆性行车。

（4）对于某些交通参与者（老人、小孩、残疾人、孕妇）予以特殊照顾。

（5）采取临时或局部的交通管理措施。

3.法规管理

（1）交通法规的制定和执行。

（2）建立驾驶员、车辆的管理制度。

（3）建立各种违章与事故处理规则并监督实施。

4.交通安全教育和培训

（1）交通警察的培训和考核。

（2）驾驶员的培训、考核与经常性的安全教育。

（3）道路交通法规、政策、安全条例的日常宣传。

（4）对于人民群众特别是青少年的交通法制和安全教育。

（5）各种违章的教育和处罚。

5.交通控制

（1）交叉路口、出入口的控制（定时、感应）。

（2）路网控制（线控、面控）。

（3）路段和高速公路控制。

二、道路交通法规

（一）道路交通法规的内涵

所谓交通法规，是指以交通管理中新形成的各种社会关系为调节对象的法律、法规的总称，是调整交通过程中人、车、路相互关系的法律规范和依据。

交通法规属于国家行政法的范畴，具体讲是行政法的一个分支。行政法的一个重要特征就是，其规范的内容散见于宪法、法律、行政法规、行政规章和地方性法规之中。这也就是说，不能认为交通法规仅仅是指交通规则（或交通管理条例）。宪法、法律、行政法规、行政规章和地方性法规中所有涉及交通管理的内容都是交通法规的组成部分。交通法规的法律形式（又称法律渊源）包括：宪法，是国家的根本大法，是制定一切法律、法规的依据；法律，是由全国人民代表大会及其常务委员会制定的规范性文件；行政规章，是由国务院制定的规范性文件；行政法规，是由公安部、交通部等国家部、委制定的规范性文件；地方性法规，是由地方人民代表大会和人民政府制定颁布的规范性文件。

　　交通法规根据其规定的内容和所执行的职能，从不同角度加以分类。根据行政法的一般原理，可以把调整交通管理关系的交通法规分为：交通管理组织法——即规定由谁来管理交通，它的管理权限是什么，管理系统是怎样的；交通管理作用法——即规定交通管理机关管理交通的具体内容，主要包括：对道路的管理、对机动车辆的管理、对驾驶员的管理、对行人的管理等；交通管理处罚法——即规定哪些行为是违反交通管理的行为，对违法行为给予什么样的处罚；交通诉讼程序法——即规定一旦发生交通事故，产生交通纠纷、争议，应按照什么程序进行调解、裁决等。当然，对于交通法规的分类还可以从其他角度、按照其他不同的标准进行。需要说明的是，这里所说的"交通法规"是指整个交通管理法律规范而言，而不是仅指某一个交通规则。也就是说，这几类规范可以蕴含在一个交通法规之中，也可以散见于其他法律、法规之中。

（二）交通法规的作用

　　交通法规的制定和实施的根本作用是为了建立和维护有利于广大人民利益的交通秩序和在交通管理活动中形成的各种社会关系。其规范作用主要是：指引作用，交通法规作为一种社会规范，为人们的交通行为提供了某种行为规则或行为模式，它告诉人们做什么、不能做什么、必须做什么。评价作用，交通法规具有判断、衡量他人的交通行为是合法还是违法的作用。预测作用，与交通法规的指引作用、评价作用相联系的是它的预测作用，也就是人们可以通过交通法规预测或预见自己的交通行为是否合法，会产生什么样的法律后果（交通法规本身为人们的交通行为提供了一定的标准和方向，遵守它或违反它必然会带来合法或违法的法律后果）。教育作用，交通法规的教育作用表现为通过法律的实施，对一般人今后的交通行为发生影响，即通过法律制裁或法律褒奖，使人们从中受到教育，告诉人们应当怎样进行交通行为或不应当发生怎样的交通行为。强制作用，交通法规的强制作用不仅对违法者给予一定的法律制裁，而且它能对企图越轨的人产生一种心理强制，迫使他按照法律的规定行事，从而起到预防的作用。交通过程有其固有的特定矛盾，这些矛盾的内容，通常是人与人、人与车、人与路、车与车、车与路以及人与环境、车与环境的矛盾等等。这些矛盾在交通活动中，每时每刻都在产生。如果这些矛盾得不到及时处理，就会转化成交通混乱、交通事故，以致给人们的正常工作、生活带来不便，使人民的生命财产受到损失，正常的工作秩序和日常生活受到干扰。交通法规的上述作用，正是约束所有交通参与者或每个社会成员的交通行为，协调、统一各种交通矛盾。交通法规的内容反映了道路交通的基本规律，反映了人、车、路、环境的内在联系，能够实现对行人、车辆的统一指挥，合理地利用现有道路，减少行人、自行车、机动车之间的相互干扰，实现对道路交通的科学管理。诚然，法律不是万能的，要建立一种良好的社会秩序、社会环境，光靠法律的强制也是不够的。建立和维护良好的交通秩序，既要加强交通立法，增强人们的法制观念，提高人们遵守交通法规的自觉性，又要对人们进行思想道德等方面的教育，提高全体人民的道德水准。

（三）交通法规的执行

交通法规一经制定，公布于众，必须严格执行。因此，为了做好交通法规的贯彻实施工作，各级交通管理机关和广大警察必须做到有法可依、有法必依、执法必严、违法必究。同时还需注意文明执法、仪表庄严、动作规范、态度严肃、语言和蔼、文明礼貌，做到以法服人、以礼导人、以情感人。

（四）交通违章及其处罚

交通违章是指违反交通管理法规、妨碍交通秩序和影响交通安全的过错行为。通常所说的交通违章，不包括因违章而造成的交通事故。

1. 交通违章的性质

交通法规属于国家行政法规。违反行政法规的行为，除极少数情节恶劣、后果严重而触犯刑律的称为犯罪外，一般对情节比较轻微，也未造成严重后果的行为称之"违章"。所以，交通违章是一种过错行为，只具有轻微违法的性质。认定交通违章时应注意：一是将违章和犯罪相区别；二是将交通违章和其他违法行为相区别。

2. 交通违章的特征

根据交通违章的定义，违章具有以下特征，或者说具有以下构成要素，它主要说明构成违章的标准，即怎样才算是违章。

违章行为所侵犯的客体，是国家对交通的管理活动和交通秩序。这是交通违章同其他违法行为的主要区别。

违章的客观方面是人们违反交通管理法规的行为。构成违章必须有人的行为，或是积极的行为（法律禁止做的而做），或者消极的不做行为（法规要求做的而不做）。如果仅仅有违章的意图，而在客观上并未实施妨碍国家和社会公共交通的管理活动和交通秩序以及交通安全和畅通的行为，是不能构成违章的。

违章的主体即实施了违章行为，依照交通法规应对其违章行为负担法律责任的自然人和法人。作为违章主体的自然人是达到一定年龄的人，没有达到一定年龄的人不能作为违章的主体。我国交通管理法规规定 14 周岁为违章的法律责任年龄。14 周岁以下的儿童违章不予处罚。除此以外，作为违章主体的自然人必须是具有责任能力的人，无责任能力的人不能作为违章的主体。法人是由若干人组成的、经过国家认可的、能以自己名义行使权力，承担义务的组织，法人也可以做违章的主体。法人的活动是通过自然人实现的，法人违章，其违章的责任应由法人的代表或对法人违章负有直接责任的人来承担。

违章行为人的主观方面即违章行为人对其实施的违章行为所具有的故意和过失的必然状态，也就是过错。违章行为人的过错有两种表现形式，即故意和过失。故意违章行为人明知实施某种行为是违反交通法规的，并且实施了这种行为，因而构成的违章是故意违章。过失行为应当知道实施某种行为是违反交通法规的，但因为疏忽大意而没有注意，因而构成的交通违章是过失违章。

三、道路交通标志和标线

（一）道路交通标志

道路交通标志是用图形符号、颜色和文字向交通参与者传递特定交通管理信息的一种交通管理设施，一般设置在路侧或道路上方。道路交通标志给道路使用者以确切的道路交通情报，使道路交通达到安全、畅通、低公害和节约能源的目的。

1. 道路交通标志的类别及其内容

按规定，道路交通标志分为主标志和辅助标志两大类。

（1）主标志

警告标志：警告车辆、行人注意危险地点的标志。

禁令标志：禁止或限制车辆、行人交通行为的标志。

指示标志：指示车辆、行人行进的标志。

指路标志：传递道路方向、地点、距离信息的标志。

旅游区标志：提供旅游景点方向、距离的标志。

道路施工安全标志：通告道路施工区通行的标志。

（2）辅助标志

辅助标志是附设在主标志下，起辅助说明作用的标志。

2. 道路交通标志的设计原则

在极短时间内易于辨别和记忆是对道路交通标志的主要设计要求，这是道路交通标志的视认性要求。决定视认性的要素是交通标志的形状、颜色和图符。

（1）形状

不同形状的标志，在其辨认过程中是有差别的。实践表明，对于外形面积相等的标志，容易辨认的顺序是三角形、正方形、正五边形、圆形及正八变形等。

（2）颜色

多数心理学家认为，颜色是最能激起人们注意的一种刺激。不同颜色的刺激作用使人们产生不同含义的思维反映，即产生不同的视认效果，提高人们的视认能力。在相同视距下，标志颜色以黄色最明显，依次是白、红、蓝、绿、黑等。

选择颜色时，除了从视觉清晰度上考虑外，还应从人们的心理效果上考虑。例如，红色使人产生危险感，在交通上表示停止、约束之意，红色常用于禁令标志；黄色比较醒目，能引起人们注意，具有警戒、警告之意，常用于警告标志；蓝色具有宁静之意，多用于指示标志；绿色含有沉静、通向和平之意，富有安全感，在交通上表示安全可通行，高速道路上用于指路标志；白色和黑色主要起到颜色搭配作用，以增强色泽鲜明感。

（3）图符

图符是文字、符号和图案的简称。道路交通标志是以大量图符表示的，要求文字具有简洁性和准确性，符号具有直观性和单义性，图案具有形象性和通俗性。

3.道路交通标志的设计规定

（1）警告标志

警告标志的颜色为黄底、黑边、黑图案，其形状为顶角朝上的正等边三角形。

（2）禁令标志

禁令标志的颜色，除个别标志外，为白底、红圈、红杠、黑图案，图案压杠。禁令标志的形状为圆形、八角形、顶角朝下的等边三角形。

（3）指示标志

指示标志的颜色为蓝底、白图案。其形状分别为圆形、长方形和正方形。

（4）指路标志

指路标志的颜色，除里程碑、百米桩外，一般道路的指路标志为蓝底、白图案，高速公路为绿底、白图案。其形状除地点识别标志、里程碑、分合流标志外，为长方形和正方形。

（5）旅游区标志

为吸引和指示人们从高速公路或其他道路上前往邻近的旅游区，应在通往旅游景点的交叉口设置一系列旅游区标志，使旅游者能方便地识别通往旅游区的方向和距离，了解旅游项目的类别。旅游区标志分为指引标志和旅游标志两大类。旅游区标志的颜色为棕色底、白色字符。旅游指引标志的尺寸应先根据速度确定字高，再根据字数和图案确定版面大小。旅游符号的尺寸一般采用 $60cm \times 60cm$，可根据需要放大或缩小。

（6）道路施工安全标志

道路施工安全标志主要有路栏、锥形交通标、施工警告灯号、道口标注和施工区标志等6类26种。

（7）辅助标志

当主标志无法完整表达或指示其规定时，为维护行车安全与交通畅通的需要，应设置辅助标志。辅助标志安装在主标志下面，辅助标志的颜色为白底，紧靠主标志下缘。辅助标表示区域或距离、表示警告或禁令理由，以及组合辅黑字、黑边框，形状为长方形。

4.交通标志的设置原则

（1）根据客观需要设置

每一种标志都有一定的设置条件，应根据实际需要进行总体布局，结合具体情况合理设置，为保证交通畅通和行车安全服务，防止出现信息不足或过量的现象，对于重要的信息应给予重复显示的机会。

（2）统一性和连续性相结合

统一性是指在一定距离内，交通标志之间及交通标志和其他交通设施应是协调的、不矛盾的。连续性是指交通设施的设置要使驾驶员在其观念上有时空上的连续性。

（3）设在易见位置

交通标志应设在车辆行进正面方向最容易看清的地方，根据具体情况可设置在道路右侧、中央分隔带或车行道上方。同一地点需要设置两种以上标志时，可以安装在一根标志柱上，但最多应不超过四种。解除限制速度标志、解除禁止超车标志、干路先行标志、停车让行标志、减速让行标志、会车先行标志、会车让行标志等应单独设置。标志牌在一根支柱上设置时，应按警告、禁令、指示的顺序，先上后下、先左后右排列。

（二）道路交通标线

道路交通标线是由标画于路面上的各种线条、箭头、文字、立面标记、突起路标和轮廓标等所构成的交通安全设施。它的作用是管制和引导交通，可以与标志配合使用，也可单独使用。标线应能确保车流分道行驶，导流交通行驶方向，指引车辆在汇合及分流前驶入合适的车道，加强行驶纪律和秩序，减少事故。标线应保证白天和晚上均具有视线诱导功能，并做到车道分界清晰、线向清楚、轮廓分明。

高速公路、一级公路、二级公路和城市快速道、主次干道应设置交通标线，其他道路可以根据需要设置。标线一般画在路中间，也有画在路边的。

1.交通标线类别及其内容

我国现行的交通标线共有29种，按照功能划分为指示标线、禁止标线和警告标线。它们的名称和作用如下：

（1）指示标线

双向两车道路面中心线——黄色虚线，用来分隔对向行驶的交通流，在保证安全的情况下，允许车辆越线超车或向左转弯。

车行道分界线——白色虚线，用来分隔同向行驶的交通流，在保证安全的情况下，允许车辆变换车道行驶。

车行道边缘线——白色实线，用来表明车行道边线。

左转弯待转区线——白色虚线，用来指示左转弯车辆可在直行时段进入待转区，等待左转。

左转弯导向线——白色虚线，表示左转弯的机动车与非机动车的分离，主要用于特殊平面交叉口。

人行横道线——白色条纹，表示准许行人横穿行车道。

高速公路车距确认标线——白色平行粗实线，为驾驶员保持行车安全距离提供参考。每隔 50m 设置一组标线，间隔 200m 重复设置。

高速公路出入口标线——白色，为驶入或驶出匝道车辆提供安全交会，减少与突出的路缘石碰撞。

停车位标线——白色实线，表示车辆停放位置。

港湾式停靠站标线——白色，表示车辆通向专门的分离引道和停靠位置。

收费岛标线，表示收费岛的位置，为驶入收费车道的车辆提供清晰的标记。

导向箭头——白色箭头实线，用以引导行车方向。

路面文字标记——黄色，用以指示或限制车辆行驶。

（2）禁止标线

禁止超车线：中心黄色双实线——表示严格禁止车辆跨线超车或压线行驶；中心黄色虚实线——表示实线一侧禁止车辆越线超车或向左转弯，虚线一侧准许车辆越线超车或向左转弯；中心黄色单实线——表示不准车辆跨线超车或压线行驶。

禁止变换车道线——白色实线，用于禁止车辆变换车道和借道超车。白色实线的长度表示禁止变换车道的范围。

禁止路边停放的车辆线——白黄相间条纹，表示该路段禁止路边长时间停放车辆；黄色表示该路段禁止路边临时或长时间停放车辆。

停止线——白色，表示车辆等候放行信号，或停止让行的停车位置。

让行线——车辆在此路口必须停车或减速，让干道车辆先行。

非机动车禁驶区标线——用以告示骑车人在交叉口内禁止驶入的范围。

导流线——白色，表示车辆需按规定的路线行驶，不得压线、越线。

中心圈——用以区分车辆大、小转弯及交叉口车辆左、右转弯的指示，车辆不得压线行驶。

路口禁停网格——黄色网状条纹，用以告示驾驶员禁止在设置本标线的交叉口（或其他出入口处）临时停车，防止交通阻塞，一般用于重要单位、部门前，禁止车辆在内停放。

车种专用道线——用以指示该车道仅限于某车种行驶，其他车种和行人不得进入。

禁止掉头标线——禁止车辆掉头的交叉口或路段。

（3）警告标线

车行道宽度渐变段标线——颜色与中心线一致，警告驾驶员路宽缩减或车道数减少，应谨慎行车，并禁止超车。

接近路面障碍物标线——颜色与中心线一致，表示车辆须绕过路面障碍物行驶。

近铁路平交道口标线——指示前方有铁路平交道口，警告驾驶员谨慎行车。该标线仅用于无人员看守的铁路道口。

减速标线——白色，表示车辆必须减速慢行。

立面标记——提醒驾驶员注意，车行道或近旁有高出路面的构造物，防止发生碰撞。

2.道路平面交叉口标线的设置原则

道路平面交叉口的标线包括人行横道线、停止线、车行道中心线、车道分界线、导向箭头等。上述标线设置时，应考虑交叉口的形式、交通量、车行道宽度、转弯车辆的比例、非机动车的比例等因素，并遵循下列设置原则：

交叉口的导向车道线长度应根据交叉口的几何线形确定，最短长度为30m。导向车道线应画白色单实线，表示不准车辆变更车道。

平面交叉口的进口车道内，应有导向箭头标明各车道的行驶方向。距交叉口最近的第一组导向箭头，设置在导向车道线的末尾。导向箭头重复设置的次数和距离，应根据交叉口进口道的具体情况确定。一般计算行车速度大于60km/h的道路，导向箭头按导向车道线的长度重复三次。计算行车速度小于 60km/h 的道路，导向箭头按导向车道线的长度重复两次。

四、平面交叉口交通管理

平面交叉口（以下简称交叉口）按交通管制方式的不同，分为无控制交叉口、主路优先控制交叉口、环形交叉口等几种类型。

（一）交叉口交通管理的原则

以下介绍对交叉口实施科学管理的五个主要原则。

1.减少冲突点

交叉口交通安全的根本是减少冲突点，可采用单行线，在交通拥挤的交叉口排除左、右转弯，用多相位交通信号灯控制交叉口各向交通等方法。

2.控制相对速度

控制相对速度可采用严格控制车辆进入交叉口的速度，对于右转弯或左转弯应严格控制其合流角（以小于 30°为佳），必要时可设置一些隔离设施（如隔离墩或导向岛等），以减小合流角。

3.重交通车流和公共交通优先

重交通车流是指较大交通流量的交通流（干道或主干道上的交通流）。重交通车流通过交叉口应给予优先权。其方法是在轻交通流方向（支路）上设置减速让行或停车让行标志，或延长在重交通车流方向上的绿灯时间。对公共交通也可采取类似优先控制的方式。

4.分离冲突点和减小冲突区

交叉口上的交通流是复杂的，各种车辆在合流与分流的过程中所产生的车辆交叉运动，有的路径太接近甚至重叠，有的偏离过大，导致交叉口上冲突点增多和冲突区扩大，安全性大大降低。此时，运用分离冲突点和减小冲突区的原则能收到较好效果。例如，按各向车辆行驶轨迹设置交通岛，规范车辆在交叉口内的行驶路线；左转弯时，规定机动车小迂回，非机动车大迂回；画上自行车左转弯标示线（有条件时设置隔离墩），防止自行车因急拐弯而加大冲突区。在路口某些部分画上禁止车辆进入的标示线，限定车辆通行区域，或在交叉口上设置左、右转弯导向线等，这些都是分离冲突点和减小冲突区的有效办法。

5.选取最佳周期，提高绿灯利用率

用固定周期自动交通信号控制交通的交叉口，应经常对各方向的交通流进行调查，根据流量大小计算最佳周期和绿信比，提高绿灯利用率，减少车辆在交叉口的延误。

其他交叉口交通管理原则，如对不同的交通流采取分离；对机动车和非机动车画出车道线；人行横道较长的道路（超过15m），在路中央设置安全岛等，都是常用且行之有效的管理原则。具体运用上述原则时，应注意综合考虑，灵活运用。

（二）无控制交叉口

1.定义

无控制交叉口是指具有同等通行权的两条相交道路，因其流量较小，不采取任何管理手段的交叉口。

2.视距三角形

无控制交叉口通常没有明确的停车线，当车辆到达交叉口时，驾驶员将在距冲突点一定距离处做出决策：减速让行或直接通过。驾驶员所做出的决策很大程度上取决于交叉口上的视距，故无控制交叉口的交通安全是靠交叉口上良好的视距保证的。绘制交叉口的视距三角形是一种分析交叉口上视距是否足够的常用方法。由两条相交道路的停车视距在交叉口所组成的三角形为视距三角形，必须保证视距三角形内无任何构筑物阻挡驾驶员的视线。在多车道的道路上，绘制视距三角形必须注意，视距线应画在最易发生冲突的车道上。根据实际情况，绘制交叉口的视距三角形，需要分别考虑单向交通交叉口和双向交通交叉口两种情况。

（1）单向交通视距三角形表示法

在单向交通的道路交叉口，对于从左侧进入交叉口车辆的视距线，应画在最靠近其右边的车道上；对于从右侧进入交叉口车辆的视距线，应取最靠近其左边的车道。

（2）双向交通视距三角形表示法

在双向交通的道路交叉口，对于从左侧进入交叉口车辆的视距线，应画在最靠近人行道的车道上；对于从右侧进入交叉口车辆的视距线，应取最靠近道路中线的车道。

（三）主路优先控制交叉口

无控制交叉口的延误是较小的，即使流量增加，延误增加也有限，理论和实测都表明了这一点。鉴于安全性考虑，无控制交叉口在低流量时要求加以管制，由无控制变为信号灯控制，此时交叉口延误将明显增加，因此应综合考虑，权衡利弊做出决定。其中，较好的措施是在这两种控制方式之间，考虑一种过渡形式的控制，既能解决安全问题，又不至于使延误增加太多，主路优先控制能满足这种要求。主路优先控制分为停车让行标志控制和减速让行标志控制。

1. 停车让行标志控制

相交的两条道路中，常将交通量大的道路称为主路或干路，交通量小的道路称为次路或支路。规定主路车辆通过交叉口有优先通行权，次路车辆必须让主路车辆先行，这种控制方式称为主路优先控制。停车让行标志控制也称停车控制，是指进入交叉口的次路车辆必须在停车线外停车观察，确认安全后，才准许通行。停车让行标志控制按相交道路条件的不同，分为单向停车控制和多向停车控制。

（1）单向停车控制

单向停车控制简称单向停车或两路停车。这种控制在次路进口处画有明显的停车交通标志，相应的在次路进口右侧设有停车交通标志，同时次要道路进口处路面上写有非常明显的"停"字。

（2）多向停车控制

多向停车控制又称多路停车，各路车辆进入交叉口均需先停车后通过，其中四路停车较多。停车标志设在交叉口所有入口右侧。

2. 减速让行标志控制

减速让行控制又称让路控制，是指进入交叉口的次路车辆，不一定需要停车等候，但必须放慢车速瞭望观察，让主路车辆优先通行，寻找可穿越或汇入的主路车流的安全"空档"机会通过交叉口。让路控制与停车控制的差别在于后者对停车有强制性。让路控制一般用在交通量不太大的主次路相交的次路路口，其标志和标线的设置位置与单向停车控制相同。

（四）现代环形交叉口

与传统环形交叉口不同的是，现代环形交叉口克服了传统环形交叉口的固有缺陷，主要体现在两大方面：环内车流优先通行，入环车流必须让行于环内车流；交叉口进行渠化。

现代环形交叉口把传统环形交叉口允许车辆在环道内的自由交织运行改为要求车辆相对有组织地运行，不仅减少了车流进行交织，而且可以通过增加进口道的车道数提高交叉口的通行能力。

五、城市道路交通组织管理

行车道交通管理是交通系统管理中线路交通管理最基本、最简单的形式，行车道交通管理包括单向交通管理、变向交通管理、专用车道管理和禁行交通管理几种形式。

（一）单向交通管理

单向交通又称单行线，是指道路上的车辆在一定时段内只能按一个方向行驶。国内外的实践表明，单向交通有利于提高通行能力和行车速度，降低交通事故。

当道路上的交通量超出其自身的通行能力时，将造成交通阻塞、延误及交通事故增多等问题。此时，在道路交通系统中，若对于某条道路或几条道路，甚至对于某些路面较宽的巷、里弄，考虑组织单向交通，则使上述交通问题明显得到缓解和改善。故单向交通是在道路交通系统中，解决交通拥挤，充分利用现有道路网容量的一种经济、有效的交通管制措施。应该强调，在旧城区街道狭窄、道路网密度大，便于画出一组平行的单向交通道路。

1.单向交通的种类

（1）固定式单向交通

对道路上的车辆在全部时间内都实行单向交通称为固定式单向交通，常用于一般辅助性的道路上，如立体交叉桥上的匝道交通多是固定式单向交通。

（2）定时式单向交通

对道路上的车辆在部分时间内实行单向交通称为定时式单向交通。例如，城市道路交通在高峰时间内，规定道路上的车辆只能按重交通流方向单向行驶（重交通流方向是指方向分布系数 $K_D>3/4$ 的车流方向），而在非高峰时间内，则恢复双向运行。必须注意，实行定时式单向交通，应给非重交通流方向的车流安排出路，否则会带来交通混乱。

（3）可逆性单向交通。

可逆性单向交通是指道路上的车辆在一部分时间内按一个方向行驶，在另一部分时间内按相反方向行驶的交通，如上下班高峰期。这种可逆性单向交通常用于车流流向具有明显不均匀性的道路上。其实施时间应根据全天的车流量及方向分布系数确定，一般当 $K_D>3/4$ 时，即可实行可逆性单向交通。同样，应注意给非重交通流方向的车流以出路。

（4）车种性单向交通。

车种性单向交通是指仅对某一类型的车辆实行单向交通的交通组织。这种单向交通常应用于具有明显方向性及对社会秩序、人民生活影响不大的车种，如货车。实行单向交通的同时，仍可对公共汽车和自行车维持双向通行，目的是充分利用现有道路的通行能力。

（5）混合型单向交通。

在实际交通管理中，可以根据道路及车流特点，一条道路上可以同时实行几种行驶的单向交通，如一条南北向的城市道路上，上午 7：00～9：00 只允许社会车辆由南向北单向通行，公交车辆双向通行，大型货车禁止通行；晚上 5：00～7：00 只允许社会车辆由北向南单向通行，公交车辆双向通行，大型货车禁止通行；其他时间社会车辆双向和公交车辆双向通行，货车由南向北单行。上述通行方式包括定时式、车种性、可逆性几种单行方式，是一种混合型单向交通方式。

2. 单向交通的优点

单向交通在路段上减少了与对向行车的可能冲突，在交叉口上减少了冲突点，故单向交通在改善交通方面具有以下较为突出的优点：

（1）提高道路通行能力

由于单向交通减少了与对向行车的可能冲突，减轻了快慢车之间的干扰，因此道路通行能力明显提高。

（2）减少交叉口的冲突点

实施单向交通后，可以大大减少在交叉口的冲突点数和交织点数。例如，两条双向两车道的交叉口，实行单向交通后其冲突点数从16个降低到4个，仅为双向时的25%；机动车与机动车、机动车与非机动车之间的干扰也明显减少。

（3）提高行车安全性，减少道路交通事故。

冲突点是导致交通事故的重要因素。由于单向交通能大量减少冲突点数目，因此行车的安全性明显提高。单向交通所发生的事故多为追尾事故，恶性事故率也将下降。此外，双向交通改成单向交通后，可消除对向车辆的炫光影响，行人过街只需注意一个方向，事故率也会有所下降。

（4）提高了车辆的行车速度，减少了延误。

单行线上车辆只能按规定路线行驶，没有左转弯和对向行驶车辆的干扰，所以冲突点和交叉口的延误时间减少，车速得到提高，交织和超车也比较容易。实行单向交通还能提高行车速度均匀性和稳定性，当双向交通改为单向交通后，由于方向一致，车流波动小，因此行车速度较为稳定。例如，英国伦敦的一些街道实行单向交通后，平均行驶车速从 13 ～ 16km/h 提高到了 26 ～ 32km/h。

（5）其他优点

单向交通有利于路边停车规划和公交专用道规划，例如，双向通行的狭窄道路，若有车辆因故障等原因停车，会引起交通阻塞，若将其改为单向交通，则能有效地解决交通阻塞及停车困难等问题。单向交通还有利于信号灯配置和管理，单向交通采用线控具有优越条件，其绿灯利用率比双向交通提高50%。此外，单向交通可充分利用狭窄的街巷，弱化主干道上的交通负荷，在一定程度上避免了旧城道路的改建，能带来较大的经济效益。

3. 单向交通的缺点

一是增加了车辆绕道行驶的距离和时间，给驾驶员增加了工作量。

二是由于车辆绕行，增加了路网上无效的交通量。

三是给公交车辆乘客带来不便，增加步行距离。

四是容易导致迷路，特别是对不熟悉情况的外地驾驶员。

五是增加了单向管制所需的道路公用设施。

六是给道路两侧商业活动带来影响，人们不便去单行道两侧进行商业活动，影响道路两侧商家的经济效益。

（二）变向交通管理

变向交通（又称潮汐交通）是指在不同的时段内，变换某些车道上行车的方向性或种类性的交通。变向交通按其作用分为方向性变向交通和非方向性变向交通。

方向性变向交通指在不同时间内，变换某些车道上行车方向的交通。方向性变向交通可以使车流的方向分布不均匀现象得到缓解，提高道路的利用率。它适用于车流方向在不同时段分布不均匀的情况，如早高峰时一条道路上所有车道均为城市外围进入中心区通行，晚高峰时所有车道为中心区向城市外围方向通行。

非方向性变向交通指在不同时间内，变换某些车道上行车种类的交通。非方向性变向交通对缓解各种不同类型的交通在时间分布上的不均匀性矛盾有较好的效果。分为车辆与行人、机动车与非机动车之间相互变换使用的变向车道。例如，在早晨自行车高峰时间，变换机动车外侧车道为自行车道，到了机动车高峰时间，则变换非机动车道为机动车道。又如，在中心商业区变换车行道为人行道及设置定时步行街等，这些都是非方向性变向交通。

变向交通的缺点是增加了交通管制的工作量和相应的设施，且要求驾驶员有较好的素质，集中注意力，特别是在过渡阶段。

（三）专用车道管理

规划设计专用车道是缓解城市交通问题的途径之一，它主要是指公共交通车辆专用车道和自行车专用车道。

1. 公共交通车辆专用车道

公共交通车辆是指公共汽车、电车、轻轨、地铁及城市铁路列车等。此外，出租车也属于公共交通车辆。公共交通车辆载客量大，人均占用道路面积小，且可有效地利用道路，故可采用公共交通车辆专用车道，提高公共车辆的服务水平，吸引公众，达到减少小汽车交通量的目的，使整个城市的交通服务质量得到改善，带来较大的社会经济效益。例如，开辟公交专用车道、公交专用街，投资发展轻轨和地铁等。

公交专用车道的开辟，可在双向六车道及其以上道路上画出一条车道，用路面标示或交通岛同其他车道分隔，专供公交车辆通行，避免公交车辆同其他车辆的相互干扰，若车道有余，在单向交通的多车道街道上，可画出一条靠边车道，专供对向公交车辆行驶，称为逆向公交专用车道，即在单向交通街道上，只允许公交车辆双向通行。

公交专用街是只允许公交车辆和行人通行的街道。对于较宽的街道上也可允许自行车通行。

城市的中心商业区或只有两条车道而又必须行驶公交车辆的窄街道，特别适宜划为公交专用街。通过设置公交专用车道和公交专用街道，可以提高公交车辆的运行效率和服务质量，达到减少城市交通总量的目的，改善整个城市的交通服务质量。

2. 自行车专用道

根据自行车交通早高峰流量最大的特点，将自行车和公共流量大的路线、路段开辟成自行车和公共汽车专用线路，定时将自行车与公共汽车及其他车辆分开，还可以开辟某些街巷作为自行车专用道。

（四）禁行交通管理

为了均衡道路上的交通负荷，根据道路条件和交通条件，将一部分交通流量分配到负荷较低的道路上，或机动车和非机动车实行某种限制性管理，称为禁行管理。禁行管理通常有以下几种情况：

1. 时段禁行

根据机动车和非机动车的不同高峰时段，安排不同的通行时间，如上午9：00至下午5：00禁止自行车进入规定的主要道路。

2. 错日禁行

在某些主要道路上规定某些车辆单日通行，某些车辆双日通行，或规定牌照号为单数的货车单日通行，双数的双日通行。

3. 车种禁行

禁止某几种车（载货汽车和各类拖拉机）进入某些道路。

4. 转弯禁行

在某些交通拥挤的交叉口，禁止机动车和非机动车左（右）转弯，或禁止自行车左转弯。应注意，在禁止左转弯交叉口的邻近路口必须允许左转弯。

5. 超限禁行

禁止机动车和非机动车超吨位（高度、速度）通行。

第二节　道路交通控制

一、道路交通信号控制

（一）交通信号控制基本概念

1. 交通信号和交通信号灯

凡在道路上用来传递具有法定意义并且能指挥交通流通行或停止的光、声、手势等都是交通信号。在道路交通信号控制中，常用的交通信号主要有灯光信号和手势信号。灯光信号用交通信号灯的灯色指挥交通，手势信号由交通管理人员通过法定的手臂动作姿势或指挥棒的指向指挥交通。手势信号现在仅在交通信号灯出现故障时或在无信号灯的地方使用。

交通信号是在道路空间上无法实现分离的地方，主要是在平面交叉口上，用来在时间上给交通流分配通行权的一种交通指挥措施。交通信号灯通过轮流显示不同的灯色指挥交通的通行或停止。世界各国对交通信号灯各种灯色的含义都有明确规定，其规定基本相同。我国对交通信号灯的具体规定如下：

（1）对于指挥灯信号

绿灯亮时，准许车辆、行人通行，但转弯车辆不准妨碍直行的车辆和被放行的行人通行。

黄灯亮时，不准车辆、行人通行，但已越过停止线的车辆和已进入人行横道的行人，可以继续通行。

红灯亮时，不准车辆、行人通行。

绿色箭头灯亮时，准许车辆按箭头所示方向通行。

黄灯闪烁时，车辆、行人须在确保安全的原则下通行。

（2）对于车道灯信号

绿色箭头灯亮时，本车道准许车辆通行。

红色叉形灯亮时，本车道不准车辆通行。

（3）对于人行横道信号

绿灯亮时，准许行人通过人行横道。

绿灯闪烁时，不准行人进入人行横道，但已进入人行横道的行人，可以继续通行。

红灯亮时，不准进入人行横道。

2. 交通信号灯的设置依据

设有停车或让路标志的交叉口在交通量接近其通行能力时，车流因为不通畅而大大增加车辆的停车和延误，尤其是次要道路上的车辆。此时，设置交通信号灯，可改善次要道路上的通行，提高整个交叉口通行效率。另外，设置交通信号灯还能够使不同方向的交通流在时间上分离，增强交叉口的安全性。

交通量未达到设置信号灯的标准，如果改成信号灯控制就会适得其反。在设有停车或让路标志的交叉口，主路是畅通无阻的，因此，主路延误很少，如果流量很小的情况下改为信号灯，要为少量的次要道路车辆设置绿灯，势必给主路车辆增加很多不必要的红灯，产生大量的延误。而在次路上，由于车少，有时候亮着绿灯而无车通过，造成资源浪费，并且信号灯的设置不合理也会产生交通事故。由于主路上驾驶员遇红灯而停车，但驾驶员在相当长时间内并未看到次要道路上有车通行，往往会无意或有意地闯红灯，造成交通事故。因此，应该合理设置交通信号灯，根据《道路交通信号灯设置与安装规范》的规定，信号灯的安装依据如下：

当进入同一交叉口高峰小时及 12h 交通量超过规范中所列数值，或有特别需要的路口可设置交通信号灯。

设置机动车信号灯的路口，当通过人行横道的行人高峰小时流量超过 500 人次时，应设置人行横道信号灯。

实行分车道控制的路口应设置车道信号灯。

当路口间距大于 500m、高峰小时流量超过 750 辆及 12h 流量超过 8000 辆的路段上，或通过人行横道的行人高峰小时流量超过 500 人次时，可设置人行横道信号灯及相应的机动车信号灯。

每年发生人身伤害事故 5 次以上的交叉口，应设置交通信号灯。

3. 信号控制类别

（1）按控制范围分类

①单个交叉口交通信号控制

每个交叉口的交通控制信号按照交叉口的交通情况独立运行，不与其邻近交叉口控制信号有任何联系，称为单个交叉口交通信号控制，又称单点信号控制，俗称点控制。这是交叉口交通信号控制的最基本形式，点控制通常分为定周期和感应式两种：第一种，定周期交通信号控制——定周期控制是根据交叉路口一定时间的交通量或最大交通量的情况，预先确定信号周期的交通信号控制方式。这种控制方式的绿信比和间隔是固定的，特别适用于各个方向交通量相差不大的交叉路口。第二种，车辆感应控制——根据交叉路口的交通量需要变换信号灯色，没有固定的周期与绿信比，特别适用于各个方向交通量相差很大且无规律的交叉路口。车辆感应控制使用感应式信号机，并通过埋设或悬挂在交叉路口的车辆检测器获得车辆信息，给出信号交换。

②干道交叉口信号联动控制

把干道上若干个交叉口的交通信号通过一定的方式连接起来，同时为各交叉口设计一种相互协调的配时方案，各交叉口的信号灯按此协调方案联合运行，使车辆通过这些交叉口时，不会经常遇上红灯，称为干道交叉口信号联动控制，又称绿波信号控制，俗称线控制。线控制简称线控，是在某段主干道连续若干个相邻的交叉路口，施行相互关联的自动信号控制，也称联动控制、协调控制。由于它形成协调的绿灯信号变换的控制方式，使汽车沿主干道保持一定的速度范围行驶时尽可能不停地通过各交叉路口，被控制的各交叉路口的绿灯根据相位差像波浪一样地向前推进，所以又称绿波带控制。线控制的三个控制参数是周期、绿信比和相位差。所谓相位差就是指线控干道上，以一个主要交叉路口的绿灯起始时间为基准，相邻几个交叉路口绿灯起始时间的偏移，也就是各个交叉口绿灯起始时间的时间间隔。理想的线控制是绿波交通，即当一辆车或一个车队进入线控路口，按既定相位差，依次通过其余的交叉路口，直至最后一个路口，都遇到绿灯。绿波交通具有最短的旅行时间、最少的停车次数、最少的等待时间、最大的通过量、投资少、行车安全（事故最少）的特点，它比单点控制优越，线控制一般选择干道上的各个相邻的交叉路口在 1km 以内。如相邻两个交叉口超过 2km 以上去实现线控制，将使各种车辆离散开来，形不成车流，意义不大。

③区域交通信号控制系统

以某个区域中所有信号控制交叉口作为协调控制的对象，称为区域交通信号控制系统，俗称面控制，是对一个区域内形成的道路网络交通，采用电子计算机进行综合的全面控制。即把路口控制机和检测器通过传输通信线与控制主机连接起来。计算机采集检测器的数据信息，确定最佳的区域控制方案，由路口控制机将最佳控制方案付诸各个交叉口，指挥区域内各干道上的交通流量。区域控制与点控制、线控制相比，其明显的特征是区域内的每一个路口和前后左右的交叉口发生了一定的关系。即它的每一个控制参数的变化不再是独立的，而是与前后左右的四个交叉路口发生了直接的影响。

（2）按控制方式分类

①定时控制

定时控制是指交叉口交通信号控制机按事先设定的配时方案运行，又称定周期控制。适用于流量变化很有规律的交叉口。一天流量变化非常规律，且波动不大，可以用一种配时方案进行控制，称为单段式定时控制。一天内流量变化非常规律，且存在明显的早晚高峰，可以按不同时段的交通量采取几个配时方案，称为多段式定时控制。

②感应控制

感应控制是在交叉口进口道上设置车辆检测器，信号灯配时方案由计算机或智能化信号控制机计算，可随检测器检测到的车流信息，并随时改变的一种控制方式。随检测器安装位置不同，感应控制分为以下几个方面。

③半感应控制

只在交叉口的部分路口设置检测器的感应控制。

④全感应控制

在交叉口的所有路口都设置检测器的感应控制。

⑤自适应控制

自适应控制是把交通系统作为一个不确定系统，能够连续测量其状态，如车流量、停车次数、延误时间等，逐渐了解和掌握对象，把它们与希望的动态特性进行比较，并利用差值改变系统的可调参数或产生一个控制，保证无论环境如何变化，都可使控制效果达到最优或次最优的一种控制方式。

（二）单个交叉口交通信号控制

1. 定时信号控制

（1）基本控制参数

交通信号灯灯色的周期性变化，控制着路口各方向车辆的行或止。信号相位就是一股或多股交通流，在一个周期时间内无论任何瞬间都获得完全相同的信号灯色显示。信号相位是按路口车流获得信号显示的时序划分的，有多少种不同显示时序排列就有多少个信号相位。

信号阶段是根据路口通行权在一个周期内的变更次数划分的，一个信号周期内通行权有几次更迭就有几个信号阶段。

一般路口可采用二相位，即东西一个相位，南北一个相位，某些情况下也会采取三相位、四相位，甚至八相位。对于行车而言，相位越多越安全，但相位越多，周期越长，延误的时间也越长，效率也越低。相反，相位少，交叉口车流虽然较乱，但通行效率反而较高。在选用时应根据道路交通实况具体分析，综合优化。

（2）主要信号参数。

①周期时间

周期时间就是红绿灯信号显示一个周期所需的时间，为信号阶段的一个完整的系列。

②绿信比

绿信比是评价交通控制效率的一个指标，是指有效绿灯时间与周期的比值。

2. 感应式信号控制

（1）控制原理

感应式信号控制没有固定的周期长度，其工作原理：在交叉口进口车道安装车辆检测器检测车辆的到达情况，在感应信号控制器内设置一个初始绿灯时间，到初始绿灯时间结束的时候，如果在一个预设时间间隔内没有后续车辆到达，则变换相位；如果有后续车辆到达，则绿灯延长一个预设的单位绿灯延长时间，只要不断有车辆到达，绿灯时间就可以继续延长，直到预设的最长绿灯时间变换相位。

（2）控制参数

初始绿灯时间：给每个相位预先设置最短绿灯时间，在此时间内，无论是否有车辆进入进口车道，都必须为绿灯时间，初始绿灯时间的长短取决于检测器的位置和检测器到停车线可停放的车辆数。

单位绿灯延长时间：它是初始绿灯时间结束后，在一定的时间间隔内测得的有后续车辆所延长的绿灯时间。

最长绿灯时间：它是为了保障交叉口信号灯具有较好的绿信比而设置的、某相位无论车辆到达情况如何的最大绿灯时间，一般为30～60s。当某个相位的初始绿灯时间加上后来增加的多个单位绿灯时间达到最长绿灯时间时，信号控制会改变相位，使另一相位的信号灯设置为绿灯，该方向的车辆获得通行权。

（三）线、面控制系统

1.线控系统

线控系统是将主要干道上多个相邻的交通信号联动起来，进行集中控制，以提高整个干道的通行能力。

（1）控制参数

①周期长度

在线控系统中，为了使各交叉口的信号取得协调，各个交通信号的周期必须是统一的。先按单点配时方法，算出每个交叉口的周期时长，取最大的周期时长作为这个系统的周期时长。

②绿信比

线控系统中，各个交叉口的绿信比可根据交叉口的交通量确定。

③相位差

相位差是线控系统的关键参数，通常相位差有两种：绝对相位差和相对相位差。绝对相位差是指各个交叉口的绿灯时间或红灯时间起点相对于某一标准交叉口的绿灯或红灯起点的时间差。相对相位差是指相邻两个交叉口信号的绿灯或红灯起点的时间差。

（2）配时设计方法

①时间——距离图。线控制系统配时方案通常可用时间—距离图描述，以时

间（即信号配时）为纵坐标，干道上交叉口间距为横坐标。

②平行斜线所标定的时间范围称为通过带，其宽度就是通过带宽，简称带宽。它确定干道上交通流所能利用的通车时间，以秒或周期时长的百分数计。

③平行斜线的斜率倒数是车辆沿干道可连续通行的车速，称为通过带速度，简称带速。

④计算周期。先按单点：配时方法确定每个交叉口周期，选最大的周期作为线控系统周期。

⑤计算绿灯时间。根据交叉口周期时长和主次流量比，确定绿灯时间。

⑥计算时差。有两种办法：图解法和数解法。

2. 面控制系统

面控制系统是把城区内的全部交通信号的监控，作为一个指挥控制中心管理下的一部整体控制系统，是单点信号、干线信号系统和网络信号系统的综合控制系统。它随着交通控制理论的不断发展，以及通信、检测、计算机技术在交通控制领域的广泛应用而发展。现代交通控制系统是多种技术的综合体，包括车辆检测、数据采集与传输、信息处理与显示、信号控制与最优化、电视监控、交通管理与决策等多个部分组成。

二、快速道路的交通控制

为了使快速道路上的车流能畅通流动，充分发挥快速道路系统的功能，有必要且必须对快速道路实行交通控制。快速道路的控制系统分为三个部分：主线控制系统、入口匝道控制系统、出口匝道控制系统。

（一）主线控制系统

1. 主线控制的作用

快速道路主线控制的作用有以下几方面：

（1）取得最佳均匀车速，使瓶颈路段的通行能力达到最大。

（2）一旦因车速或交通流密度发生变化产生冲击波时，可防止汽车追尾冲撞。

（3）当出现事故或因维修使主线通行能力受到限制时，可提高快速道路的使用效率。

2. 几种控制方法

（1）可变限速控制方法

在快速道路上设置可变限速标志，指示随交通状况变化的限制车速。其作用是向驾驶员预告前方交通拥堵或将要通过瓶颈路段，驾驶员应按指示的限速行驶，以使车流平稳，车速均匀，提高通过瓶颈路段的通行能力。

（2）车道封闭控制法

美国底特律以试用车道封闭标志来提高快速道路的使用效率。这些标志通常在各车道上用垂直绿箭头表示。如果某车道由于养护作业而需要提前封闭，这时，该车道上面的绿箭头标志就改变为红叉标志。这种标志的效果与交通量有关，当交通量小于快速道路的通行能力时，车辆会服从红叉标志的指示，并在车道封闭前比平时更早地离开已封闭的车道。当交通量大于快速道路的通行能力时，即使较早地离开已封闭车道，在瓶颈路段的通过量也不会提高。因而在高峰期间封闭某个车道时，不能期望它会带来较大的效果。

（3）可逆车道控制法

快速道路在高峰期间，交通量将出现较大的方向不平衡，这种不平衡在将来若干年仍将存在，较为合理的解决办法是设计可逆车道。为安全起见，为一条新的快速道路设计可逆车道时，最好将可逆车道与一般车道分开，形成第三车道。在匝道与可逆车道连接处，用水平移动的剪刀式栅栏或垂直吊动的栅栏和可变情报标志加以控制。可变情报标志通知驾驶员该走哪条车道。

（二）入口匝道控制系统

1. 入口匝道控制的作用

入口匝道控制一般被认为是快速道路的主要交通控制措施，它的作用有以下几方面：减少整个快速道路系统内车辆的行程时间；使交通流量均匀平滑；消除或减少交汇中的冲突和事故；由于交通流量均匀平滑，车流状况得到改善，因此减少了不舒适感和环境的干扰。

2. 入口匝道控制的条件

要实现上述匝道控制目标，给快速道路提供一种更高的预测性和更好的服务水平，则入口匝道要满足以下条件：在通道上应该有可供使用的额外容量；在进口匝道上应有足够的停车空间；交通模式（即主车道流量与快速路该路段流量）

必须合适。

3. 入口匝道控制法

（1）封闭匝道法

以下情况可考虑匝道封闭：互通式立交非常接近，交织问题十分严重的地方；有较多车辆要在匝道上排队，但没有足够长度容纳排队车辆的匝道；附近有良好的道路可供绕道行驶。封闭的方法有人工设置栅栏、自动弹起式栅栏、采用"不准驶入匝道"标志。

（2）匝道调节

匝道调节是利用交通信号灯限制进入快速道路的交通流量，改善快速道路的交通状况，提高车流汇合时的安全性。

①定时调节。定时调节是指限流率按照不同的周期及每天的不同时段预先加以固定的控制方法。

②感应调节。感应调节是指在快速道路上和匝道上都装有检测器，以取得交通信息。根据不同的控制方案，通过就地控制器或中央计算机实施限流控制，限流率可依据交通信息做相应的调整。

（3）匝道系统控制

将一系列匝道集中起来作为一个整体统一考虑交通控制的系统，称为匝道系统控制。其限流率根据整个系统的交通量与通行能力之差确定。它与独立的限流控制相比，匝道系统控制的优点是能够兼顾整个系统。

整体车辆感应下限流控制能适应交通量变化的要求，使整个系统的车流保持最佳化。若快速道路某段发生交通事故，这种控制就显得特别有效。此时，发生事故的下游匝道，其限流率自动增加，上游匝道的限流率自动减少。

（三）出口匝道控制系统

就理论而言，出口匝道控制可采用如下两种方法：第一种，调节驶离快速道路的车辆数；第二种，封闭出口匝道。

第一种控制方法不是一种有效的方法，唯一有利之处是缓解了接近快速道路交叉口的交通拥挤程度。这将意味着要承担一些交通事故的风险，因为在信号灯前停车，车辆急剧减速又发生滑行，有造成追尾的危险，且使等待驶离快速道路的车辆排队从信号灯向后延伸到快速道路上。

第二种控制方法可以大大减少车辆在出口的交织及随之而来的交通安全问题。特别是一个出口匝道连接着一个大型互通式立体交叉口的沿街道路或近郊道路的距离较短时（小于0.8km），封闭匝道是一种很实用的解决办法。

封闭出口匝道的缺点：增加驾驶员的行车时间及距离；若使用人工控制的栅栏，或某种形式的自动门，则在高峰时期间封闭匝道，其费用很高；由于限制了出口，会激起公众强烈的反对；追尾事故的可能性大大增加。

（四）快速道路控制管理系统

1. 情报收集系统

该系统主要为驾驶员和交通控制提供必要的信息，包括车辆检测器、紧急电话等。

2. 信息传输系统

该系统主要收集交通信息和发送控制指令的信息通道，包括直达电缆、电话线、无线电和微波传输等。

3. 控制中心

控制中心一般有地图显示系统、中心计算机和控制台，这里是控制管理的神经中枢。

4. 信息提供

交通信息部分可以提供文字、图像、声音等多种信息，还可以对普通电话进行自动接受应答的自动电话导向等服务，在快速道路交通控制系统中还可以提供行驶时间等信息的功能。

设置快速道路交通控制管理系统的主要目的是从整体上协调控制路网交通流的运行。

交通标志标线是道路上的交通语言，是向道路使用者传递交通信息的设施，掌握其设计原则及设置方法，合理地进行设计是保证交通顺畅的条件之一。平面交叉口是道路网络的瓶颈，对交叉口实施有效的管理措施至关重要，交叉口交通信号控制是利用信号装置对交通进行诱导，以实现人车分离，交通畅通。

第三节　机动车管理与驾驶员管理

一、机动车管理

所谓机动车管理，即根据交通法规对机动车进行的技术管理、行驶管理、停放管理总称。

（一）机动车的技术管理

机动车技术管理是车辆管理的重要组成部分。具有以下意义：

保障交通的安全和畅通。机动车的技术状况不仅影响运输生产效率，同时也与交通安全和畅通息息相关。只有技术状况完全符合技术要求的车辆才能核发牌照、行驶证，准予运行，才能保障交通的安全与畅通。

降低公害和污染机动车辆排放的废气和发出的噪声，破坏了环境的安静和大气清新，给人们的生活和工作带来了麻烦，影响了人们的身心健康。因此，车辆的技术管理对于保障人们的安定生活和生产有着重大的意义。

使汽车制造和维修水平进一步提高。机动车技术管理从保障交通安全、畅通、低公害的角度，对汽车的结构、附件、外观和技术性能提出了具体的要求，这些要求通过技术监督使之在汽车制造和维修过程中予以实施，促使汽车制造和维修企业提高产品质量、性能及维修水平。

及时掌握机动车辆的静态分布技术管理工作，通过对车辆分类、登记注册及建立档案，掌握有关机动车的各种数据，为道路规划、建设及交通管理工作服务。所谓机动车技术管理，就是根据国家有关法规和政策对车辆的检验、审验、登记、发牌、发证以及对车辆制造、保修单位的监督工作。具体地说，机动车辆技术管理的内容是：对车辆进行分类、核定装载质量及乘坐人数；对车辆进行注册登记，核发牌照及行驶证；对车辆补发牌照、换发牌照；办理异动、变更手续；审核并办理车辆的封存、启封和报废；对机动车辆进行检验；对机动车辆的制造、维修企业进行技术监督；建立并管理机动车辆档案，掌握车辆的分布及技术状况。上述工作内容都是公安车辆管理部门对全社会的民用车辆通过车辆号牌、行车执照的核发和管理完成的。

（二）汽车运输业的车辆技术管理

目前我国公路运输已形成了一个多层次、多渠道、多形式的新型运输结构，作为公路运输主要技术装备的汽车也迅速发展。车辆是我国公路运输事业的物质基础，管好、用好、维修好车辆，使之维持良好的技术状况，是全社会的共同责任，更是道路交通与公路运输管理部门的重要任务。由于车辆技术状况不良，车辆运行消耗增加，全国专业运输企业车辆维修费用每辆每年高达 7000 ~ 8000元，轮胎平均行驶里程只有 9 万多千米，燃料浪费惊人。同时，由于运输车辆技术状况普遍下降，机械事故明显的大幅度上升，并且发生了一些重大恶性事故。因此，迫切需要加强运输车辆的技术管理工作。车辆技术管理应坚持预防为主和技术与经济相结合的原则。对运输车辆实行择优选配、正确使用、定期检测、强制维护、视情修理、合理改造、适时更新和报废的全过程综合性管理。交通部门在车辆技术管理工作中应做好以下几项工作：

1. 搞好车辆发展规划，加强运力投放的宏观控制，通过认真的调查研究，对运输市场的客、货源、分布、流向、运距、运力的数量、结构，油料供应和道路条件（主要指运行能力）自然条件等现状以及发展趋势进行综合分析，制定出比较符合实际的车辆发展规划。严格审查，坚持"先申请，后购置"的原则，加强对运力投放的宏观控制，防止运力盲目增长。

2. 加强对营业性运输车辆的技术管理。运输车辆中的营业性运输车辆是为社会提供运输服务的依靠力量，它们的使用特点是运输强度大，运输条件复杂、对车辆的技术性能要求高。对车辆的技术管理是交通部门义不容辞的责任。

3. 对营运车辆的定期检测。检测诊断技术是利用检测诊断设备，在车辆不解体情况下检查、鉴定车辆技术状况和维修质量，确定其工作能力的重要手段。检测诊断的主要内容包括：汽车的安全性（制动、侧滑、转向、前照灯等）、可靠性（异响、磨损、变形、裂纹等）、动力性（车速、加速能力、底盘输出功率；

发动机功率、转矩和供给系、点火系状况等）、经济性（燃油消耗）及噪声废气排放状况等。检测的结果，作为运政部门发放或吊扣营运证的依据之一。

4. 对营运车辆强制维护。车辆维护应贯彻预防为主、强制维护的原则。车辆维护作业包括：清洁、检查、补给、润滑、紧固、调整等，除总成发生故障必须解体时，不得对其进行解体。根据维护作业范围，分为日常维护、一级维护、二级维护等。

5. 建立营运车辆的技术档案。建立营运车辆技术档案是技术管理的基础工作，是掌握车辆技术状况动态，制定相关政策的依据。交通部门有责任指导督促各运输单位和个人建好车辆技术档案。车辆技术档案应作为发放、审核营运证的依据之一。车辆技术档案的主要内容包括：车辆基本情况和主要性能、运行使用情况、主要部件更换情况、检测的维修记录以及事故处理记录等。

6. 加强对大中型运输企业的车辆技术管理。

7. 抓好汽车维修制度改革工作。

8. 建立健全运输车辆技术质量监督检验系统。

（三）机动车行驶管理

机动车行驶管理是指对运动中的机动车进行管理，主要包括：

1. 行驶中的分道管理

行驶中的分道管理是对同方向行驶的车辆按车种类型的不同或行驶速度的不同，实施交通流分离通行管理。一是分离非机动车与机动车，严格控制非机动车驶入机动车道；二是在有条件的道路上分离公交车辆与其他机动车、保证公交车辆优先通行；三是在划有快、慢机动车道的道路上分离低速机动车与快速机动车，提高车道的通行效率和车辆的行驶速度；四是机动车在进入划有路口转向指示符号的道路上分离左转、右转、直行车辆，要求通过道路交叉路口的车辆应在转向符号的标示起点，根据行驶方向、目的，及时变换车道。

2. 行驶中的操作管理

行驶中的操作管理就是对车辆的操作规程，实施规范或约束的管理。一是在狭窄的双向道路上，要求驾驶员礼让通行；二是在道路上超车，必须符合交通规则规定的条件，严禁强行违章超车；三是同一车流中的车辆必须保持前后车距，避免紧急制动所引起的碰撞。前后车距的大小由车流速度、路面状况及驾驶员的反应时间等因素决定。机动车行驶管理的内容在有关的交通法规中有明文规定。

（四）机动车停放管理

机动车停放管理就是对道路上停放和欲停放的车辆进行管理。

1. 禁止停车的管理

禁止停车的管理是对一些设有禁止停车设施标志或明文规定禁止停车路段的管理。这些路段主要是闹市商业街、公共场所出入口、消防水龙头以及机关门口等，应严格管理，禁止车辆任意停放。

2. 允许停车的管理

允许停车的管理就是对一些允许停车路段的管理，主要有：

（1）指定停车点的管理

对一些设有停车指示标志的路段或区域，指定专人负责，一是管理车辆的停车方位和停车秩序；二是管理车辆的停放安全。

（2）非指定停车点的管理

这种停车现象既普遍又涉及面广且无规律，主要有沿街装卸货、上下客、驾车人就餐、临时购物等多种停车原因。管理的原则是：严重影响交通秩序的路段不准任意停车或卸货；允许停车的地段要督促快装快卸，缩短停车时间；对一些有影响而又必须停车的车辆，一要帮助解决问题，二要保证道路畅通。

二、驾驶员管理

驾驶员是汽车运动的中枢，道路交通安全的核心。在道路交通中他们的主要任务是：

沿着选定的路线驾驶车辆，完成从起点到终点的运输过程，实现人员和货物在空间上的转移。遵守交通法规，正确理解信号标志、标线的含义，服从交通警察的指挥，自觉维护交通秩序，保证交通的安全和通畅。遇到不利情况及时调整车速或改变车辆的位置和方向，及时停车，避免交通事故的发生。

驾驶员是影响交通安全的主要因素之一，驾驶员的管理与教育是道路交通管理中的一项重要工作。

（一）驾驶员管理工作的内容

核发机动车驾驶证；审查并办理驾驶员的换证、增驾及异动手续；对驾驶员进行考核和教育；对驾驶员培训单位的培训工作进行指导和监督；研究驾驶员在道路交通中的生理和心理特性；管理驾驶员的档案，随时提供各种统计数据。

通过对驾驶员的管理，提高驾驶员的素质，即提高驾驶员的思想素质、身体素质、精神状态和心理活动、安全行车知识及驾驶操作技术，建设一支有文化、有理想、遵章守法、职业道德好、思想作风过硬、驾驶技术熟练的驾驶员队伍，保障道路交通的畅通、安全和低公害。

（二）驾驶员管理的措施

从有利于交通安全的角度讲，对驾驶员的管理主要应加强以下几点：

1. 严格坚持驾驶员选择标准

由于驾驶员在交通安全工作中起着重要的作用，要求机动车驾驶员要有很强的法制观念，熟练的操作技术，正确的判断能力，良好的心理状态，健康的身体条件，方能得心应手地驾驶车辆和适应错综复杂的交通环境，恰当处理各种交通险情，保障行车安全。为此，对申请驾驶机动车的人员必须严格按交通法规规定的年龄条件、身体条件（包括身高、视力、辨色能力、听力、心理、生理等）进行选择。

2. 严格考试制度

为保证机动车驾驶员具备应有的驾驶知识和技能，保障道路交通安全，必须严格考试制度，按考试科目的顺序依次进行。我国对驾驶员考试科目分交通法规与相关知识、场地驾驶、道路驾驶三个部分。每个科目的考试内容、方法、考试时间及评定标准已有严格的规定，应严格执行。

3. 加强对驾驶员的科学管理工作

对驾驶员进行管理的实质是对驾驶员安全行车素质的变化实行控制，及时发现问题，及时采取措施。

（1）定期普查

定期对驾驶员进行生理和心理上的驾驶适宜性检查，了解驾驶员的反应速度、判断能力和对法规的执行是否正确等，是掌握驾驶员安全行车素质的重要手段。对年龄大的驾驶员、单独驾车的新驾驶员、有事故记录的驾驶员尤其要重点检查。

（2）进行"预防事故能力"预测

对驾驶人员的"预防事故能力"的测验可事先拟定不安全因素的综合评定办法，采用问答、模拟操作、随车统计等方式进行。把多次测验的结果按时间序列划出趋向图，视为事故趋向图，以表示事故发生可能性的增减情况，说明"预防事故能力"的变化趋势。预测活动有助于车辆管理人员有计划地进行安全教育工作，明确工作方向，避免盲目性。

（3）严格驾驶员档案管理

对每一名驾驶员应建立技术档案，详细记载驾驶员的考核情况、驾驶车型、行车里程数、违章时间、违章类型及处罚情况、交通肇事时间、肇事类型、事故等级、人员伤亡及经济损失、驾驶员责任、驾驶适宜性检测时间及结果等信息。为有针对性地做好驾驶员的管理及培训工作提供依据。

（三）重视职业驾驶员的再培训工作

我国驾驶员中的职业驾驶员主要分布在各类汽车运输企业及个体运输户，也有部分分布在机关企事业单位，他们的工作，对国家经济建设、社会发展、人民生活和运输生产力的发展影响甚大。我国职业汽车驾驶员在适应混合交通、复杂行驶环境及维护车辆技术能力方面，从整体上看水平不低，但文化素质普遍较低，其生理、心理素质也较差。据调查，现有驾驶员大部分是由驾培班培训出来的，也有一部分是从军队复员转业的。无论是从驾驶员队伍的文化、技术素质，还是随着车辆技术含量的提高，道路及交通管理发展的现状与趋势，都必须重视对在职驾驶员的再培训工作。目前发达国家都很重视对在职驾驶员的再培训，主要是对在职驾驶员开展心理、生理检测及其研究，检测分析驾驶员心理和生理素质对驾驶工作的适宜性，有针对性地开展培训教育，以提高驾驶员的整体素质，达到减少交通事故、提高运输经济效益的目的，要求驾驶员掌握安全边际观点和防御驾驶技术。

1. 让驾驶员学一点心理学知识

第一，从"驾驶员—车辆"系统的观点认识事故的实质、事故出现的偶然性与必然性，为消灭事故、增加信心建立科学依据。

第二，认识驾驶员的"信息处理特性"，在驾驶中自觉地采取不超出自己能力的驾驶行为。

第三，掌握自己的情绪，自觉调节生活，保持精神饱满，保证行车安全。

第四，学会观察行人及其他车辆驾驶员的心理状态，提高预防和避免事故的能力。

2. 帮助驾驶员掌握"车辆行驶特性"和了解车辆的性能

在车辆技术迅速发展的今天，驾驶员应掌握车辆的行驶特性和使用性能，做到有效地保证车辆安全行驶。道路条件的改善，使车辆行驶速度普遍提高，应重视车辆操纵及汽车制动时方向的稳定性。

3. 加强对驾驶员的法制教育

通过对驾驶员违章现象的统计分析，可以发现，属于驾驶技术不熟练而违章的只占很小的比例，大量的违章是驾驶员无视交通法规的行为所致。例如，无证驾车、酒后驾车、闯红灯、超速行驶等等。因此，对驾驶员进行遵守交通法规的教育应成为驾驶员交通中的一项经常性重要工作。应不断使驾驶员增强法制观念，提高执行、遵守交通法规的自觉性，才能为道路交通的安全、畅通创造一个良好的前提条件。

4. 加强对驾驶员的职业道德教育

由于汽车驾驶员通常是一个人独立工作，要经常独立地处理交通中遇到的车况、路况、交通状况和气候等变化而出现的各种问题，又要和旅客、货主和交通过程中的各方面人员发生这样或那样的工作业务及其他方面的联系。因此，要不断地培养驾驶员，使之具有独立处理问题的能力、全局观念、业务知识、法律意识、团结协作的精神。通过培训，使驾驶员做到：

（1）时刻把国家和人民生命财产的安全放在第一位，认真学习国家的有关法律和政策，熟知规章制度和安全驾驶操作规程，充分认识行车违章的危害，努力探索安全行车规律，谨慎驾驶，保证安全行车。

（2）加强自身修养，培养良好的个性心理。驾驶中要全神贯注、精力集中、规范操作、遵守交通规则、积极主动维护交通秩序。

（3）养成良好的学习习惯。驾驶员要增强自尊、自信、自强、自爱意识，勤奋学习新知识、新技术，要勇于实践，在实践中总结，在总结中提高，在掌握过硬的驾驶技术的同时，使自己的综合素质不断提高。

（四）开展驾驶适宜性检测

在对机动车驾驶员的管理和再培训工作中，应对驾驶员进行生理、心理方面的驾驶适宜性进行检测。各国的研究和统计资料均表明，在驾驶员群体中存在着少数特定的反复发生事故的人，即存在事故多发者，也就是说事故倾向性确实存在。所谓事故倾向性，是指在驾驶员群体中存在着一部分人容易发生事故，而且这些人重复发生事故的概率很高，这些容易发生事故的人，我们称谓事故多发者。事故倾向性的存在引出了驾驶适宜性理论。驾驶适宜性是指准备从事汽车驾驶工作的人员的心理、生理素质适宜于驾驶工作的程度。

驾驶员的素质是由先天素质和后天学习的技能构成的，二者相对稳定又互相弥补。其中先天素质是机体以遗传为基础的心理、生理特点，起决定作用，影响着驾驶技能的训练。简单地说，驾驶适宜性就是驾驶员具有的安全驾驶车辆的素质。驾驶适宜性优秀的人，未来成为安全行车的优秀驾驶员的可能性大；而驾驶适宜性差的人，未来成为事故多发驾驶员的可能性也大，因而不适宜做驾驶工作。驾驶适宜性可能转化，即在外界条件作用下，适宜性可向好的方向发展，也可能向坏的方向发展。正因为如此，才可能对驾驶员实施针对性的再培训或开发。但在总体上，驾驶适宜性是相对稳定的，基于驾驶适宜性的相对稳定性，则可以对个人的适宜性做出预测，即通过一定的心理、生理指标测试，反映出每个驾驶员的驾驶适宜性。驾驶适宜性检测结果可以作为管理、教育驾驶员及淘汰少数不合适驾驶员的依据。驾驶适宜性检测的目的是借助科学的仪器，诊断出事故多发驾驶员，并对他们实施针对性的再教育和训练，指出他们存在的问题和今后开车中应注意的事项。对特别不适宜的驾驶员，做其思想工作，让其改谋其他职业。以有效提高驾驶员群体的素质，从根本上达到预防事故发生的目的，因此，驾驶适宜性检测是事故预防的"拐杖"。

借鉴国外开展驾驶适宜性检测的成功经验，我国从 20 世纪 80 年代中期开始进行了驾驶适宜性研究工作，并取得了初步成果。尤其是"我国职业驾驶员适宜性的检测""我国职业驾驶员驾驶适宜性及检测标准"等研究成果，已经在实践中逐步推广应用。机动车驾驶员驾驶适宜性检测是一种科学的综合评判驾驶员生理、心理状况和驾驶技能的手段，对提高驾驶员素质，减少道路交通事故有着不可替代的作用。

第五章 城市交通系统

第一节 城市交通结构

城市的形成和演变取决于交通，城市的布局结构、规模大小、生活方式都需要城市交通系统支撑，城市的发展反过来又促进了交通的发展。随着人口的增长、国民经济的高速发展及城市化进程的推进，城市交通需求量急剧增长，交通日趋拥挤、事故频繁，城市交通问题已成为全球范围的问题。因此，把握城市交通的发展和演变的机理，缓解日趋严重的交通问题，对城市经济发展和人民生活水平的提高起着极其重要的作用。

一、城市客运交通

城市客运交通从交通方式的角度划分，分为行人交通、自行车交通、摩托车交通、小汽车交通、公共汽车交通、轨道交通、出租汽车交通及作为公共交通补充的各类班车等，这些交通方式又可以概括为公共交通及私人交通两大体系。

（一）城市公共交通

公共交通体系是指按规定路线、一定站距及一定发车频率行驶的公共汽车、无轨电车、有轨电车、地铁、轻轨交通等，也有按固定路线和不固定路线行驶、随上随下的小公共汽车及出租车交通等。有水域交通的城市，旅客轮渡与城市短程客航，也属于城市公共交通范畴。各种公共交通方式之间相互配合，为乘客在速度、价格、舒适程度等方面提供更多的选择，更好地满足城市社会经济活动的交通需求。

城市公共交通是城市客运交通系统的主体，沟通着社会生产的各个环节，维系着千家万户的日常生活，担负着每日大量的上下班出行客流运送任务和生活游息出行的客运任务，给城市居民提供优质、高效的出行条件，是城市建设和发展的重要基础之一。政府在制定国民经济和城市建设发展规划时，都必须包括城市公共交通运输的发展规划，以便促进城市公共交通与城市建设同步、协调发展。

城市公共交通规划，应根据城市发展规模、用地布局和道路网规划，在客流预测的基础上，合理确定公共交通方式的地位、车辆数、线路网、换乘枢纽和场站设施用地等指标，使公共交通的客运能力满足高峰客流的需求。

（二）自行车交通

自行车交通属于个体交通。自行车交通的特点是行动灵活，路线随个人意愿任意选择，平均出行距离不大，骑行时间以 20 ~ 30min 为宜，速度（在人的体力胜任的条件下）为 10 ~ 18km/h。可以实现门到门服务，是一种比较理想的、近距离的代步交通工具，或作为公共交通的辅助交通工具。在我国城市，大部分用作上下班出行工具或换乘工具，平时或假日也用作生活或游息出行活动的交通工具。

（三）小汽车交通

小汽车交通的特点是快速、舒适，是现代城市优越而能自由行动的一种交通手段。国外一些工业发达国家，尤其在美国以私人小汽车作为个体交通工具极为普遍。如果拿小汽车和我国的自行车交通相比，虽同属个体私人交通，但其在速度、舒适性等方面优于后者。但是，在城市的有限空间内行驶这种无限增长的个体交通工具，给城市带来的后果是严重的，主要表现在城市环境的污染、世界能源的消耗，同时小汽车的单位乘客占用车行道（即动态净空）面积多达 $25m^2/$ 人，是极大的浪费，在节约城市空间上是低效的。因此，小汽车应有控制地增长，并有规划地纳入以公共交通为主干的综合城市交通结构中，发挥它的优越性。

（四）行人交通

以下情况都属于行人交通：不具备私人交通工具（指小汽车、自行车）或无能力操纵交通工具，不愿乘公共交通工具；出行目的地近；节假日购物出游无须不愿乘公交车辆；乘坐公交车辆总行程两端的先导或后续行程（指家门至公交站点或下车后到达目的地的两端行程）长；换乘行程长等。

（五）社会客运交通

社会客运交通即厂矿、企业、机关学校等大、中、小型客车交通。其中，有的是上述各单位的定时班车（一般为定时、定点、行驶间断），有的是厂矿企业在任务空闲时间以收费方式支援城市上下班高峰客流的运送，有的是节假日或旅游季节企业一部分客车以营业方式负担客运，对于城市公共交通解决上下班高峰的客流运送，起了一定的辅助作用。另外，还有一些大城市（如北京）接运国内外大型参观团、代表团或全国性集会、体育运动集会的客流等都是社会客运交通，其行驶路线相对固定，从交通流的角度看，增加了城市交通的负担。

二、城市客运交通结构类型

交通结构随着科技的进步也在不断地发展变化。交通工具从古代社会的马、马车到现代社会的公共汽车、各类电车、小汽车及采用双轨、独轨、导轨、磁悬浮轨道的各类列车，交通网络从地面道路网扩展到地下轨道网络、地上高架道路、高架轨道，形成了立体综合客运交通系统。不同城市的客运交通虽然各有不同，但均概括为两大类型：

第一类是以运量大的公共交通作为主要客运交通工具的类型，公共交通在这类城市客运结构中处于主导地位，这里的公共交通包括公共汽车、无轨电车、小型公共汽车、地铁、城市铁路、新交通系统等在内的综合客运公共交通。这一类型的城市一般是城市建设密度较大。俄罗斯的莫斯科、新加坡及中国的香港地区，城市客运都是以公交为主体。

第二类是以私人小汽车作为城市主要客运交通工具的类型，这一类型的城市建设密度小，公共运营费用昂贵，效率很低。

我国是发展中国家，受国民经济基础的制约，城市建设尚在发展中，还没有形成合理的客运交通结构。近年来，由于城市化发展进程的加快，人口加速向城市集中，客流量增长迅猛，交通设施明显不足，城市范围不断扩大，出行距离增长、时耗延长，公共交通主要以地面公共电汽车为主，受地面交通状况影响严重，难以满足居民的出行需求。个体交通工具如自行车、轻骑、摩托车、私人小汽车，以及单位用车的数量快速增长，又使城市的交通更加拥挤，乘车难、开车难、交叉口排队长的情况日益加剧，道路与交通服务水平不断下降，多数城市公共交通出行率呈萎缩状态，供给与需求的矛盾日益加大。因此，不同城市应根据自身特点，确定合理的城市客运交通结构，解决供需间的矛盾，促进城市的经济更好地发展。

　　我国人口众多，城市多数属于密集型，土地资源缺乏，客运交通结构应大力发展以公共交通为主，其他交通为辅的形式。不同城市的公共交通方式结构应根据城市规模、用地形状、客流流量和流向、各种公交方式的运载能力、建成区现状、土地利用规划及资金拥有状况，综合考虑社会、经济、交通、环境效益确定。对于中小城市，城市公共交通方式一般采用公共汽车、无轨电车。对于大城市，特别是带状大城市、特大城市，客流一般较大，而且集中，应考虑采用轻轨、地铁等中运量、大运量公交方式。近年来，北京、上海、广州等城市，已在加快进行地铁、轻轨等大运量快速交通系统的建设。

　　不同的公共交通方式有不同的运载能力，每条线路的公共交通方式应尽可能地考虑采用其运输能力与线路上的客流量相适应的方式。

三、不同类型城市交通方式优先发展次序

　　不同规模城市居民的平均出行距离不同、时耗不同、客运交通需求量不同，对不同客运交通方式的需求也有很大的差异，所以对各种交通方式的合理结构及优先发展次序有不同的要求和选择，相同规模城市也不一定有完全相同的客运结构，下面简要说明三类不同规模城市的客运交通优先发展次序。

（一）规模大于 200 万人以上的大城市

　　规模大于 200 万人以上的城市，应以大运量的轨道运输方式为骨干（包括地

面快速轨道运输、地下轨道、高架道路与轻轨等），同地面公共汽车、无轨电车、小公共汽车、出租汽车、小汽车及各类班车等组成高速的立体化综合城市客运交通体系，对自行车出行要适当控制，使其逐步向机动化交通工具转变，同时也要做好步行与自行车交通的统筹规划，使它们能各用其长，各尽其能。规划时，一般应使公交出行比例占总出行量50%以上，其中轨道客运量比例占总运量30%以上，如暂时有困难无法实现，应预留轨道线路或网络的用地并争取尽快建成。

（二）规模在50万~200万人的城市

规模在50万~200万人的城市，应以大运量的轨道运输与地面公共汽车、无轨电车共同组成的公共交通系统为主干，同小公共汽车、出租汽车、小汽车、各类班车及自行车等共同组成城市快速、方便的综合客运交通系统，满足城市居民的出行需求。规划时，公共交通系统的比例占50%左右，优先考虑大运量轨道客运系统，并使其客运量比例占20%左右，对于自行车交通方式既要适当控制，又要认真研究做出较长时期的全局规划。

（三）规模在20万~50万人的中等城市

规模在20万~50万人的中等城市，应充分发挥自行车交通的优势，与公共汽车、无轨电车、出租车、小汽车、各类班车等共同组成客运交通综合系统，满足居民的各种出行需求。规划时，尽可能使公共交通的客运量逐步增长，有条件的城市应使公交客运量的比例达到全市总客运量的20%左右。同时，对于步行与自行车交通应做好预测和全面规划，既不脱离近期的交通结构的实际状况，又能满足远期居民更高的要求。

四、客运交通结构的影响因素

不同城市客运交通结构因其交通政策、国民经济发展水平、城市用地布局、交通基础设施及城市自然条件等的影响而各不相同。

（一）交通政策

交通政策对城市客运交通结构有多方面的影响，主要包括国家宏观的交通政策、地方政府的交通政策和经济投资政策的影响。国家制定的交通政策，决定了城市客运交通结构的发展方向；地方政府依据实际的交通状况和经济发展方向制定本地区的交通建设发展战略，确保城市客运交通结构的发展目标，如采取对公共交通的补贴或控制私人小汽车进入市区的收费等政策，保证公共交通的比例等。政府对某种交通方式的工程建设投资和贷款予以优惠或限制，促进或抑制这种交通方式的发展。

（二）国民经济发展水平

建设现代化的城市交通系统，特别是地铁、轻轨等大运量快速交通系统，需要国家投入大量的财力、物力。另外，城市客运交通结构与交通建设投资比例密切相关。发达国家每年用于道路交通建设的投资额很高，占国民经济总产值的1% ~ 3%，我国用于发展道路交通建设的资金小于国民经济总产值的0.5%，资金不足，很难根据需要达到合理的客运交通结构。

（三）城市用地布局

城市用的规模、形态、功能与用地集中程度都影响着城市交通结构。规模方面，随着城市用地规模增大，居民平均出行距离拉长，必然使步行比例减少、公共交通出行比例增加。用地形态方面，我国城市多为单中心中央集团型布局，中心区公交线网密集，人流、车流多，成为交通最复杂、最繁忙的地带，城市中心区的交通量一般占全国总交通量的30% ~ 35%，多中心或带状城市中心区的交通量的比例则更低。用地功能的划分，对出行量的大小、出行距离长短和时间分布也有明显影响。例如，购物中心与就业岗位集中区、居民居住区相距远近，不仅影响出行的平均距离，也影响客运交通结构。在城市功能布局与规划时，由于工作出行和学生上学出行要占城市总出行的80%左右，特别是对早晚高峰的影响很大，如能减少上班、上学的距离，使其尽可能在步行范围之内，可大大减少交通量，减小道路及公共交通的负荷。城市用地的集中程度高、人口密度高、房屋紧密、公交发达、出行方便等可以提高公交出行率，降低私人方式出行率。

（四）交通基础设施

轨道交通的有无、线路的多少、公共汽车线路数量、线网密度、人均公共汽车数量、覆盖率、换乘时间、发车频率、运行速度等都影响公共交通分担的出行率。制定优先发展公共交通的政策，加强交通基础设施建设，可为公共汽车或其他大容量交通方式的发展创造良好条件。

（五）城市自然条件

城市的地形、地势、地理环境、气候条件都对城市客运交通方式有影响。天然阻隔，如海湾、河流、湖泊高山等限制城市的形态，阻断了交通线路或改变了网络形态，在一定程度上对客运交通结构产生不同程度的影响；丘陵山地地面坡度很大，不适于自行车运行；极为寒冷地区或海拔很高的高原城市，自行车交通也难以适应。

五、中国城市交通结构发展方向

我国城市居民的出行结构是多元化的。从居民出行要求分析，居民根据自己的经济情况、交通工具拥有情况、出行目的地等各种条件和要求，从便捷性、快速性、舒适性、经济性、安全性等角度出发，选择合适的出行方式。由于不同的出行方式有不同的道路利用效率，并产生不同的交通影响，因此各种交通方式的发展不是无限制的，应通过交通发展策略的引导，使交通结构朝着有利于充分利用道路交通设施运输能力的方向发展。我国城市交通结构的发展方向应顺应我国国情（人口大国），考虑交通基础设施的发展规模，土地利用及土地资源的约束、居民的承受能力等因素，使城市交通的发展符合可持续发展战略。

（一）公共交通占主导地位

城市公共交通是人均道路利用效率最高、消耗资源最少、环境污染程度最轻的大众交通方式。在城市交通系统中，公共交通应得到优先发展。我国城市的结构多属于密集型，因此，以公共交通系统为主，其他交通为辅的形式是我国城市客运交通结构必然的发展方向。提高公共交通方式在交通结构中所占的比例，能提高运营效率、节约能源、减少道路与交叉口的交通负荷和车辆拥挤、改善环境和减少污染。

要保障公共交通的主导地位，必须从政策上给予保护，即制定优先发展公共交通的政策。公共交通优先发展政策中，一是优先发展公共汽车交通，从方便、快捷、舒适、经济、安全的角度提高公共汽车综合服务水平，提高公共汽车交通的吸引力。二是在政策上采取灵活，建立多种服务与多种票价相结合的服务体制，采取增加公交线路，延长线路，缩短发车间隔等措施方便居民出行、提高可达性、减少换乘时间，采取增加各类空调车、小区间班车，提高舒适度与直达率。三是在技术上采取公交专用线、专用道、交叉口专用相位等措施，提高运行速度，通过优化公交网络、优化站点布设及优化车辆调度等提高效率，方便居民换乘车等。

公共交通优先发展政策中的另一重点是有计划地发展轨道交通，特大城市、大城市在条件允许的情况下应开辟大运量的轨道交通。轨道交通运量大，能较大节省土地资源，不产生环境污染，并且为乘客提供舒适、快速、准时的服务，是最优先的公共交通方式，符合可持续发展战略。

（二）自行车交通占辅助地位

我国是发展中国家，且因人口众多，道路资源有限，虽然大城市私人小汽车的发展已呈快速增长趋势，但自行车仍是我国城市居民个体出行的主要交通工具，并且我国在今后相当长的时间内仍将保留自行车这一特色的交通方式。但我国的许多城市自行车发展有些失控，自行车出行占总出行的50%以上，而且公共交通大大萎缩，造成了道路交通紧张的局面。因此，引导自行车出行量向公共交通转移，能大大减轻城市道路交通压力。

（三）协调发展私人小汽车

进入21世纪，无论从我国居民的购买能力还是从经济发展（特别是汽车工业的发展）的需求看，私人小汽车进入寻常百姓家庭都是必然趋势。但是，我国是人口大国，不能像发达国家大规模地发展私人小汽车。我国私人小汽车发展必须遵循协调发展原则，应做好以下几方面的协调：与道路交通基础设施建设水平相协调，根据各城市的道路交通设施水平，确定城市的机动车发展规模，避免出现道路交通拥挤及停车难问题；与环境保护相协调；与能源开发相协调；与我国居民素质水平的提高相协调。

第二节　行人交通、自行车交通及小汽车交通

一、行人交通

（一）行人交通概述

步行是人的一种活动方式，也是最古老、最基本的交通方式。在现代城市交通系统中，步行交通无论是作为一种独立的交通方式，还是作为其他各种交通方式的衔接，步行交通无法取代的辅助系统。

我国是一个人口大国，在居民出行中，步行和机动车出行一样占有很大的比例。已有的观测资料表明，我国步行交通占全市总出行量的比例：在大城市约占40%、中等城市占50%以上，小城市可达60%以上。一直以来存在的重视车忽视人的思想使许多城市不少街道没有合格的人行道。实际上，忽视步行交通没有足够的人行道和人行道被占用，人们只得走向车行道，是造成交通混乱与交通事故的重要因素之一。

因此，从以人为本的交通规划的基本出发点考虑，应该对步行交通给予充分重视，其基本目标应该是保障行人的安全。从交通工程的观点看，还应该考虑如何同其他的交通要求取得协调。

（二）行人设施

1. 人行横道

人行横道作为一种过街设施，用来保证行人过街的安全，同时也减少行人过街对车流的干扰和减轻驾驶员的心理负担。实践证明，在人行横道处过街要比非人横道处过街安全，人行过街管理设施越完善处境相对越安全。重视人行横道的设置对于保障交通安全及改善交通秩序有着重大的作用。

人行横道的设置既要保证行人过街的安全性和便捷性，又要尽量减少行人过街对车辆通行的干扰。一般在交叉口设置人行横道，根据交叉口的间距、道路性质、车流量、沿路两侧大型集散点及公共交通停靠站的位置等情况，考虑路段中间是否必须且可能增设行人过街横道。为确保行人过街安全，以下地段不宜设置人行横道：弯道或纵坡变化路段；视距不足的地方；转弯车辆较多而又不能禁行的地方；瓶颈路段。

人行横道的最小宽度不宜小于3m，在此基础上，根据行人过街需求和行人过街横道通行能力适当增加，增加幅度以1m为单位。人行过街横道可能通行能力为2700人/（绿灯时间·m）。

2. 人行过街立交

人行过街立交包括人行天桥和人行地道，它的优点是彻底实现人车分离，尽量减少行人对路段交通流的影响。然而人行立交的投资较大，行人过街必须上下天桥或进出地道，从而增加了许多不便，而且天桥对周围环境也会产生诸如不协调等的影响。因此，在确实需要设置地方，才能发挥人行横道的最大效益，不然，反而会引起行人在天桥或地道之前乱穿道路，诱发交通事故。人行过街立交设置依据如下：

在路段上具备以下情况之一的可修建人行天桥或人行地道：过街行人密集、影响车辆交通、造成交通严重阻塞处；车流量很大、车头间距不能满足过街行人安全穿行需要，或车辆严重危及过街行人安全的路段；人流集中、火车车次频繁的铁路道口、行人穿过铁路易发生事故的地方。

在交叉口处过街行人严重影响通行能力时，可根据实际交通情况修建人行天桥或人行地道。结合其他地下设施的修建，考虑修建人行地道。

二、自行车交通

（一）自行车交通概述

1. 自行车分担比例

城市里几乎每个成年人都有一辆自行车。自行车交通是当前我国客运交通的重要组成部分，是近距离交通的有效方式，在城市客运出行结构中占有重要的地位。有资料表明，自行车出行量占城市总出行量的比例约为36%，大大超过公交客运量；100 万～200 万人的城市，自行车出行比例平均为 40% 左右，自行车与公交车出行量平均值之比为 72：28；不足 100 万人的城市，自行车出行比例为 40%～75%，平均为公共交通客运量的 13 倍。

2. 自行车交通特点

从城市可持续发展的角度看，自行车交通是一种"绿色交通"，具有诸多优点。

（1）灵活方便

在所有交通工具中，自行车是最简单灵活的。它服务于个人，属于个人交通，自主性强，能深入到城市的任何地方，真正实现门到门的服务。尤其是在近距离交通中，由于在时间、空间上比公共交通更具灵活性，因此对市民的吸引力非常大。

（2）行驶和停放占用空间小

自行车是占用道路面积较小的交通工具。据研究，3.5m 宽的行车道，机动车的通行能力约为 1000 辆/h，而自行车的通行量约为 3000 辆/h，约为小汽车的 3 倍，停放一辆小汽车的用地可以停放约 10 辆自行车。

（3）绿色环保

自行车是一种对环境无污染的"绿色"交通工具，而机动车交通方式都不可避免地产生废气、噪声和振动，其中汽车尾气还是城市大气污染的主要来源之一。自行车基本上不带来任何污染，这是国外提倡自行车的重要原因，也是国内支持自行车继续发展的重要依据。

（4）低能耗性

自行车由人力驱动，不消耗任何非再生性能源，因此在城市交通系统中具有独特的优势。

（5）经济廉价

在目前城市交通中，经济性和快捷性是乘客选择出行交通工具的主要因素。普通自行车一般价值几百元，为广大普通市民、学生等阶层所接受。不仅如此，自行车的维修费用和停车费用也大大低于汽车相应的费用，而且自行车不需要燃料费，也不用向交通管理部门交纳费用。

（6）骑自行车有利于健康

自行车具有灵活、方便、经济、污染小等优点，我国作为"自行车王国"，具有发展自行车的良好基础，充分利用现有的这一交通资源，建立合理的交通网络，对解决城市高速发展带来的交通拥挤和城市环境问题，具有重要的现实意义。但是，自行车交通也有不足之处。

自行车交通对时空的消耗远远大于公共交通。搭乘常规公交出行者的时空消耗仅为自行车出行的 1/10。大容量快速轨道交通的乘客时空消耗更小。自行车出行者在节约自身出行时间的同时，消耗了更多的公共资源。

自行车与机动车的混行，增加了环境污染，限制了公共交通的发展。道路上机动车和非机动车的混行，造成了路段上的交通拥挤和交叉口范围内的交织点和冲突点的增多。同时，非机动车的干扰，使公交车辆运行车速降低，增加了汽车尾气的排放量和噪声的污染。

因此，我们要认清自行车交通的优势和劣势，合理地发展自行车交通，使之更好地为人民服务。

（二）自行车交通发展策略

根据可持续发展的要求，结合自行车的交通特点，自行车应发挥其近距离出行优势，使之逐渐成为公共交通的补充，而不是主导出行方式，使自行车和公共交通有机结合、协调发展，重视在行驶过程中人和物的移动，而非车的移动，秉着"以人为本"的观点贯彻始终，更好地适应、支撑城市的发展。具体可以从以下几方面来发展：

规划合理完善的自行车交通网络系统，设置自行车专用道，机动车和非机动车分离，提高行车安全。

在公共交通车站、商业娱乐中心，以及居住地和工作地设置完善的自行车停车设施。加强自行车交通的管理，保障自行车交通的合理路权，在交叉口可以提供自行车专用车位，同时要严格执法，加强对自行车违章的处罚力度，保障交通安全。

完善自行车的车辆管理机制，加大对自行车盗窃团伙和销赃买赃的打击力度，为自行车的发展创造良好的社会环境。

提高社会的公德水准，增强市民的交通法制观念和交通安全意识，形成人人知法、守法的良好交通文化环境。

三、小汽车交通

（一）小汽车交通概述

随着我国汽车工业的发展，全国机动车保有量以每年 10% ~ 15% 的速度增长，特别是私人小汽车进入家庭的速度逐渐加快。据调查数据表明，当人均国内生产总值达到 1000 美元以上时，私人小汽车发展最快，按照我国城市经济发展趋势，私人小汽车将处于快速发展阶段。虽然小汽车的出现是居民生活水平提高的标志，从一定程度上提高了人们的生活水平和质量，但是由于中国城市用地有限，过度发展私人机动车交通，会使原本严重不足的城市交通设施雪上加霜，带来一系列的城市交通问题。小汽车交通是城市综合交通系统中不可缺少的组成部分，因此为了创造良好的生存环境、节约能源，应该合理发展小汽车交通。

（二）小汽车发展的利与弊

小汽车的发展是一把双刃剑，以其舒适、便捷、准时的运输方式受到了出行者的青睐。但是，它在给人们生活带来便利和促进经济发展的同时，也给城市交通和环境的发展带来各种各样的问题。

1. 发展小汽车的优点

（1）小汽车的发展有利于构建合理的交通结构

随着人们出行需求的快速增长，多样化的交通方式是出行者的迫切需要。不同城市居民出行的需求不同，出行的时间和空间也不相同，所以单一的方式不能满足日益增长的出行需求。由于小汽车可以实现门到门出行，能满足不同地区不同出行者的需求。

（2）小汽车的适当发展有利于构建合理的城市结构

拥有小汽车这样的便利交通工具，可以扩大居民的活动范围，使居民的就业和居住不再受范围限制，可以缓解因城市中心区开发密度过高，造成环境质量下降、用地紧张、交通拥挤等问题，有利于区域内城镇体系的合理规划和布局。

（3）小汽车的发展能够促进相关工业的发展

汽车产品涉及众多的工业部门，如冶金、石油、化工、电子、建材等部门。此外，汽车工业的发展还会带动相关服务业的迅速发展。汽车工业的发展对于调整产业结构、推动工业与国民经济的发展具有良好的作用。

2. 小汽车的弊端

（1）道路负荷严重

小汽车的过度发展将加重城市道路网的负荷。小汽车的乘客量一般为 2 ~ 4 人，它的运输效率很低。如果不对小汽车的发展加以控制，将会造成路网过度饱和，产生交通拥挤阻塞，爆发严重的交通问题。

（2）交通事故增加。

从宏观上看，汽车保有量的大小对交通事故的多少有着决定性的影响。小汽车的过量发展，加重了道路的负担，使产生交通事故的概率增大。

（3）环境污染严重

小汽车的无限制发展将使城市的环境质量急剧下降。小汽车排放的尾气含有大量的有毒气体，诱发呼吸道疾病。此外，小汽车噪声对居民日常生活干扰也很严重。

（三）小汽车发展策略

我国城市用地紧缺、能源短缺和环境容量对小汽车发展具有相当大的制约。为此，要制定合适的小汽车发展对策，既能充分发挥其优势，又能实现城市交通的可持续发展。

1. 适度限制小汽车拥有，而不影响汽车工业

随着经济的快速发展，小汽车进入家庭是不可避免的趋势，同时小汽车的发展，能够促进汽车工业的发展。建议城市制定制度，限制小汽车拥有且不危及汽车工业的政策。从小汽车拥有方面限制主要有以下对策：

（1）车辆配额和拥有证制度

车辆配额就是政府通过收税调控车辆拥有。根据这一原理，购买新车必须持有拥车证，而不同车辆的拥车证价格是由市场动态决定的。政府每年根据当前交通状况、能源供应、道路容量、环境容量公布本年度车辆增长率，即车辆配额。每年年初，根据上年报废车辆的总量，制定当年发放拥车证的总数。一个拥车证可以注册一辆新车，每个拥有证都有使用期限。当拥车证过了使用期限，车主如果要继续使用原来的汽车，必须根据最近几个月拥车证的平均价格购买下一个使用期限的拥车证。通过车辆配额制度可以适当地抑制长期范围内小汽车保有量的

增加。

（2）增加小汽车购置税

研究表明，城市居民购买小汽车的需求与汽车价格成弹性关系，即汽车价格上升，居民购车需求下降；居民收入增加，居民购车需求增加。通过增加小汽车购置税，可以适当抑制小汽车拥有量。

2. 合理引导小汽车使用的限制措施

在适度限制小汽车拥有的同时，要进一步运用经济杠杆的调控作用引导小汽车的合理使用。引导小汽车使用限制主要有以下对策：

（1）通过道路拥挤收费，减少小汽车的使用

道路拥挤收费是在特定时间段和路段对车辆实行收费，从时间和空间上调节交通量，减少繁忙时段和繁忙路段道路上的交通负荷，同时，还将促使客流向高容量的公交系统转移，达到缓解交通拥挤的目的。换句话说，拥挤收费是将由于交通拥挤而产生的外部负效应通过收费形式内部化，纠正过度使用道路的状况。拥挤收费带来的财政收入可以作为交通基础设施建设的资金来源和改善公交系统的补助，使交通系统处于良性循环。

（2）提高小汽车的停车费，减少小汽车的使用

小汽车的快速发展，使城市的停车设施规模相对短缺，对城区小汽车停车可以收取高的停车费，以控制城区小汽车的使用规模，使小汽车的使用适合城市道路交通设施的容量。征收燃油税，鼓励经济型小汽车的发展。

我国是一个能源消耗大国，经常有城市出现能源短缺现象。通过征收燃油税适当控制大功率小汽车使用，对于污染小、小排量、节能型小汽车应给予适当鼓励。因此，应大力发展经济型小汽车。

（3）合理控制出租车数量，降低出租车空驶率

目前，很多城市出租车空驶率高，大大增加了无效交通量。有些城市通过预约合用出租车，对相近地点要到达顺路线目的地的乘客可提供预约合用出租。

（4）适度限制公车的使用

目前，在城市小汽车中公车占有很大比例。公车在市区交通中的利用率远高于私车，因此在交通拥堵中的"贡献"也远甚于私车。为此，政府对公车的使用进行了必要的改革，采取了限制措施。

3. 合理引导小汽车使用的鼓励措施

（1）鼓励停车—换乘

建立城市停车—换乘（Park-and-Ride）系统，引导来自中心区以外的小汽车交通转换为公共交通，在市中心的路口及公共交通换乘枢纽，修建收费较低的小汽车停车场，鼓励在郊区及市中心往来的小汽车停车，乘客换乘公共交通工具进入市区，减少对中心城区的交通压力。例如，荷兰上班族可将小汽车停放在城市边缘而转乘地铁，地铁票甚至是免费的。

（2）鼓励"合乘"

在私车拥有量较高的住宅区，鼓励社区组织自愿合乘车辆出行，在使用费、停车费等收费政策上结合乘车优惠。鼓励小汽车乘满人数（4人）乘客少于3人的小汽车要受到交通限制。比如在美国，有许多地方鼓励多人合乘小汽车。他们规定道路最靠近中心分离线的车道只允许多人合乘的小汽车通行，在一些收费的桥梁和道路，多人合乘的小汽车可以免费通过。新加坡也实行鼓励多人乘车的政策。

第三节　城市公共交通

一、城市公交的结构特点与管理

在城市及其郊区范围内，为方便公众出行，用客运工具进行旅客运输，是城市交通的重要组成部分。城市公共交通对城市政治经济、文化教育、科学技术等方面的发展影响极大，也是城市建设的一个重要方面。

（一）结构及特点

世界各国城市公共交通事业的发展进程，受本国经济和科学技术水平的影响，差异较大，而且由于城市所在的地理环境和政治经济地位不同，城市公共交通结构也各具特色。在城市公共交通结构中一般主要包括公共汽车、无轨电车、有轨电车、快速有轨电车、地下铁道和出租汽车等客运营业系统。随着城市的发展，铁路市郊旅客运输亦成为重要组成部分。此外，有河湖流经的城市，公共交通系统中还包括有轮渡。在山区城市中，索道和缆车的运输也有所发展。磁悬浮客运交通以及无人驾驶的出租客车系统正处于试用阶段。

中小城市中以公共汽车、有轨电车、无轨电车等为主要客运工具，其特点是灵活机动，成本相对较低，一般是城市公共交通的主题。快速大运量公交通系统包括地铁、轻轨、高速铁路，该系统可以快速地运载大批量乘客，例如上海、北京、广州、武汉等，它运量大，速度快，可靠性高，并可促进城市土地开发及商业经济带的形成，但造价很高，一般作为城市公共交通的骨架。

辅助公共交通系统包括出租汽车、三轮车、摩托车、自行车，以满足乘客不同的出行要求，在城市公共交通中起着辅助和补充的作用。

特殊公共交通系统包括轮渡、缆车等，该类共交通受到地理条件的约束，一般在特殊条件下使用。现代大城市中，快速有轨电车、地下铁道等系统逐渐发展成为城市交通的骨干。公共交通工具有载量大，运送效率高，能源消耗低，相对污染小和运输成本低等优点，在交通干线上这些优点尤其明显。在中国的一些城市中，有些机关团体自备客车接送本单位职工上下班，它在客观上成为城市公共交通中的一支辅助力量。

公共自行车。我国最早实行公共自行车的城市是杭州，杭州融鼎科技在2008 年 5 月 1 日，率先运行公共自行车租赁系统，将自行车纳入公共交通领域，意图让慢行交通与公共交通"无缝对接"，破解交通末端"最后一公里"难题。

公共汽车。目前城市公共交通系统中的主要交通工具，一般的道路条件下，可以四通八达。小型公共汽车可在狭窄街区中开辟营业线路，乘用极为方便。发展公共汽车客运交通，设施简易，投资少，见效快。公共汽车在行驶中与其他车辆混行，互相避让和紧急制动是难免的，因此，安全性和舒适性较差。它的其他缺点是能源消耗量大，噪声高并有废气污染。

无轨电车。从架空触线上获取电能驱动行驶。由于电能可以从煤、重油、水力、天然气、核能、地热等多种能源转换而来，因此，在石油资源不足的国家和地区，以无轨电车为主要公共交通工具有明显的优点。无轨电车的客运能力和公共汽车属同一等级。无轨电车加速性能好，噪声小，而且没有废气污染，乘用时比较舒适。无轨电车通常不能离开架空触线行驶，机动性比公共汽车差。在开辟新线路时，要建设变配电系统和线网设施，因此建设费用较高，投资见效慢，而且架空触线影响市容。无轨电车通常无专用车道，在行驶中亦难免避让和紧急制动。为了提高无轨电车的机动性，一种双能源的无轨电车问世，它在通过十字路口或不容许架设架空触线的路段时，可改用内燃机或使用本车自带的蓄电池组供电驱动行驶。双能源无轨电车的集电杆，可由驾驶员操作脱离或自动捕捉架空触线。

有轨电车。在轻便轨道上行驶。它的优点是能源消耗低，结构简单，坚固耐用。其客运能力略高于无轨电车。旧式有轨电车噪声高，振动大，舒适性较差，轨道需要经常维护，一定程度上影响交通。在开辟新线路时，它比无轨电车的线路投资大，工期长，投资见效慢。

快速有轨电车。与其他车辆隔离运行，多在地面轨道上行驶。在经过交叉路口时，多采用立体交叉方式。在繁华市区可转入地下运行，也可以在高架线路上通过，建设费用低于地下铁道。快速有轨电车利用可控硅斩波调速，设有再生制动装置，节约能源。装有空气悬挂装置和弹性车轮等，在长轨铁道上行驶，可降低噪声，提高乘坐舒适性，具有良好的加速性能，运行速度高，行驶平稳、安全、可靠，运行准点程度可达秒级精度。快速有轨电车以单车或车组方式运行，客运能力高，是城市公共交通干线上较理想的客运工具。

地下铁道。大部分线路铺设在地面以下，运行中几乎不受外界环境变化的影响，而且有一定的抗战争和抗地震破坏的能力。它以车组方式运行，载量大，正点率高，安全舒适。在多条地下铁道的立体交叉点上，设有楼梯式电梯或垂直电梯，换乘极为方便。地下铁道的地面出入口，可以建设在最繁华的街区，也可以建设在大型百货商店或其他公共场所的建筑物内。在交通拥挤、行人密集、道路难以扩建的街区，地下铁道完全可以代替地面交通工具承担客运任务，并为把地面道路改造成环境优美的步行街区创造了条件。

（二）网络规划

城市公共交通网络规划是以客流分布为依据，应用系统工程学的理论，统筹优选城市公共交通地面及地下全部路线的起讫点、路径及各路线之间相互衔接的最佳布局方案。它是发展城市公共交通的基础工作。统筹优选的目标：乘客在上下车前后以及在中间换乘过程中平均步行距离短；平均换乘次数少；节约旅行时间；扬长避短，充分发挥各种运输方式的优势，在保证客运安全和乘用方便的前提下，使全系统总的能源消耗少，客运成本低，客运效率高。

（三）经营管理

城市公共交通企业属公益性企业。经营管理的基本方针是为公众出行服务，其经济效果主要见诸社会收益，而不是单纯地着眼于企业自身的盈利。企业发生的政策性亏损，一般由政府给予补贴。衡量城市公共交通企业经营管理水平的标准，首先是它对公众出行的安全、方便、及时、经济、舒适等要求的满足程度，其次是企业的经济效益。经营公共交通事业的企业，有国营、私营和联合经营三种。为了协调各公共交通系统的服务工作，在大中型城市中一般设立公共交通企业联合会或类似的管理机构。它们的任务是：制定统一的公共交通网络规划；协调各个公共交通企业之间的经营范围；协调和监督执行统一的行车时刻表；制定统一的票价政策和票价制度等。城市公共交通的运营方式通常有三种。

1. 定线定站服务

车辆按固定线路运行，沿线设有固定的站位，行车班次和行车时刻表完全按调度计划执行。在线路上行驶的车辆有全程车、区间车，有慢（各站均停）车，也有快（重点站停）车。

2. 定线不定站服务

车辆按固定线路运营服务。乘客可以在沿线任意地点要求停车上下，乘用非常方便。在线路上运行车辆的数量，根据客流变化情况自动调节。广州、北京的小型公共汽车、香港的"小巴"和马尼拉的"吉普尼"都属于这种运营方式。

3. 不定线不定站服务

不定线不定站服务，出租汽车运营方式，一般是 24 小时营业制，乘客可以电话要车或预约订车，也可以到营业点租乘或在街道上招手乘车。电子技术在城市公共交通企业经营管理工作中逐步地得到了推广应用。目前，电子技术已经能够为公共交通企业自动采集、整理和储存在经营管理方面所需要的各种技术数据，优选网络，编制运营计划和运行时刻表，对运行系统实现集中监测和调度，向乘客提供交通咨询服务，自动售票、检票，自动显示下一班车的到站时间和载客数量，以方便乘客候车等，提高了城市公共交通企业的运营服务质量和经济效益。

（四）发展政策

不少国家由于工业发展迅速，城市规模不断扩大，人口增多，私人轿车、摩托车、自行车等交通工具迅速发展，城市中的交通流量激增。由于私人交通工具载运量小、相对占用道路面积大，加之改建城市扩展道路又有许多实际困难，使城市道路建设速度跟不上交通流量的增长，因而在城市中出现了交通拥挤、车速下降、交通事故增加、噪声和空气污染日趋严重的现象，不仅浪费了能源，而且给公众出行带来了困难，职工上下班消耗在路上的时间越来越长。公共交通虽然不如私人交通工具乘用方便，但是它具有后者不能比拟的优点，特别是主要公共交通干线，可以转入地下高速运行，运送效率极高。因而优先发展城市公共交通不仅是解决城市交通拥挤、阻塞的措施，也是节约能源，改善城市环境，减少污染的重要途径。为了促进城市公共交通的发展，多数国家政府在经济上对城市公共交通事业采取了扶植政策。在交通法规上规定了公共交通优先的条款，颁布了一些限制私人交通工具发展的政策。有些国家规定：某些特别繁华、交通量又很大的市区为轿车及其他私人交通工具的禁驶区；某些路段在早晚高峰时禁止私人交通工具行驶；上下班时私人轿车必须合乘使用等。此外，还有些国家采取向私人购买石油者增收石油税等多种制约政策。

（五）城市公交的发展方向

1. 优先发展城市公共交通的政策，将被人们普遍接受，促进城市公共交通的发展。

2. 城市公共交通的可达性、接近性将有显著提高。公共交通网将进一步覆盖到城市中较狭窄的街道和郊区农村。小型公共汽车也会相应地发展起来。

3. 今后城市居民对交通安全、快速、节约出行时间和减少环境污染的要求越来越高，因此城市公共交通网络将继续朝着多层化方向发展，以电力为能源的交通工具将逐步增加，快速有轨电车和地下铁道交通的建设速度将明显加快。

4. 电子计算机和无线电通信技术被普遍应用，成为城市公共交通企业提高经营管理水平的重要技术手段。

5. 由于石油资源的短缺，城市公共交通的能源多样化将是一个发展趋势。交通电气化的比重将明显上升。

6. 磁悬浮列车等新交通体系将进入普及实用阶段。

7. 关于城市公共交通问题的研究将更加受到重视，并将得到迅速发展。

二、城市公交发展规划

城市公共交通是满足人民群众基本出行的社会公益性事业，是交通运输服务业的重要组成部分，与人民群众生产生活息息相关，与城市运行和经济发展密不可分，是一项重大的民生工程。推进城市公共交通行业健康发展，保证城市公共交通平稳有序运行，对于促进经济社会可持续发展、改善城市人居环境、促进城市文明、保障广大人民群众基本出行权益至关重要。我国国民经济快速增长，人民生活水平不断提高，工业化、城镇化、机动化进程深入推进。国家确立"公交优先"发展战略以来，各城市人民政府贯彻实施优先发展城市公共交通的方针政策，不断加大对城市公共交通发展的支持力度，取得了明显成效，公共交通基础设施逐步改善、线网密度不断加大、科技进步成效明显、服务水平和保障能力稳步提高。城市公共交通为改善人民群众基本出行、推进城市经济社会发展、缓解城市交通拥堵等发挥了重要的支撑作用。

（一）存在的问题

总体上看，目前我国城市公共交通发展仍然比较滞后，与城市经济社会快速发展、群众生活水平不断提高的需求还有一定差距，公交优先战略实施尚处于起步阶段，公共交通基础设施建设滞后、有效供给能力不足、运输效率以及服务质量不高的问题仍然比较突出，主要表现在以下几个方面：

1. 公共交通在城市交通系统中的主体地位尚未确立

公交优先战略没有得到全面落实，城市公共交通发展总体滞后的局面还没有得到根本转变，公共交通在城市交通系统中的主体地位没有确立。公交服务能力不足、高峰期运力紧张等问题较为突出，导致城市公共交通吸引力不高，公共交通在缓解城市拥堵、建设低碳交通等方面没有发挥应有的作用。

2. 公交服务质量与不断增长的出行需求还有较大差距

当前，我国城市公共交通体系结构单一，系统设施容量不足，公交线网密度和站点覆盖率偏低，公交服务水平不能满足群众多样化、多层次的交通需求。大运量快速公共交通起步较晚，在特大城市尚未形成以轨道交通和快速公共交通系统（BRT）为骨干、公共汽电车为主体、多种方式协调发展的公共交通服务网络系统，中小城市公交线路过少，发车频率过低。多数城市公共交通车速越来越低，候车时间长、准点率差、换乘不方便、舒适性不足等问题直接影响了公交与其他交通方式的竞争力和对公众出行的吸引力。同时公共交通线网覆盖不均衡，影响了公共交通服务的普遍性。部分城市公共交通企业存在重经济指标，轻服务质量，人员素质不高、服务意识不强、安全投入不足、信息化水平较低等问题，制约了公共交通服务质量的提高。

3. 公交基础设施建设仍显滞后

目前我国城市公共交通基础设施建设仍显滞后，历史欠账严重，许多城市在公交站点、场站、枢纽等设施建设以及车辆装备的配置更新方面得不到政府资金和政策的支持。部分城市在市区原有的公交换乘站、停车场、保养场等公交设施用地，由于土地增值而被政府收回用于其他开发项目，公交用地被蚕食、挤占的现象普遍。由于缺乏公交场站等必要的基础设施，全国主要中心城市公交车辆进场率普遍不足 60%，许多公交车辆只能在路边停靠，在城市街道上掉头，带来很大的安全隐患，不利于运营组织，同时对城市交通运行造成较大影响，严重制约了城市公共交通的正常运营和健康发展。

4. 公交发展缺乏稳定的资金来源

城市公共交通是人人均应享有的重大民生工程，同医疗、教育、环境保护等事业一样，是政府应当提供的基本公共服务，政府应当给予优先发展的财政扶持。但目前我国城市公共交通资金来源不稳定、资金投入不足等现象普遍存在。大中城市对公交企业新建公交设施的财政补贴率一般不足 10%。城市公共交通场站枢纽等基础设施建设、车辆配置更新、信息化及安全保障系统建设等均缺少财政资金支持。

另外，由于缺乏科学的公共交通企业成本核算制度和长效规范的补贴补偿机制，政府补贴不能及时到位，加之财政投入不足，导致城市公交企业经营困难，职工工资偏低，劳动强度过大，职工队伍不稳定，行业的可持续发展能力受到影响。

5. 城乡客运发展不协调

长期以来，由于我国城、乡二元化结构的存在，导致城市公共交通与道路客运班线一直处于二元管理状态。城市公交和客运班线发展规划不统一、税费政策不统一，城乡道路、场站、运力等资源难以共享和优化配置，经营成本和票价差距较大，城市公交和班线客运经营矛盾突出。城乡客运体系互不兼容，阻碍了城乡衔接，方便快捷的一体化客运网络建设，导致城乡公共客运服务不均等，农村和郊区居民进城难、出行不方便的问题突出，对统筹城乡协调发展造成较大障碍。

（二）城市公共交通发展面临的形势

我国经济社会快速发展，经济结构加速调整，对外开放日益扩大，城乡、区域一体化进程迅速推进，城镇化和机动化进程逐步加快，将是我国城市公共交通加快发展和迅速转型的关键时期，也是加快落实"公交优先"战略，实现城市公共交通优先发展、健康发展、科学发展的重要战略机遇期。全面落实公交优先发展战略，推进城市公共交通事业有序发展、健康发展是适应经济社会发展新形势、满足新需求的必然选择，是抢抓交通运输发展新机遇、应对新挑战的迫切需要。

1. 经济社会快速发展要求加快提高城市公共交通服务能力

我国城市人口基数大，密度高，低收入群体多，资源环境压力大，决定了我国城市交通发展必须走以公共交通为主导的集约化发展道路。公共交通是城市经济发展的"动脉"，是提升城市综合竞争力的关键环节，国民经济的持续增长必将带来居民出行需求的快速增长，安全可靠、经济高效、便捷舒适乃至个性化的出行需求不断增强。为应对经济社会发展的需要，必须加快推进城市公共交通优先发展，不断提高城市公共交通的服务能力、服务质量和服务效率，满足经济社会快速发展和人民群众日益增长的交通需求。

2. 城镇化进程不断推进要求加快提升城市公共交通服务的广度和深度

当前，我国正处于城镇化的快速发展阶段。我国城镇化进程以每年约1个百分点的速度增长，每年有1300多万人口从农村转入城市。在此背景下，城市公共交通需求日益旺盛，发展任务十分繁重。我国城市公共交通运力总量将继续保持快速增长态势，尤其是轨道交通运量将大幅增长。要求城市公共交通发展必须坚持以人为本，不断提高服务能力，加快结构调整，实现"量的扩张和质的提升"，加快提供高效率、多样化、高品质、公平普惠的客运服务，促进城乡客运一体化发展，实现基本公共服务的均等化。

3. 充分发挥公共交通在城市交通系统中的主导作用

我国城市交通发展面临的交通拥堵、环境污染、交通安全以及能源消耗等压力将日益严峻。在国家鼓励小汽车进入家庭宏观政策的引导下，小汽车保有量将持续快速增长，大城市交通拥堵不断加剧，迫切需要加快落实"公交优先"发展战略，不断提高城市公共交通的竞争力和吸引力，充分发挥公共交通在城市交通运输体系中的主导作用，降低公众对小汽车的依赖，引导城市交通集约化发展。为此，要加快转变城市公共交通发展方式，加大节能减排力度，加快公交信息化、智能化建设，不断提高运营效率，降低资源占用，缓解交通拥堵和资源环境压力，更加注重科学发展，为构建资源节约型、环境友好型社会做出贡献。

4. 加强城市公共交通与其他运输方式的协调发展

发展现代综合运输体系，加强各种运输方式的衔接和协调，加快构建综合运输网络，是交通运输发展的客观规律和新时期交通运输发展的显著特征。城市公共交通作为综合运输体系的重要组成部分，在强调自身发展的同时，必须加强与其他运输方式的衔接，不断完善网络布局，加快综合枢纽建设，加强信息资源整合，实现公共汽车、公共电车、轨道交通等公共交通系统内部的便捷换乘，以及城市公共交通与铁路、公路、水路、民航等交通运输方式的有效衔接，充分发挥各种运输方式的比较优势，提高综合运输体系的服务质量和运营效率。

5. 关注民生成为政府执政的核心目标要求城市公共交通实现又好又快发展

随着党中央、国务院和各级政府对民生问题的普遍关注，以及广大群众"绿色出行"理念的不断提升，"公交优先"战略将迎来难得的发展机遇和发展环境。城市公共交通进入结构优化、网络衔接和多方式一体化发展的新阶段，人民生活水平进一步提高，城市公共交通需求结构不断升级，新技术、新产品的推广应用也为加快城市公共交通发展创造了良好的条件。要抓住机遇，进一步提升城市公共交通服务效率和水平，推进城市公共交通又好又快发展，实现公共交通这项民生工程的科学化和优质化。

三、BRT 交通

快速公交系统（Bus Rapid Transi，BRT），是一种介于快速轨道交通（Rapid Rail Transit，RRT）与常规公交（Normal Bus Transit，NBT）之间的新型公共客运系统，是一种大运量交通方式，通常被称作"地面上的地铁系统"。它是利用现代化公交技术配合智能交通和运营管理，开辟公交专用道路和建造新式公交车站，实现轨道交通运营服务，达到轻轨服务水准的一种独特的城市客运系统。

快速公交系统 30 年前起源于巴西的库里蒂巴市，与此同时，世界上许多城市通过仿效库里蒂巴市的经验，开发改良建设了不同类型的快速公交系统。BRT系统在类型、容量和表现形式上的多样性，反映出它在运营方面广阔的发展空间以及大运量公交系统与生俱来的灵活性。BRT 既适用于一个拥有几十万人口的小城市，也适用于特大型都市。快速公交系统是一种高品质、高效率、低能耗、低污染、低成本的公共交通形式，充分体现了以人为本，构建和谐社会的发展理念。快速公交系统采用先进的公共交通车辆和高品质的服务设施，通过专用道路空间实现快捷、准时、舒适和安全的服务。

（一）组成部分

1. 专用路权

通过设置全时段、全封闭、形式多样的公交专用道，提高快速公交的运营速度、准点率和安全性。

2. 先进的车辆

配置大容量、高性能、低排放、舒适的公交车辆，确保快速公交的大运量、舒适、快捷和智能化的服务。

3. 设施齐备的车站

提供水平登乘、车外售检票、实时信息监控系统和有景观特色的建筑为乘客提供安全、舒适的候车环境与快速方便的上下车服务。乘客需求的线路组织采用直达线、大站快运、常规线、区间线和支线等灵活的运营组织方式，更好地满足乘客的出行需求。

4. 智能化的运营管理系统

运用自动车辆定位、实时营运信息、交通信号优先、先进车辆调度，提高快速公交的营运水平。

（二）建设目的

由于机动车发展过快，导致能源紧缺、能源价格昂贵，城市交通日益拥堵，城市环境恶化，快速公交系统被国际公认是应对上述城市交通问题的有效手段。世界上交通拥堵状况严重的城市，无论是发达国家还是发展中国家都正在纷纷实施快速公交系统。

一个城市进行基础设施建设的核心思想，应该是提高居民生活质量和保护环境并重。发展建设公共交通系统，可以顺应以上两点需要，一个高效、可靠的公共交通系统，通过减少小汽车的使用率、减缓交通拥堵、减少车辆污染物排放、降低能耗，以及大容量地集散乘客，可以保护环境、节约自然资源、节省居民出行时间、保护公众健康、刺激经济发展、降低对原油的依赖、促进社会平等、维护城市和谐、加强社区凝聚力。建设快速公交系统可以解决城市交通拥堵。随着城市化进程的加快，机动车数量集聚增加，许多城市的道路交通拥挤程度日益严重，公共汽车的运营服务水平逐渐下降，特别是公交的运营车速低于每小时 15公里。公交出行速度慢、准点率低、舒适性差是公共交通中存在的主要问题。许多人也许会担心，开辟公交快速专用道后，城市紧张的道路资源会不会更加紧张，城市的道路拥堵是否会更加严重。因此，我们应厘清城市道路资源的分配原则，减少不必要的担忧。

按照正确的城市道路管理理念，城市的道路资源不应该是按照"车"来分配的，而是按照车辆运载的"人"来分配的，一种车辆运载的人越多，那它就应该享受更多的道路资源。所以，同一道路上快速公交车道畅通无阻，普通车道拥挤不堪，这对车辆不公平，但对人是公平的。开私家车或者乘出租车出行，你将获得舒适与自由，但同时你将不得不面临可能的道路拥堵。如果你选择快速公交，那么，也许你的乘车环境不是那么舒适自由，但你却可以避开拥堵，获得便利和快捷。一条行车道如果供小汽车使用，即使十分拥堵，每小时最多只能通过 700辆车，2000 人左右，如果该车道专供快速公交使用，虽然每小时只能通过 100辆快速公交车，但却可以运送 15000 人左右。在中国人多路少的状况下，快速公交系统有效地利用了少部分的道路资源却可以保障大部分人群在城市中的流动。

（三）优势

快速公交系统可以解决走廊内公交车的拥挤和延误等问题，对城市而言，有极其重要的收益和好处。

1. 乘客节省时间

乘客节省时间是实施快速公交系统的最主要收益。乘客乘坐快速公交系统的出行速度要比乘坐目前的公交车快得多。

2. 舒适和方便性

除了节省时间，快速公交系统乘客的乘车体验也会得到极大改善：乘客不再像以前一样，在日晒雨淋下候车；快速公交系统的车站十分宽敞，车站尺寸按乘客人数设计。乘客不会像以前一样，在狭小而拥挤的站台候车。现在高峰时段，很多车十分拥挤，乘客甚至不能挤上公共汽车。快速公交系统运力得到极大提高，可以有效解决这个问题，安全性得到提高和改善。由于采用水平上下车，上下车变得更容易，乘客不必焦急地等待下一辆车，下辆车的到站信息和线路号码都会在电子站牌上显示出来。快速公交系统根据目的地不同，合理安排线路停靠不同的子站。这意味着（不像现在这样）乘客可以在同一个子站等候那些目的地大方向相同的线路，可选性更强。快速公交系统车辆内部十分宽敞和舒适，上下车更加方便和快捷。

3. 改善混合交通情况

快速公交系统对于快速公交走廊沿线的混合交通将产生重大、积极的影响。从常规交通中抽出并纳入快速公交系统走廊，公交车辆、社会车流的运行速度将得到有效提高，缓解城市的交通拥挤，可以提供舒适的乘车环境，节约市民出行时间，相比轨道交通可以节省巨额的投资建设费用，平衡城市交通方式的发展，提升城市的生活环境质量。

4. 节约运营成本

实施快速公交系统后公交车的行驶速度要比以前快得多，同时因为使用载客量较大的车辆，所以车辆数量大大减少。从运营角度看，所需车辆数目的减少不仅意味着购置车辆费用的减少，还意味着燃料、维护、司机、存放和其他方面成本的减少。

5. 改善驾驶员的工作条件

快速公交系统车辆驾驶员的工作环境得到改善，驾驶环境变得更舒适，设备更先进。较高的行驶速度、不受其他车辆影响和干扰的专用车道、车外售检票（意味着驾驶员不必再监督上车人是否投币或刷卡），极大减轻了司机的工作压力。

6. 改善条件

快速公交系统将首先为沿线受时间和出行费用所限的人群带来更多的工作和商业机遇。出行时间和费用的节省使得他们有更多机遇接触到更多的人和更好的工作机会。

7. 提高生产力和投资环境

快速公交系统可以节省乘客、社会车辆时间，对于商业来说意味着加快和缩短货物周转时间，不仅是在快速公交系统走廊内，对全市其他路段也是如此。快速公交系统走廊沿线的商铺和娱乐业，以及公交运营公司和相关附属服务产业也会从中直接受益。同时，由于员工压力减轻，生长率提高，商业也会得到收益。例如，快速公交系统的建设为厦门开创一个新的市场和商机。以前前往集美同安地区耗时多，但是修建快速公交系统后，从市中心到集美同安不到半个小时就可以到达。从更深的社会层面看，通过实施快速公交系统，满足群众出行需要和改善公共空间后，可以加强公众对城市自豪感和归属感，包括那些在一期走廊沿线聚居着的大量低收入人群，他们无须花太多钱就可以满足出行需要，并且节省时间。快速公交系统还可以提升城市的现代化都市形象。快速公交系统可以极大提高乘客舒适性，提供类似地铁的服务水平。通过修建快速公交系统还可以改善其他机动车辆的交通状况，尤其是在快速公交系统走廊内。快速公交系统对改善空气质量也有好处。快速公交系统还能节省燃料和能源消耗，从另一方面改善空气质量。快速公交系统走廊沿线的土地将会得到升值。政府可以引导土地发展。

（四）相关技术

由于乘客流量极大，使用铰接式的公交车是合理的。快速公交系统车辆的关键设计要素如下：公交车的长度通常为18米左右。公交车的地板高度与车站站台相同。公交车的车门应该尽可能多。铰接式的公交车通常在靠近快速公交系统站台的一侧有三个门。公交车辆的右侧开门，以便公交车也可以在快速公交系统走廊外的混合交通道路上行驶。公交车右侧至少应该安装三个车门，如果乘客要在快速公交系统走廊以外乘坐车辆，可以从前门和后面上车，在中门和后门下车。公交车内应该配有空调系统，同时快速公交系统车辆应该遵循快速公交系统严格一致的技术规格。

（五）BRT 定位为"快、准、捷、廉"

一是快捷，主要依靠设立专用车道、信号优先系统等实现，停靠站时间比普通公交短。

二是准时，通过 GPS 调度系统，使 BRT 车辆准时。

三是方便，在线路的设置上，逐步完善、延伸，在班次的安排上，比普通公交密度大。同时，通过加密普通公交，方便市民换乘。

四是廉价，实行低票价，享受公交的政策，财政给予一定补贴。智能交通系统的应用快速公交系统需要很多 ITS 的设施，如交通信号、乘客信息、收费与一体化系统、运营控制和通讯，以及系统控制中心。在快速公交系统中应用 ITS 主要有两个目的：对公交运营商的管理和乘客信息系统。

（六）停车换乘

为小汽车驾驶员和自行车骑行人提供的停车换乘设施，包括：在接近公交走廊结束的地方提供停车场所，驾驶员 / 骑车人可以将车开到临近快速公交系统走廊的路边换乘站停放小车 / 自行车，并换乘公交车进入城市中心。停车换乘可以使整个城市、汽车驾驶员、土地开发商以及快速公交系统都得到收益。

停车换乘促进了出行模式从小汽车到快速公交系统的一种直接转换，减少了驶入城市中心的小汽车数量，也减少了拥堵及其带来的相关问题。停车换乘可以带来额外客流，使快速公交系统受益，也可以减少出行时间，为进城提供更舒适、更高效的旅程，还可以节省停车费用，使小汽车驾驶员受益。同时，通过主要商业发展区（如购物中心）与停车换乘相结合后激发的潜能，使得土地开发商获得更大的效益。

（七）车站设计

车站的设计要能保证大量的公交车和乘客快速通行。车站的设计也是快速公交系统能否成功的要素之一，车站设计不仅能够确保提供足够的乘客候车区域，还能够保证快速公交系统车辆在走廊内的运行速度保持在 30 公里 / 小时以上。快速公交系统车站的设计应该具有与众不同的风格，从而向乘客展示：快速公交系统是一个高品质的系统。快速公交系统车站的设计具有审美感染力。座位、通风、遮阳 / 遮雨棚、安全设施、耐用材料、照明及乘客信息系统都是快速公交系统站台设计的特色所在。

第六章 智能交通系统

第一节 智能交通系统的建设

一、智能交通系统整体概述

二十世纪六七十年代科学家们发现，在交通高峰时期，有相当一部分道路仍然很畅通。于是他们设想：如果能够及时地将道路网的交通信息告诉驾驶员，提示他们绕行拥堵路段，将车辆有效地分布在道路网中，就可以缩短人们的出行时间。但在当时，如何采集主要道路上的实时交通状况数据，如何传输和处理这些数据，如何将信息传给道路的使用者等一系列问题都无法解决。

20世纪80年代末，电子技术、通信技术和计算机技术得到了充分发展，欧洲开展了道路、车辆专用信息系统计划，美国开展了MAYDAY、PATH项目等。科学家们发现，将电子信息技术引入运输系统，不但有可能解决交通拥堵，而且对交通安全、交通事故的处理与救援、客货运输管理、高速公路收费系统等方面都会产生巨大影响。他们不断扩大研究、开发和试验的范围，逐步在应用电子信息技术提高交通运输的效率和安全性方面形成了一个专门的领域。1994年，科学家和工程技术专家在法国的巴黎集会，将交通和运输服务的系统定名为"智能交通系统"，英文Intelligent Transport System，这就是ITS的由来。

从世界范围看，很难给ITS一个准确定义，这里引用文献对ITS进行整体描述：ITS是对通信、控制和信息处理技术在运输系统中集成应用的通称，这种集成应用产生的综合效益主要体现在挽救生命、时间和金钱的节省，能耗的降低以及改善环境。ITS 是灵活的并且可以用广义和狭义的方式进行解释，在欧洲支撑 ITS 的技术群被定义为"运输的远程信息处理"。ITS 涵盖了所有的运输方式，并考虑运输系统动态的、相互作用的所有要素——汽车、基础设施、驾驶人或用户。ITS 的总体功能是通过改进（通常是实时地）交通网络的管理者和其他用户的决策，改善整个运输系统的运行。ITS 的这一定义包含一个技术和方法组成的宽阔的阵列，通过独立的技术应用或是作为其他运输策略的增强因素达到预期目的。

不论是静态或实时的交通数据以及数据地图，信息是 ITS 技术的核心。许多 ITS 工具是以信息的收集、处理、集成和提供为基础的。ITS 产生的数据通过网络提供当前状态的实时信息或为旅行规划服务的在线信息，使公路管理部门和机构、道路运营商、公共交通和商业运输提供商以及个体出行者，制定出有更好的信息支撑的、更安全的、更协调和更智慧的决策或更灵活的运输网络应用。

从以上的表述中，可以看出，ITS 不像一般的单项技术或者单一学科有明确的定义，它在美国和欧洲有不同的定义，有广义和狭义的解释，它是一系列工具，而且还不能成为一门完整的学科。

二、我国智能交通系统的建设发展

（一）智能交通系统在我国的发展

ITS 作为跨世纪经济增长点和交通系统建设必然选择的重要性已得到国家相关部门的高度重视。交通部紧紧抓住公路收费这个政府和老百姓关心的问题，以联网收费为突破口，出台了联网收费暂行技术要求，保证大范围内的统一和兼容。高效有序的交通系统无疑是成功举办奥运会的保障条件之一。北京市已经展开了智能交通系统规划研究。该专项的主要内容有：智能交通管理系统示范工程；智能停车诱导系统示范工程；先进的公共交通管理系统示范工程；综合交通信息平台示范工程。由此看来，智能交通系统离我们越来越近，它带给人们的无疑是更大的方便与快捷，使道路交通变得越来越有序。

（二）智能交通系统所具备的功效

现代城市迅速发展，我国交通拥堵现象日益加剧，交通事故不断增加，交通问题越来越引起人们的关注。因此，更好地协调人、车、路三者关系，成为交管部门面临的重要问题。建立智能交通（ITS）体系势在必行。

1. 智能交通系统的组成

智能交通系统能实现整个交通监控系统的统一控制、协调和管理，采用符合工业标准的通信和系统集成技术，具有稳定性好、可靠性高的优点。智能交通系统，主要由车辆交通参数检测、车辆异常行为检测、车辆拥堵检测与控制疏导、车辆不停车收费、车辆 3G 定位与跟踪、道路治安卡口检测、车辆牌号自动识别与车辆违章检测的电子警察等八个子系统组成。这些子系统检测通过城市有线或无线网络传送到交通监控管理与指挥中心，通过交通管理控制软件，再通过网络去控制和指挥前端的子系统。在智能交通系统的通信中，可以采用数传电台、GSM 短消息、光纤接入等方式。目前多采用移动网络 GPRS 与 CDMA 传输的通信方式。城市道路交通控制主要是对交通信号的控制。而交叉口处的交通信号灯是城市道路网中的主要控制设施，但定时的交通信号灯影响交通网络的运行效率，因此信号灯必须以最优控制策略存在，即根据车辆实际运行情况自适应地控制红绿信号灯的转换，减小道路网络中所有车辆的行程时间，达到城市道路的最大畅通。

2. 车辆交通参数检测系统

车辆交通参数检测系统，能识别车辆的形状、颜色、类型、车速、车流量、道路占有率以及是否有非法停靠、是否有故障车辆等。并且，将这些交通参数反馈给交通监控管理中心，利于交通管理。目前，车辆交通参数检测的方法很多：磁感应车辆检测器、微波雷达车辆检测器、超声波车辆检测器、红外线车辆检测器、激光车辆检测器、无线车辆检测器与视频车辆检测器等。其中以视频车辆检测器所检测的交通参数最为齐全，且所采集图像的摄像机还可与道路监控摄像机兼容，便于识别与跟踪，是现代智能交通 ITS 中车辆检测的最佳选择与发展方向。实际上，视频车辆检测系统是利用已建立的交通电视监控系统的信息资源（即交通数据的采集），采用先进的计算机图像处理及模糊识别技术，实现处理连续动态的道路交通监测图像，获得分类交通参数的一个检测系统。它可以单独建立，如在道路上合适的地点安装摄像机，也可以建立在道路监控系统基础上。通常，现在比较流行的做法是将视频车辆检测系统建立在道路监控系统之上。根据检测到的用于事件有关的数据，可以产生不同的报警，当探测某一事件发生时，系统会自动产生报警，并提醒工作人员，工作人员可从图像上了解事件发生的地点以及地点的交通状况，及时采取措施或指挥就近的有关人员救护，减少事故的再发生。

3. 违章检测的电子警察系统

违章检测的电子警察系统主要由机动车闯红灯、超速、逆行、压黄线等违章子系统组成。

4. 收费站不停车收费系统

收费站不停车收费系统主要用于高速公路、城市入口等收费站的不停车收费，以利于车辆通行，解决交通瓶颈。

5. 车辆异常行为检测系统

车辆异常行为检测系统，可用来检测车辆行驶行为，当检测到车辆行驶异常时，立即进行预/报警。通常，系统首先通过背景减除提取运动图像，并进行跟踪和目标类型识别。比如有一辆汽车驶入人行道时，系统会自动在该车周围打出两个红色问号，表示其行驶异常，同时发出警报声，以引起监控人员注意。当车辆退出人行道后，红色问号消失，警报解除。又如一辆小汽车快速在停车场或高速公路收费广场逆行，这时系统会在其周围打出两个红色惊叹号，并发出警报声，表示其行驶行为发生异常。再如，那种频繁超越各车道正常行驶车辆的超速行驶的车辆，多为被劫或逃窜等车辆，也属行驶行为异常车辆，这时系统要发出急促的警报声等。这种车辆异常行为检测系统，尤其在城市道路监控中有非常大的作用。显然，这种智能化功能的实现，可以在无人巡视的条件下，检测识别车辆的异常行为，如车辆驶入绿化草地、人行道、逆行、超速、行驶过程突然停下横挡车辆冲出入实施抢劫与绑架等违法违章行为，均能自动检测，并立即进行预/报警，从而实现高效智能化的交通管理。

6. 交通拥堵检测及自动疏导控制系统

交通拥堵检测及自动疏导系统，能统计通过的车辆数与检测交通拥堵，并通过交通信息牌和无线台对交通进行自动疏导。同时，还可根据实际拥堵情况，在十字路口自适应地控制红绿灯的转换时间，以自动疏导车辆，使交通通畅。在视频检测系统中，为了及时有效地发现交通拥挤现象，在系统上端软件中加入了"常发性拥挤自动检测及警告"模块。当交通拥挤发生时，从行程速度参数上反映交通流变化最敏感，交通量次之，因而利用视频检测技术和拥挤检测算法，可以准确及时地得到交通流量、行程速度及车道占有率和交通延误等交通参数。其中后 3 个参数是传统检测方法无法准确得到的，从而实现对道路拥挤程度的直接测量。如果有拥挤，就发出警告，并根据实际情况自适应地控制红绿灯的转换时间，不是固定的转换时间。此外，交通管理中心还利用这些数据，在发生交通堵塞或交通事故时迅速采取措施。同时，交通管理中心把采集的交通数据处理后，通过道路上的电子显示屏或交通电台等途径传给司机，有助于疏通车流、减缓交通拥挤，并使司机提高警惕，防止事故发生，以优化行车路线。

7. 道路治安卡口机动车检测系统

道路治安卡口机动车视频检测系统一般用于城市道路或高速公路出入口、收费站及重点治安地段的治安卡口。

该系统可自动识别过往卡口的车辆牌号与车牌特征，自动核对黑名单库，验证车辆合法身份。此外，对路口情况进行监控和管理，包括出入口车辆的采集、统计、存贮数据和系统工作状态，以便工作人员对道路交通安全进行监控、统计、查询和打印报表等工作。道路治安卡口机动车视频检测系统的工作原理是：根据每一车辆对应唯一的车牌号，通过近景与远景摄像机对路口过往车辆车牌号图像和车辆全景图像进行连续全天候实时记录，并自动识别车牌号。通常，系统通过高清晰摄像机及高倍率自动光圈镜头，对路口交通状况实施监视，在监控室，还可通过系统遥控前端的摄像机转动、控制镜头的调焦、变倍。为保证系统得到高清晰度的图像，晚间还可自动开启道路上所配置的路灯等灯光设施。在与对应地区的车管库相连接的情况下，可对比分析当前过往车辆是否为合法车辆，发现违法车辆自动报警。并且，及时准确地为系统提供相应车辆的车型、颜色、车牌号、行驶方向、车速、经过时间等各种参数，并保存到数据库，同时数据具备联网查询功能。利用这种道路治安卡口机动车视频检测系统，检测识别车辆的违规，如闯红灯、超速、逆行与非法停靠等。

8. 利用 3G 的车辆定位控制与跟踪系统

全球定位系统 GPS 应用于移动目标的监控，有着比其他监控手段无法比拟的优势。利用 3G，即 CPS、GIS、CSMD 的车辆定位监控系统，是对各种车辆实施定位跟踪、监控、调度管理提出比较理想的解决方案。该系统采用 GPS 全球卫星定位技术对移动目标进行实时定位；利用 GSM 全球移动通信技术即 GSM 数字移动通信网络进行实时数据传输；利用 GIS 地理信息处理技术即以 GIS 电子地图和空间信息系统为支撑平台。同时，采用大容量数据采集技术和大容量数据存储等计算机网络通信与数据处理技术，尽可能多地采集并记录车辆行驶过程中大量的数据信息，自动生成图形和数据，进行统计、比较、分析、列表，从而提高车辆营运管理工作的效率。因此，利用 3G 的车辆定位监控系统，能够实现对车、船等移动目标的精确定位跟踪、监控报警、反劫防盗、指挥调度和信息查询管理等。

3G 的系统具有定位精度高、稳定性强、使用效果好等特点。实际上，3G 的车辆定位跟踪的智能监控系统是由 GPS 卫星定位系统和地面移动通信系统两大部分组成。其中，地面移动通信系统是由指挥监控中心、车载移动单元和 GSM 通信网络三部分组成。车载移动单元设备可以为指挥监控中心实时提供每一个移动目标的最新定位数据、运行状况和报警信息等，并自动记录这些信息以便事后查询分析，因而也是用户终端。监控中心接收车载移动单元传送来的车辆 GPS 定位数据信息，并对车辆的报警和调度信息进行处理，通过 GIS 地图匹配，在电子地图上实时显示车辆当前精确位置，实现对车辆的定位跟踪、监控防盗、反劫报警、指挥调度等功能；同时通过 GSM 无线通信网络进行数据、语音、图像的传输。即向指定的车载台发送各种控制指令，实现对车辆的远程控制和信息查询等服务。

实际上，该系统主要用于车辆的定位，使监控管理中心通过 GIS 电子地图知道车辆的位置，如遇抢劫，能实施报警、跟踪该车辆的行踪。

9. 车辆牌号自动识别系统

车辆牌号自动识别系统也是 ITS 系统中必不可少的，它能将输入的汽车及车牌图像通过处理识别，输出为几个字节大小的车牌字符串，无论在存储空间的占用上还是与管理数据库相连方面，都有无可比拟的优越性。在大型停车场，交通部门的违章监测、电子警察、高速公路及桥梁的收费站管理等方面，有着广泛的应用前景。如识别是遇盗或逃犯的车牌号，就立即自动报警。一般，采用计算机视觉技术识别车牌的流程通常都包括车辆图像采集、车牌定位、字符分割、光学字符识别、输出识别结果五个步骤。车辆图像的采集方式决定车牌识别的技术路线。

目前国际 ITS 通行的两条主流技术路线是自然光和红外光图像采集识别。自然光和红外光不会对人体产生不良心理影响，也不会对环境产生新的电子污染，属于绿色环保技术。自然光方式是指白天利用自然光线，夜间采用辅助照明光源，用彩色摄像机采集车辆真彩色图像，然后用彩色图像分析处理方法识别车牌。自然光真彩色识别与人眼感光习惯一致，并且真彩色图像能够反映车辆及其周围环境真实的图像信息，不仅可以用来识别车牌照，而且可以用来识别车牌照颜色、车流量、车型、车颜色等车辆特征。用一个摄像机采集的图像，同时实现所有前端基本视频信息采集、识别和人工辅助图像取证判别。红外光方式是指利用车牌反光和红外光的光学特性，用红外摄像机采集车辆灰度图像，由于红外特性，车辆图像上几乎只能看见车牌，然后用黑白图像处理方法识别车牌。950nm的红外照明装置可抓拍到很好的反光车牌照图像。因红外光是不可见光，它不会对驾驶员产生视觉影响。此外，红外照明装置提供的是不变的光，所抓拍的图像都是一样的，不论是在一天中最明亮的时候，还是一天中最暗的时候。但在白天，有时会看到一些牌照周围的细节，这是因为晴朗天气时太阳光的红外光波的影响。采用红外灯的缺点是所捕获的车牌照图像不是彩色的，不能获取整车图像，并且还严重依赖车牌反光材料。

第二节　智能交通的应用

一、出行者信息服务

日常生活中，我们上下班、购物、去饭店都离不开交通，在信息化高度发展的今天，如何应用先进的技术使人们的出行变得更加方便、高效、安全呢。比如我们想知道走哪条路是到达目的地的最快路径，哪些路段因突发事件发生拥堵，哪些道路正在封闭施工，哪条高速路受天气影响已封……诸如此类交通出行信息，现在即可通过网络、广播、电话、导航仪等多种手段获得，而出行者信息系统正是实现这些服务的背后支撑系统。

（一）从纸质地图到电子地图

人类在信息传播方面有三项重大发明，即语言、音乐和地图，其中最古老的是地图。古代地图经历了从陶片到丝织再到羊皮最后到纸质的发展过程，地图大多以纸张、布或其他可见真实大小的物体为载体，地图内容是绘制或印制在这些载体上的。20世纪60年代，随着航空摄影技术、卫星导航、计算机制图技术的飞速发展，突破了传统地图在时间和空间上的局限性，地图内容得到了极大丰富，人们出行必备纸质地图正在逐步被电子地图取代。

电子地图，即数字地图，是利用计算机技术，以数字方式存储和查阅的地图。电子地图需要通过专用的计算机软件对地图内容进行显示、读取检索、分析，表示的信息量远远大于普通地图，如公路在普通地图上用线划表示位置，线的形状、宽度、颜色等不同符号表示公路的等级及其他信息。在电子地图上，通过一串X、Y坐标表示位置，电子地图上的线划属性可以有很多，比如公路等级、名称、路面材料、起记点名称、路宽、长度、交通流量等信息都可以作为一条道路的属性被记录下来，能够比较全面地描述道路的情况，并且可以用三维立体的形式将这些内容直观地表现出来，这是普通地图简单的符号不可能表达的。

电子地图的用处：可以用来方便地查找各种场所、各种位置；通过地图查找一些出行的路线。例如，坐公交怎么坐，开车怎么走，选择什么路线，等等。同时可以了解其他信息。在地图上除了可以看到地理位置外，还可以知道电话、联系人，以及了解一家公司提供的产品和服务等信息，也可以在地图上发布信息，如餐饮信息、娱乐信息等。

电子地图可以表达的信息主要包括三大类别：地理空间框架信息，这是电子地图定位基础和专题信息集成的载体，包括各种平面和高程控制点建筑物、道路、水系、境界、地形、植被、地名及相关的属性信息。遥感影像信息，传统的线划地图不仅建立周期长、更新困难而且比较抽象，与符号化的线划地图相比，遥感影像具有真实性、直观性、实时性等优点。各类专题信息，包括社会经济信息、交通信息、公共服务设施信息和兴趣点信息，如地名、地址城市道路、公交线路、公交站点、加油站停车场、政府机关、社会团体、企事业单位、学校、医院、宾馆、商场、购物中心、银行、旅游线路、名胜公园等。

电子地图正在逐步走入人们的生活，成为出行不可缺少的关键工具。国内较为成熟的电子地图网站主要有：城市吧（三维地图）、高德地图、baidu 地图等。电子地图同样为智能交通系统的发展提供了基础，智能交通以电子地图为背景，借助实时交通信息、通信网络、定位系统和智能化分析、发布系统等，缓解道路拥堵和减少交通事故，提高驾车者的方便性和舒适性。在电子地图基础上构建的数字城市，将有关道路的各种信息（如道路状况、危险警告、收费地点、停车场所等）组织起来加入系统，实时接收相关的最新信息（如道路灾害信息、事故发生地点等），据此人们可以准确选择最佳路径，节省驾驶人员的时间，减少能源的消耗及对大气的污染。并且随着其科技含量的提高和使用的便捷，电子地图的使用范围和发挥的作用将远远超出人们的预料，发展前景令人向往。

（二）先进的出行者信息系统

先进的出行者信息系统是美国等国家在 ITS 初期框架中提出的概念，可以定义为："收集相关的交通信息，分析、传递、提供信息，从而在从起点到终点的出行过程中，向路面运输中的出行者提供帮助，使整个出行过程舒适、方便、高效。"ATIS 即（Automatic Terminal Information Services，简称 ATIS 或情报通播）自动终端情报服务。出行前通过计算机终端、咨询电话、咨询广播系统等，查看当前的交通和道路状况以及服务信息，帮助出行者选择出行方式、出行时间和出行路线。在出行途中，通过车载信息单元或路边动态信息显示板，向出行者提供道路条件、交通状况、车辆运行情况、交通服务的实时信息，通过路径诱导系统对车辆定位和导航，引导汽车始终行驶最佳路线上，使出行者以最佳的出行方式和路线到达目的地。

二、高速公路上的智能化

在沪陕高速公路（G40）、沈海高速公路（G15）上，可以看到路侧警示，乍一看，还真以为是辆警车，背面滚动显示着"减速慢行"的警示语。其实，它是一个高速公路仿真警车，利用太阳能供电，在顺畅的高速公路上起到速度提醒，

交通工程与信息化建设

注意安全的作用。这种仿真警车，还用在快速路、桥梁上，比如浦东方向从杨高路上南浦大桥，也可以看到这样一辆仿真警车。

坐着旅游大巴从上海去外地旅游，一路上我们会发现，在不同的高速公路收费站，有时驾驶员基本不用停车就可以通过，有时又要拿卡、又要付费找零，有时还要排很长时间的队。这主要是因为高速公路收费方式不同引起的，前者就是ETC——电子不停车收费。太阳能仿真警车安全提醒、联网收费、ETC、动态称重……都是高速公路上的智能化。

（一）高速公路收费

按人工参与程度，高速公路收费系统分为以下几种：人工收费、半自动收费及全自动收费。

人工收费是早期普遍使用的收费方式，它基本不用计算机，在每个收费站由人工进行车型识别、套用收费标准、收取通行费、发放收据及放行车辆等操作。目前上海已经不再使用这种收费方式。

半自动收费是指以非接触式 IC 卡作为通行证的 MTC 收费方式，目前国内使用最为广泛。它由人工和计算机共同完成收费工作。由人工（或仪器）识别车型，人工发放和回收通行卡、人工收费，计算机自动结算通行费用、打印票据，并对计费、打印数据汇总等工作进行管理。

全自动收费，又名电子不停车收费 ETC，是利用车辆自动识别技术，通过天线实现车道控制与车载电子标签的数据交换，实现不停车自动收费的全电子收费系统。它一般不采用现金方式，而是利用计算机联网技术与银行进行后台结算处理，从而达到车辆通过收费站时不需停车就能缴纳路桥费的目的。

高速公路收费方式对收费站的通行能力有较大影响。一般来说，ETC 收费口通行能力较强，一个车道每小时可通过约 800 辆小汽车；半自动收费的通行能力较低，入口车道每小时可通过约 500 辆小汽车，出口车道每小时可通过约 150 辆小汽车；人工收费的通行能力则更低。

（二）电子不停车收费 ETC

ETC 技术的应用是指在车辆上安装车载单元，车道侧顶方安装 RSU 天线，当 ETC 车辆经过入口车道时自动记录入口信息，通过出口车道时由计算机自动准确计算用户的行驶里程并收取相应费用。

对于 ETC 专用车道，正常通过车辆的收费管理不需要人的干预，收费过程自动完成。在正常车辆通过的情况下，ETC 车辆驶入 ETC 收费车道，ETC 车道路侧读写设备通过 DSRC 通信方式对 ETC 车辆上安装的电子标签内的数据进行读写交换等处理，完成不停车收费交易。收费交易完成后，车道计算机控制接口设备，电动栏杆抬起、通行信号灯为绿灯，放行车辆。车辆通过后，外部设备复原，准备后面的车辆进入。车道计算机保存本次收费信息，并将收费记录上传至收费站。

出现异常情况时，车辆的收费管理通常需要管理人员的现场处理，异常情况包括非 ETC 用户闯入 ETC 车道、非法 ETC 用户（包括电子标签坏、电子标签过期、OBU 与 RSU 认证未通过、电子标签已被注销、黑名单用户、中间换卡等）及非正常交易的用户（如交易未成功完成）。此时，通行信号灯为红灯，电动栏杆不开启，需要人工干预，由现场管理人员将电动栏杆开启，并由管理人员将车辆引导至相邻的收费车道接受人工收费处理，通过刷非现金支付卡，进行入口信息写入或收取通行费。

对于 ETC/MTC 混合车道，ETC 车辆由电子标签读写器进行全自动收费。MTC 及异常 ETC 车辆的收费管理由该收费车道的收费人员进行人工收费处理，其流程同 MTC 收费流程。

三、铁路、水运及枢纽的信息化

当云计算、虚拟化、嵌入式等理念和技术不断涌现并逐渐得到认可的时候，铁路、水运、公路也应用这些先进的理念和技术，实现铁路联网售票、铁路提速、船舶自动识别、水域三维立体监控、枢纽信息化等，使人们出行更加舒适、便捷、高效。

（一）智能化网络

铁路提速意味着整个铁路的调度、指挥和运营管理等诸多方面，都要经历质的变革，需要不间断地对每一辆列车进行全程跟踪，以维护运行秩序，确保列车、乘客和货物的安全。通过信息系统能够"感知"到铁路局的网络是否运行正常，能够"预测"到火车速度，远程管理系统还可以进行相关的"操作"，这些都需要信息系统的支持。铁路信息化系统可以实现包括售检票、防灾、无线调车、视频监控信息发布、驾驶操控等功能，实现轨道交通中的智能化。

（二）水运信息化系统

信息化技术在水运领域中也得到了广泛的运用。上海海事局利用数字技术对传统的航务、海事监督管理系统进行改造和提升，建设信息化、智能化、社会化的新型海事。水运智能信息系统和智能道路交通系统相似，同样包括一些信息化子系统，如船舶登记信息系统、AIS 系统、GPS 系统、CCTV 系统等多种信息系统。同时，系统采用了 C/S、B/S 和手机三种不同访问方式，为管控提供极大的地理便利，便于移动执法。

（三）综合客运交通枢纽的信息化

综合客运交通枢纽是供若干交通方式连接与换乘的设施，也是实现城市对外交通、城市内部交通、行人交通以及市内公共交通内部转换的重要节点，是城市综合交通体系的重要组成部分，是城市发展的重要依托点。综合客运交通枢纽根据承担的交通功能分为城市对外客运交通枢纽和城市内部客运交通枢纽两大类。城市对外客运交通枢纽是以航空、铁路、客运港及长途汽车等城市对外交通方式为主体，配套轨道交通常规公交、出租车、社会停车场等交通设施而形成的交通换乘枢纽，主要承担城市内外交通换乘职能，同时也承担市内交通的换乘功能和公共集散职能。根据主要交通方式，分为航空枢纽（A）、国铁枢纽（B）、城际枢纽（C）、长途汽车枢纽（D）及客运港枢纽（E）等五类。

城市内部客运交通枢纽是以轨道交通站点、常规公交等市内公共交通设施为主体，配套出租车、社会车辆停车场等交通设施而形成的交通换乘枢纽。承担市内各交通方式之间的换乘职能和集散职能。分为轨道交通枢纽（F）和常规公交枢纽（G）两类。

四、先进的城市道路交通

在城市道路上驾车行驶，遵守交通法规是对驾驶员最基本的要求，一旦违规就会受到相应的处罚。这主要归因于遍布城市各处的违法监测系统，也就是我们俗称的"电子警察"。

（一）违法监测系统（电子警察）

1.电子警察

大家在路上开车越来越注意路边的"探头""电子眼""摄像头"，这些俗称"电子警察"的设备，专业人员称之为违法自动记录系统。电子警察，顾名思义，是用电子自动化的设备行使"警察"的一些职能，包括抓拍超速、闯红灯骑压分道线行驶、逆向行驶、不按导向车道行驶、跨越对向车行道分界线等违法行为。在城市地面道路上使用较多的是带有抓拍闯红灯、不按车道行驶等行为功能的电子警察。在高速公路和城市快速路上使用较多的是带有抓拍超速、逆向行驶等行为功能的电子警察。

2.高清闯红灯违法自动记录系统

电子警察具备自动记录闯红灯、超速不按车道行驶、违法掉头、违法左转、逆行的功能，其原理与"电子警察"基本相似。

高清闯红灯违法自动记录系统包括控制中心、高清摄像机、补光装置、检测线圈、主控制器、辅助控制器、大容量存储设备、号牌识别软件等组成部分。控制中心主要负责数据通信、数据存储、设备管理、运行状态监控、系统对时、统计查询等工作。

高清摄像机作为图像的采集设备，在接收到车检信号，并判定车辆抓拍逻辑后，高清摄像机能够在最短时间内被触发，同时发出补光信号，驱动辅助照明装置，采取恰当的曝光算法同步拍摄车辆的全景高清晰图像，输出至主控机。高清晰摄像机的图像采集模块处于时刻不停的工作状态，兼具图像采集和图像处理两块工作。

（二）交通视频监控

大家在路上看到的摄像头并不全是电子警察，更多的是视频监控系统，采集交通信息，监控交通是否正常运行。

在现代科技引领下，"千里眼"已不再是神话，而实实在在地存在于生活中，并且已经被大规模地应用。有了视频监控系统，公安人员和交通管理人员坐在监控室里就可以掌握城市道路交通运行情况。

交通视频监控系统是智能交通系统的重要组成部分，是延伸交通管理人员视野的有力工具，可以实时、直观地监视车辆、行人的运行状况。管理人员通过视频监控了解到所有细节，实现对异常事件性质准确判断，并根据不同的运行状态做出正确的应急处理决策，采取适当的管制和诱导措施，保障车辆和行人交通运行的安全和有序。视频监控系统按照结构划分，主要由前端设备、传输设备和中心监视设备三个部分组成。

前端设备的功能是实现视频信号的生成及接受来自控制中心的遥控指令，实时准确地采集指挥中心所需要的视频信号。

传输设备完成视频信号的上行传送和控制数据的下行传输。为了保证视频图像的长距离、大范围、无干扰传输，选择光纤传输作为传输手段，实现视频信号、数据和控制信号的多路复用。

中心监视设备是整个视频监视系统的核心，用于集中处理各路视频信号并下发控制指令。监视系统设置在交通指挥中心，由主机矩阵、主控制器、显示设备、快球键盘数字硬盘录像机视频服务器组成。监视系统可以完成对传输设备送来的各路视频信号的实时切换显示、数据记录、图像压缩、图像回放以及局域网发布，同时根据交通指挥调度的需要完成远端设备遥控。

分布于各监控点的前端设备（摄像机）将不同路口采集到的视频图像经光端机和光纤传输到交通指挥中心。在交通指挥中心，视频图像经视频分配器与视频切换矩阵分别输出到主控制台的视频监视器、大屏幕系统以及硬盘录像机等视频应用系统。视频切换矩阵系统和视频图像数字化系统的协同运转，使实时的视频信号得以通过模拟信道和局域网网络进行传输，帮助交通指挥人员准确掌握交通状况。交通视频监视系统通过以太网与其他系统相连，提供数字视频信号和历史视频图像记录资料。

（三）电子卡口——隐形的城门和门卫

当驾车出上海，或者从浦西进入浦东的时候，您的车辆已经被摄像机拍下，车辆外形颜色、车牌号都被以图片和数据的形式存储到计算机中，更有甚者，您的外形外貌、正面特写包括副驾驶特写也可以清晰地从这张照片中看到。卡口，大家可以联想一下古装剧里看到的城门，是进出城的必经之路，城门口着几个守城的官兵，官兵可以拦下并盘查每个经过的路人，如果有通缉犯经过就会被逮到。智能交通系统里的电子卡口，则是一堵无形的城，立在路边的摄像机就是隐形的门卫。

电子卡口一般会安装在城区的主要出入口，就像城门。系统记录下经过这里每辆车的信息，包括牌照号码行驶方向、速度、车型等。随着交通问题的复杂和城市安全的需求，卡口布控也逐渐向城市道路延伸。

掌握了某个车辆从哪个口进、哪个口出、几时进几时出，就可以掌握这辆车是过境还是到发交通，并且可以了解它在城区的逗留时间。长期积累这样的数据，可以获得整个城区的交通需求情况，为新建或者改建道路提供依据，这就是车牌识别作为 OD 数据采集的手段。

另外，如果某些"黑名单"中的车辆进入了城区，比方说套牌车、有违法记录的车、布控车辆，交警和公安马上就会知道，并可以第一时间出动将其抓获。这在交通管理和治安管理中起着重要的作用。电子卡口的原理与电子警察类似，其核心为图像捕捉、车牌识别。

（四）智能停车诱导与管理

1. 停车诱导系统

城市停车诱导系统（简称 PGIS）是指通过智能探测技术，与分散在各处的停车场实现智能联网数据上传，实现对多个停车场停车数据进行实时发布，引到司机便捷停车，解决城市停车难问题的智能系统。该系统以多级信息发布为载体，实时地提供停车场（库）的位置、车位数、空满状态等信息，指引驾驶员停车。它对于调节停车需求在时间和空间分布上的不均匀，提高停车设施使用率，减少由于寻找停车场而产生的无谓道路交通，减少为了停车造成的等待时间，提高整个交通系统的效率、改善停车场的经营条件以及增加商业区域的经济活力等方面均有重要的作用。

2. 停车场的智能管理

在智能化的停车场管理中，涉及多方面的管理，车辆进出的管理及收费、车辆进出停车场停车位的引导是其中两个重要方面。两个子系统相互关联，协调运行。出入口管理系统要求对各种车辆实时进行严格管理，严格记录车辆出入时间，并对各类车辆进行识别和登记，将各种信息输入到数据库。对所有出入口车辆进行有效准确的监测和管理。

引导系统是在各个路口装上引导屏，指示停车场的方向，对进入停车场后的车辆进行快速有效的指引，使驾车员能够方便快捷地找到停车场和停车位，避免在路上引起道路堵塞和停车场内部通道的堵塞。到达停车场时避免盲目找空位，提高车位的使用率。同时，帮助驾驶员返回时能迅速找到自己的车辆。

智能化的停车场收费管理和引导系统可以使停车服务安全、简便、准确，并且使造价和经营成本控制在适当范围，是当前停车场管理的趋势。在提高效率的同时更能解决人工管理的弊端，它是停车场管理的理想模式。

第三节　智能交通的发展趋势

智能交通自诞生之日起，就潜移默化地影响、改变着城市的交通面貌，同时也极大地方便了我们的出行。智能交通为出行者提供信息，实现管理者实时监控，帮助决策者科学决策。

一、云计算与物联网

（一）云计算

随着交通信息采集技术的发展，如今收集大量的交通信息的第一手资料易如反掌。然而，要对如此大量的数据进行加工、处理，得到所需的信息，就要用到云计算技术。

云计算是随着互联网的广泛应用而出现的，是一种基于互联网的计算方式，通过这种方式，共享软硬件资源和信息，按需提供给计算机和其他设备。云计算描述了一种基于互联网的新 IT 服务增加、使用和交付模式，通常涉及通过互联网来提供动态易扩展，且经常是虚拟化的资源。云是网络、互联网的一种比喻说法。

（二）物联网

物联网，在我国也称为传感网，英文名称叫"The Internet of Things"（简称 IOT）。通俗地讲，就是"物物相连的互联网"。

物联网是新一代信息技术的重要组成部分。它通过射频识别（RFID）、红外感应器、全球定位系统、激光扫描器、气体感应器等信息传感设备，把所有的物品与互联网连接起来，进行信息交换和通讯，实现对物体的智能化识别、定位、跟踪、监控和管理。

物联网能实现对"万物"的"高效、节能、安全、环保"的"管、控、营"一体化。第一，物联网的核心和基础仍然是互联网，是在互联网基础上的延伸和扩展的网络；第二，其用户端不仅仅是个人，而是延伸和扩展到了任何物体之间。

物联网把新一代 IT 技术充分运用在各行各业，具体地说，就是把感应器嵌入和装备到电网、铁路、桥梁、隧道、公路、建筑、供水系统、大坝、油气管道等各种物体中，然后将"物联网"与现有的互联网整合起来，实现人类社会与物理系统的整合。在这个整合的网络中，存在能力超级强大的中心计算机群，能够对整合网络内的人员、机器、设备和基础设施实施实时的管理和控制。在此基础上，人类可以以更加精细和动态的方式管理生产和生活，达到"智慧"状态，提高资源利用率和生产力水平，改善人与自然间的关系。

现在全世界有几百亿个连接节点，每个人都有若干个连接——手机、电脑、IPAD、信用卡、交通卡等，物联网的发展使全世界的连接迅速增加。

（三）在智能交通中的应相动向

1. 云计算

交通数据具有数据量大、应用负载波动大、信息实时处理要求性高、数据共享需求、高可用性和高稳定性要求等特点。交通数据系统如采用传统的建设模式，将产生建设成本较高、建设周期较长、IT 管理效率较低、管理员工作量繁重等问题。云计算通过虚拟化等技术，整合服务器、存储、网络等硬件资源，优化系统资源配置比例，实现应用的灵活性，同时提升资源利用率，降低总能耗，降低运营维护成本。因此，在智能交通系统中引入云计算有助于系统的实施。

未来的交通云是一个整合的、安全的、易扩展的、服务于交通行业的开放性平台。它既可以整合现有资源，又能够针对未来交通行业的发展，整合将来所需的各种硬件、软件、数据。它可以针对交通行业的需求——基础设施建设、交通信息发布、交通企业增值服务、交通指挥提供决策支持及交通仿真模拟等，动态满足ITS中各应用系统，还能够全面提供开发系统资源平台需求，快速满足突发系统需求，提供极具弹性的扩展能力需求，满足不断增大的交通应用需求。

就目前智能交通的发展状况及云计算平台的成熟应用程度，交通云的发展还是以数据中心的云存储化开始，逐渐向外扩展应用服务，服务对象将是交通管理单位、交通运营企业和广大的市民。因此，未来的交通云是混合云，保密性、安全性要求高，处理速度快，弹性发展力度强的对内应用（交通管理单位）可以用私有云的模式实现。信息发布（大众出行、物流企业、交通信息服务企业等）、出行指导等对外应用可以用公共云的模式实现。

2. 物联网

将汽车、驾驶者、道路以及相关的服务部门相互连接起来，使道路与汽车的运行功能智能化，使公众能够高效地使用道路交通设施和能源，是物联网与智能交通结合的最终目标。

在客运交通方面，上海移动已将超过10万的芯片装载在出租车、公交车上，获取实时交通数据。上海世博会期间，"车务通"全面运用于上海公共交通系统，以最先进的技术保障世博园周边大流量交通的顺畅。近年来开发的"车管专家"，利用全球卫星定位技术、无线通信技术、地理信息系统技术、中国电信5G等高新技术，将车辆的位置与速度、车内外的图像、视频等各类媒体信息及其他车辆参数等进行实时管理，有效满足用户对车辆管理的各类需求。

在货运交通方面，面向物流企业运输管理的"物流"，为用户提供实时准确的货况信息、车辆跟踪定位、运输路径选择、物流网络设计与优化等服务，提升物流企业综合竞争能力。

客流分析也是物联网的重要应用之一，其监测和分析结果是大型商场、购物中心、商业连锁、机场、地铁、车站、博物馆、展览馆、公园等公共场所在安全管理和经营决策分析方面不可缺少的数据。在零售行业，客流量的统计与分析对其精细化管理具有重要的作用。在公共场所安全防范领域，客流统计和分析是管理部门了解人员出入量，制定紧急安全方案的基础。

二、汽车智能化

（一）车车、车路协同

目前，国内外的专家、学者正在致力于车车协同、车路协同方面的研究，并取得了可喜的进展。

正像《变形金刚》等许多科幻电影中描述的那样，你的爱车可以主动带你去想去的地方，并且可以在道路上自动避让其他车辆、与道路对话。

据英国《每日邮报》报道，目前意大利科学家开发出一套车车协同的系统。这套由意大利博洛尼亚大学科学家开发的智能交通系统，可使一个路段上所有车辆随时保持联系，一旦发生事故或影响交通的状况即可提前预警。研究人员称，该系统有望将车辆碰撞事故减少40%，相关论文发表在《计算机网络》杂志上。同样，中国的一些交通专家也在道路车辆避让、消防、救护、警车等特殊车辆的车协同系统方面进行着研究。

这些系统的运行过程是这样的：每辆车都装有一个发射、接收装置，让车辆彼此之间不断保持联系，不断地从对方那里获得信息，了解其他车辆的行驶方向、速度以及传输能力。所有这些信息将以秒为单位的频率进行刷新。当交通事故发生时，事故车辆首先发出警报，并将该警报由近而远在附近的车辆上依次传递。当两辆不同方向的车越行越近时，车辆均会检测到来车距离太近，自动采取减速、转向、停车等一系列措施，同时将该处的异常状态信息向附近的其他车辆传递。

在一些繁忙的路段，行驶中的车辆往往有数百辆甚至上千辆之多，因此必须使事故信息以最快的速度传递出去，以便车辆及时避开事故路段。而要让所有的车辆及时收到信息，必须在短时间内占用尽可能大的带宽，这就要求系统对信息做出筛选。这些系统采用的方法是，当汽车发出事故预警，距事发地点300~1000米范围内的车辆都会收到事故信息。而将信息继续转发，传至更远距离的任务就交给网络状况好、能尽快将信息发送出去的车辆，这在很大程度上节省了传播时间。

同样，车路协同系统是在无线通信、传感探测等技术的基础上，车辆与道路信息间保持联系，实现车辆与基础设施间的交互与共享、协同与配合，达到均衡路网流量、缓解交通拥堵、提高交通安全、优化利用资源的目标。有了车车协同、车路协同的相关技术，无人驾驶也就不再遥远了。

（二）辅助驾驶、无人驾驶

1. 辅助驾驶

近年来，由于世界上越来越多的国家、汽车制造厂商对驾驶员、乘客安全的重视，使辅助驾驶技术发展迅速。许多国家通过了多项确保汽车安全的新方案。目前广泛应用在汽车上的辅助驾驶系统有：智能雨刷，可以自动感应雨水及雨量，自动开启和停止；自动前照灯，光线不足时可以自动打开；智能空调，通过检测人体皮肤的温度控制空调风量和温度；智能悬架，也称主动悬架，自动根据路面情况控制悬架行程，减少颠簸；防打瞌睡系统，监测驾驶员的眨眼情况，确定驾驶员是否疲劳，必要时停车报警……计算机技术的广泛应用，为汽车的智能化提供了广阔的前景。

汽车制造厂商越来越关注辅助驾驶应用的实现，特别是主动安全应用，以增强市场竞争力，执行政府法案、规章制度等。部分主动安全应用包括防碰撞的RADAR 成像仪、变道探测和报警摄像机、夜视系统以及自适应巡航控制等。

大部分辅助驾驶应用需要大量的图像处理功能。对于 RADAR 和光传感器等高端技术，必须实时处理大量数据，高速进行高级图像控制和处理。缩放、处理和图像识别都需要更高级的数字信号处理功能，这些要求远远超出了单个 DSP器件的能力范围。

现场可编程门阵列（简称 FPGA）是良好解决方案。FPGA 体系结构中内置了高性能并行处理 DSP 单元，为实时驾驶辅助系统提供通用平台。FPGA 经过设计，具有功能强大的高效并行 DSP 能力，性能高达每秒 25 吉比特乘法运算。利用嵌入式乘法器、时钟管理器和内部模块存储器，可以在 RADAR 内部硬件中完成实时处理功能，降低了对软件驱动任务的要求。还可以通过 Nios Ⅱ 嵌入式处理器，由微处理器、数字信号处理器和 FPGA 协调完成硬件和软件任务。使得FPGA 成为理想的单机解决方案，并对更多的传统解决方案进行完善。

2. 无人驾驶

无人驾驶汽车是一种智能汽车，也可称之为轮式移动机器人，它集自动控制、体系结构、人工智能、视觉计算等众多技术于一体，是计算机科学、模式识别和智能控制技术高度发展的产物，它利用车载传感器感知车辆周围环境，并根据感知所获得的道路、车辆位置和障碍物信息，控制车辆的转叫和速度，使车辆能够安全、可靠地在道路上行驶。

美国、英国、德国等发达国家于 20 世纪 70 年代开始进行无人驾驶汽车的研究，研究大致分为军事用途、高速公路和城市环境这两个阶段。在军事用途方面，20 世纪 80 年代初期美国国防部就大规模资助自主陆地车辆 ALV 的研究。

进入 21 世纪，为促进无人驾驶车辆的研发，2004 年起美国国防部高级研究项目局开始举办机器车挑战大赛，该大赛对促进智能车辆技术交流与创新起到很大的激励作用。我国于 20 世纪 80 年代开始进行无人驾驶汽车的研究，清华大学、国防科技大学、上海交通大学、西安交通大学、吉林大学、同济大学、中国人民解放军军事交通学院等都有过无人驾驶汽车的研究项目。虽与国外相比还有一些距离，但也取得了阶段性成果，并在可靠性、小型化方面取得了突破性进展。

到 2030 年，驾驶员基本上可以在较复杂路况下只控制方向盘或只踩油门和刹车了，因为半自动驾驶技术会在大多数车辆上得到应用，那时汽车会自动设置路线或自动进行油门和刹车的配合。

（三）模拟驾驶

模拟驾驶，也称"汽车仿真驾驶"或"汽车虚拟驾驶"，指在一个虚拟的驾驶环境中让体验者感受到接近真实效果的视觉、听觉和体感的汽车驾驶体验。模拟驾驶具有驾驶模拟效果逼真、节能、安全、经济，不受时间、气候、场地的限制，驾驶训练效率高、培训周期短等优势，在驾驶培训、新车研发等方面应用十分广泛。

模拟驾驶的核心技术主要有三维图像即时生成技术、汽车动力学物理仿真技术、六自由度运动平台技术、大视场显示技术、用户输入和座椅硬件系统等。

三维图像即时生成技术可模拟道路环境（如各类建筑、桥梁、隧道、水域、植被绿化等）、各种天气环境（如早晨、中午、黄昏；大雾、下雨、下雪等），高画质的图像渲染技术也使三维数字汽车原型设计成为可能，使汽车具有非常逼真的外观。

汽车动力学物理仿真技术是汽车运动仿真中最核心的环节，成为模拟驾驶中最为关键的部分。可以模拟逼真的刚体动力学特性，如运动物体具有密度、质量、速度、加速度、旋转角速度、冲量等各种现实的物理动力学属性在发生碰撞、摩擦、受力的运动模拟中，不同的动力学属性能得到不同的运动效果。

六自由度运动平台是由六支油缸，上、下各六只万向铰链和上、下两个平台组成，下平台固定在基础上，借助六只油缸的伸缩运动，完成上平台在空间六个自由度的运动，从而模拟出各种空间运动姿态。它是各种飞行及航海等领域操作模拟器的重要组成部分，可由数字计算机实时控制提供俯仰、偏航、滚转、升降、纵向和横向平移的六自由度瞬时运动仿真。

大视场显示技术是指采用多台投影机组合而成的多通道大屏幕展示系统，它比普通的标准投影系统具备更大的显示尺寸、更宽的视野、更多的展示内容、更高的显示分辨率，以及更具冲击力和沉浸感的视觉效果。

用户输入和座椅硬件系统：舒适安全的座椅，仿真的方向盘、挡位、油门和刹车是模拟驾驶系统必不可少的元件。

（四）智能汽车

智能汽车上装有相当于汽车"眼睛""大脑"和"脚"的电视摄像机、电子计算机和自动操纵系统之类的装置，这些装置都装有非常复杂的电脑程序，所以这种汽车能和人一样会"思考""判断""行走"，可以自动启动、加速、刹车，可以自动绕过地面障碍物。在复杂多变的情况下，它的"大脑"能随机应变，自动选择最佳方案，指挥汽车正常、顺利地行驶。因此，人不需要驾驶，只要舒服地坐在车上享受高科技的成果就行了。

智能汽车与一般所说的无人驾驶汽车有所不同，它是一个集环境感知、规划决策、多等级辅助驾驶等功能于一体的综合系统，它集中运用了计算机、现代传感、信息融合、通讯、人工智能及自动控制等技术，实际上是智能汽车和智能公路组成的系统，是典型的高新技术综合体。

智能汽车首先要有一套导航信息资料库，存有各等级道路、各类服务设施（餐饮、旅馆、加油站、景点、停车场）的信息资料；其次是全球卫星定位系统，利用这个系统精确定位车辆所在位置，与道路资料库中的数据相比较，确定行驶方向；再次是道路状况信息系统，由交通管理中心提供实时道路状况信息，如拥堵、事故等，必要时及时改变行驶路线。此外，还有如下一些系统：车辆防碰系统，包括探测雷达、信息处理系统、驾驶控制系统，控制与其他车辆的距离，在探测到障碍物时及时减速或刹车，并把信息传给指挥中心和其他车辆；紧急报警系统，如果出了事故，自动报告指挥中心进行救援；无线通信系统，用于汽车与指挥中心的联络；自动驾驶系统，用于控制汽车的点火、改变速度和转向等。

从发展趋势看，带有网络功能的新车型将成为信息化汽车时代的前奏，汽车多媒体和通信系统昭示着汽车信息技术的兴起，电子信息处理与网络通信将成为今后汽车的基本配置。这些都为智能汽车的全面发展奠定了基础。

互联网与汽车结合，产生了智能网络行车系统，实现信息检索、实时路况导航、电子路书、股票交易和社群交流等互联应用，开启汽车网络互联信息化时代。已成熟应用的日本 G-BOOK 智能副驾驶技术，就是揭开汽车信息化大幕的先锋：G-BOOK 就像一台可以移动的信息载体，只需按下功能键，信息中心就会告诉车主想知道的一切新闻资讯和各种信息。

计算机软件、声控技术与汽车结合，产生了车载多媒体互动系统。事先将手机连接到仪表盘上的端口，需要时说出存在手机里的联系人名字，汽车便自动拨通该联系人，通过车内免提系统进行通话，整个过程无须拿起手机，未来驾驶者还将用更短的语音指令完成更多操控。

电信业与汽车结合，可以开发远程诊断和救援、位置服务、资讯服务、娱乐服务、通信服务、呼叫中心等。基于无线通信网络和机器到机器通信技术的新一代"汽车"，将车载互联网、车辆远程控制、远程启动、远程跟踪等在科幻电影里才见的场景都带入都市人的车生活。届时，汽车将既是一间移动的办公室，又是一部好玩好用的巨型手机。

目前对智能汽车的研究主要致力于提高汽车的安全性、舒适性，以及提供优良的人车交互界面。近年来，智能车辆已经成为世界车辆工程领域研究的热点和汽车工业增长的新动力，很多发达国家都将其纳入各自重点发展的智能交通系统当中。

智能汽车系统是由两部分组成的，一部分是车辆本身的内部网络系统，它由车载网络计算机控制；另一部分是车辆外部的联系网络系统，包括 GPS 监测中心、互联网及区域网服务商、车辆服务中心、单位或家庭电脑等。此外，智能汽车也离不开智能交通管理的大环境，政府要建立一套坚实的交通信息化技术基础设施。据了解，德国城市交通和高速公路的信息化管理中，运用了许多先进技术手段，如智能交通诱导系统、应急通信系统、隧道安全监控系统、GPS 全球定位系统、GIS 地理信息系统、交通网络控制系统、交通信息发布查洵系统等，这些先进的交通通信信息技术手段，为道路使用者提供优质的服务，也为交通管理提供了有效可靠的技术保证。

"让偷车者无从下手的指纹发动汽车；坐上它，同样无须劳神费时地翻找地图或看路标，只需按上几个钮，再告知目的地，其他全由行车电脑搞定，接下来就是和朋友谈天说地的时间，绝不必担心迷路或是交通信号……"这就是施瓦辛格主演的经典影片《第六日》中所折射的"无缝隙"生活场景，也是未来智能汽车生活的缩影，到那时，生活水平和高端技术已经融为一体。真正的智能汽车一定能完全颠覆我们的想象。那时汽车将不再是汽车，而是人们全天候生活中的绝佳伙伴，一个拥有全方位智能大脑的"机器人"，它会检测到油箱不足，在主人开会的间隙，自动行驶到加油站加油。主人出差回来刚下飞机，它会按事先接收的信号从小区车库开到机场停车场等候……这些场景或许哪一天就真实来到了人们的生活中。

三、新能源汽车

目前，交通运输是我国能源消耗量最大、污染增长最快的领域。随着机动车爆发式的增长，汽车尾气成为城市污染的主要来源。所谓"低碳交通"是一种以高能效、低能耗、低污染、低排放为特征的交通运输发展方式，目的在于提高交通运输的能源效率，优化发展方式。

新能源汽车是指除汽油、柴油发动机之外的所有其他能源汽车，之所以称其为"新"能源是相对于传统能源来说的，我们通常按能源技术开发程度的高低区别新能源和传统能源。

新能源汽车指采用非常规的车用燃料作为动力来源（或使用常规的车用燃料、采用新型车载动力装置），综合车辆的动力控制和驱动方面的先进技术，形成的技术原理先进、具有新技术、新结构的汽车。新能源汽车也包括混合动力汽车、纯电动汽车，还包括太阳能汽车、燃料电池电动汽车、氢发动机汽车、其他新能源（如高效储能器、二甲醚）汽车等。

新能源汽车有：混合动力汽车、纯电动汽车、超级电容车等。

混合动力汽车（亦称复合动力汽车）是使用两个或两个以上不同动力源推进

的，符合道路交通、安全法规的汽车。车载动力源有多种：蓄电池、燃料电池、太阳能电池、内燃机车的发电机组等，当前混合动力汽车一般是指在内燃机车发电机的基础上，增加一套辅助动力系统——蓄电池或燃料电池，改善低速动力输出和燃油消耗的汽车。

按照燃料种类的不同，混合动力汽车主要分为汽油混合动力和柴油混合动力两种，目前国内市场上的主流都是汽油混合动力，而国际市场上柴油混合动力车型发展也很快。

超级电容车外观与普通无轨电车相似，只是头上不见了两根"辫子"。电车底部装了一种超级电容，车辆进站后的上下客间隙，车顶充电设备随即自动升起，搭到充电站的电缆上，通过200安培的电流强度完成充电。电容车一次充电30秒到1分钟，空调车可连续运行3公里，不开空调则可持续行驶5公里，最高时速可达44公里。

超级电容汽车的优点是：充电时间短、功率密度大、容量大、使用寿命长、免维护、经济环保等。

超级电容汽车的缺点是：功率输出随着行驶里程加长而衰减，受环境温度影响大等。

燃料电池电动汽车是电动汽车的一种，是以氢气、甲醇等为燃料，通过化学反应产生电流，依靠电机驱动的汽车。其电池的能量通过氢气和氧气的化学作用，不是经过燃烧直接变成电能。燃料电池的化学反应过程不会产生有害产物，因此燃料电池车辆是无污染汽车，燃料电池的能量转换效率比内燃机要高2~3倍，从能源的利用和环境保护方面，燃料电池汽车是一种理想的车辆。

燃料电池电动汽车的动力系统主要由燃料电池发动机、燃料箱（氢瓶）、电机、动力蓄电池等组成，采用燃料电池发电作为主要能量源。

其他新能源汽车还有燃气汽车、生物乙醇汽车、醚基燃料汽车等。

除了新能源汽车外，人类还设计、制造出了许多新颖、别致的个人低碳交通工具。

第七章　信息系统及信息技术

第一节　信息及信息系统

一、信息

（一）信息概述

"信息"的英文、法文、德文、西班牙文，都是 information，可以说是一个国际词汇。日本把"信息"称为"情报"，我国台湾则称为"资讯"。

信息和数据是我们经常使用的词汇和术语，也是信息系统中最基本的概念。信息系统处理的主要对象是大量各式各样的信息和数据。当今社会已进入日新月异的信息时代，信息和数据被广泛地应用到社会生活的各个领域。什么是信息？基于不同的领域和不同的研究目的，人们对信息的定义五花八门。例如，信息是数据加工处理的结果；信息是一种有用的知识；信息是对现实世界某一方面的客观认识等。"信息"作为一个科学术语，最早出自哈特莱 1928 年《信息传输》一文。20 世纪 40 年代后期，伴随着信息论、控制论的产生，"信息"成为一个科学的概念，应用于自然科学和社会科学的许多领域。"信息"是哲学、数学、系统论、控制论、经济学、管理学诸多学科共同讨论和使用的重要概念之一。在系统论中，信息被认为是系统内部联系的特殊形式。在控制论中，信息被理解为对外界进行调节，并使调节为外界所接受。在信息论中，信息被看作是可以获得、变换、传递、存储、处理、识别和利用的一般对象，它能为实现目标排除意外性，增加有效性。在经济学和管理学中，常撇开具体的对象，把信息泛指为一般的数据、资料、消息、情报、知识等。今天的"信息"术语被广泛应用于科学领域特别是在天文学、电子工程学、生物化学、医学和生物学、心理学、行为科学、经济学和人文科学等领域。虽然信息在不同学科的含义有所不同，但它们之间是有联系的，哲学家威特根斯坦将这种联系称为"家庭相似性"。

由此可见，信息是一个包容性很强，很难被确切定义的术语。在给信息进行定义之前，首先让我们了解一下数据的概念。

（二）数据和信息

1. 数据的含义

所谓数据，就是用来反映客观事物的性质、属性以及相互关系的任何字符、数字和图形。例如，"五艘集装箱货轮"，其中的"五"和"集装箱"就是数据。"五"表示了货轮的数量特征，"集装箱"反映了货轮的类型。在信息系统领域中，我们可以将数据这样定义：数据是记录客观事物的可以鉴别的符号，数据不仅包括数字，还可以是文字、图形及声音等。

数据是一种原始记录，没有经过加工的数据是粗糙的、杂乱的，但是，它是真实的、可靠的，有积累的价值。现代科技的飞速发展使计算机能够处理数量惊人的各种数据，而我们更关注那些经过计算机处理过的数据，这是因为我们可以从这些数据中得到有用的信息。

2. 信息的定义

现代经济生活每天都产生大量的各式各样信息。信息论的创始人申农对信息的定义是：信息是一种对不确定性的消除。事物的不确定性被消除得越大，信息量就越大。对信息的定义，有的从使用者的视角出发进行定义，有的从纯技术的角度进行概括。我国关于信息的解释主要有两个角度：

一种是从理论的角度，抽象地定义信息，认为信息是客观世界上各种事物的变化和特征的最新反映，是客观事物之间联系的表现，也是客观事物状态经过传递后的再现。或者说，是通过一定的物质载体形式反映出来，表现客观事物变化和特征的实质内容。总之，信息是客观事物的反映或再现。从认识论角度，信息分为感知信息和再生信息，感知信息是认识主体所感知的事物运动状态和方式，是外部世界向主体输入的信息。再生信息是认识主体所表述的事物运动状态和方式，是主体向外部（包括其他主体）输出的信息。认识论层次的信息可进一步扩展为三个层次：最低层次是语法信息，是主体所感知或表述的事物运动状态和方式的形式化关系；较高层次是语义信息，是主体所感知或表述的事物运动状态和方式的逻辑含义；最高层次是语用信息，是主体所感知或表述的事物运动状态和方式相对于某种目的的效用。

另一种是从实用的角度，具体地定义信息，把信息作为消息、数据、情报、资料、知识等的同义词，或作为它们的统称。《辞源》对信息的解释是消息。消息又是什么呢？《辞海》解释为音信。不少人认为，信息是能反映事物存在和运动差异的，反映客观事物特征的，是发生源发生的，经过加工和传递，可以被接收者接收、理解和利用的消息、信号及其各种内容的情况或知识的总和，是消息、数据、情报、知识、资料等的统称。一般说来，信息总是通过数据形式表示，加载在数据之上并对数据的具体含义进行解释。信息是客观世界的反映，提供了有关现实世界某些事物的知识，这种知识对信息的接受者来说是有价值的。所以，信息是经过加工处理的有价值的数据。

3. 信息的分类

从不同的角度，可以将信息分成不同类别：

（1）自然信息与社会信息

自然信息是指由自然界产生的反映自然事物的信息，例如气象信息、海洋信息等。社会信息是指反映人类社会的有关信息，例如物流信息、企业管理信息等。

（2）原始信息与综合信息

从信息源收集的信息是原始信息。在原始信息的基础上经过信息系统的综合加工产生的新数据信息称为综合信息。相对而言，综合信息对于使用者的管理和决策来说更有价值。例如，物流决策支持系统（LDSS）所产生的信息属于综合信息，这种信息可以用于物流管理决策。

（3）内部信息和外部信息

凡是在系统内部产生的信息称为内部信息。例如，在企业的内部网上产生和共享的信息就属于内部信息的范畴。外部信息在系统外部产生，例如，对于物流企业来说，国家的一系列有关物流的政策信息就是一种外部信息。

（4）输入信息、中间信息和输出信息

从系统外部或从储存体中输入的信息称之为输入信息，在加工处理过程中产生的信息称为中间信息，加工后得到的信息称为输出信息。

（三）信息的特征

1.事实性或客观性

信息是事物变化和状态的客观反映，其实质内容具有客观性。因为事物变化和状态都是客观存在的，它的反映也是客观的。

信息的客观性特征是由信息源的客观性决定的。信息一旦形成，本身具有客观实用性。事实是信息的中心价值，不符合事实的信息不仅不能使人增加任何知识，而且有害。

2.信息的普遍性

信息是事物运动的状态和方式，只要有运动的事物存在，必然有信息的产生。根据马克思主义的哲学观点，宇宙间万事万物都在不停地运动着，这就决定了信息是普遍存在的。

3.信息的准确性

信息的准确性是信息系统正确决策的基础。人们只有输入正确的信息，才能进行正确的决策。错误的或失真的信息将导致信息系统输出错误的分析结果。

4.信息的共享性

信息的共享性是信息的重要性质之一。信息的共享性表现为许多人都可以使用同样的信息。作为一种共享资源，在信息的生命周期以内，信息不会因为个别人的使用而消失。信息的共享是现代企业管理的重要基础之一。企业的各个部门通过内部网络进行信息的共享，保证了信息的统一性和决策的一致性。在供应链管理信息系统中，供货商通过系统了解到分销商的商品分销情况，零售商可以实时掌握在途货物的运输情况等，以提高决策和操作的准确性，有效降低成本。

5.信息的时效性

信息的时效性是指从信息源发送信息，经过接收、加工、传递、利用的时间间隔及其效率。时间间隔愈短，使用信息愈及时，使用程度愈高，时效性愈强。

信息是有生命周期的。在一个特定的时间跨度以内，信息是有效的；如果超过这一时间跨度，信息有可能失效。信息的时效性是相对而言的，但是信息的时效性客观上要求我们尽快地得到所需要的信息，信息的传递通道要时刻保持畅通，尽量减少中间停顿。例如，QR（Quick Response）快速反应系统要求决策者对于客户的需求进行快速反应，迅速进行信息获取和处理，满足客户的需要，提高运营效率。

6. 信息的存储性

信息的表现形式多种多样，有文字、数字、图形和声音等多种形式。信息的可存储性表现在信息可以被存储在不同的载体上。由于现代计算机技术的飞速发展，计算机在存储大量不同类型信息的功能方面发展很快，并且能够安全利用数据，随时转换存储格式，最大限度地发挥信息重复使用效率。

7. 信息的可加工性

信息具有可加工性，主要表现在信息可以进行代码信号的转换，例如，将信息存储在计算机里转换成二进制代码，更加便于处理。信息可以加工提炼，例如，供货商可以把市场需求信息加工成数量信息，零售商可以将商品的条码信息加工成与商品销售量有关的信息，以便更加合理地安排订货。

8. 信息的不完全性

关于客观事实的知识是不可能全部得到的，数据收集或信息转换要有主观思路，不能主次不分。只有正确地舍弃无用和次要的信息，才能正确地使用信息。

9. 信息的等级性

管理系统是分等级的（如公司级、工厂级、车间级等），处在不同级别的管理者有不同的职责，处理的决策类型不同，需要的信息包不同，因而信息也是分级的。通常把管理信息分为战略级信息、策略级（或称战术级）信息和作业级信息。

战略信息是关系到上层管理部门对本部门要达到的目标，为达到这一目标所必需的资源水平和种类，以及确定获得资源、使用资源和处理资源的指导方针等方面进行决策的信息。如产品投产、停产、新建厂址选择、开拓新市场等。制定战略要大量地依靠来自外部的信息。管理部门往往把外部信息和内部信息结合起来进行预测。

策略信息是管理控制信息，是使管理人员能掌握资源利用情况，并将实际结果与计划相比较，了解是否达到预订的目的，指导其采取必要措施更有效地利用资源的信息。例如，月计划与完成情况的比较，库存控制等。管理控制信息一般来自所属各部门，并跨越于各部门之间。

作业信息用来解决经常性的问题，它与组织日常活动有关，并用以保证切实地完成具体任务。例如，每天统计的产量、质量数据，打印工资单等。作业级决策大多具有经常性和重复性，越接近战略级，其决策越需要顶层管理者运用其判断力、直觉感估计来解决。

不同级别的信息在内容、来源、精度、寿命和使用频率上都不相同。例如，对于公共交通部门，为了做出作业层决策，需要收集每班公共汽车的旅客流动情况，为了做出策略性决策，需要收集每天各段时间内每辆汽车的平均载客人数。为了作出战略上的决策，需要掌握某条线路全年的人数及季节性的信息。此外，作业级信息大部分来自内部，信息的精度高，使用频率高，使用寿命短，战略级信息反之，战术级信息介于中间。

10. 信息的价值性

信息是经过加工并对生产经营活动产生影响的数据，是劳动创造的。是一种资源，是有价值的。索取一份经济情报，或者利用大型数据库查阅文献所付费用是信息价值的体现，信息的使用价值必须经过转换才能得到，信息寿命衰老很快，因此转换必须及时。如某车间可能"窝工"的信息知道得早，及时备料或安排其他工作，信息就转换为物质。反之，事已临头，知道了也没有用，转换已不可能，信息也就没有什么价值了。"管理的艺术在于驾驭信息"，就是说，管理者要善于转换，以实现信息的价值。

现代社会的特点之一，是管理信息量的增长速度十分惊人，有所谓信息威胁之说，是指人类面临的要处理的信息量大到难以处理的地步，以致造成混乱的结果。例如，一年内全世界发表的学术论文多达千万篇，如果没有计算机，要想从中找到一篇需要的文章内容就像大海捞针。信息的爆炸性增长造成了信息挑战和信息威胁。面对这种情况，应用电子计算机是战胜信息挑战的唯一出路。

（四）信息与数据的联系和区别

通过上面的分析，我们可以理解信息与数据之间的关系。信息和数据两个概念既相互联系，又相互区别。数据是人们用来反映客观事物的可鉴别符号，具有抽象性；信息是经过加工分析之后的数据，是有价值的数据。在实际工作中，信息和数据经常不加区分地被混用，但是我们在研究信息系统时应当明确两者之间的联系与区别：数据是原材料，信息是加工后的有价值的数据。

二、信息系统

（一）系统概述

1. 系统的定义

一般说来，系统是由相互作用和相互依存的若干组成部分按一定规律组合而成的具有特定功能的有机整体。按照 WEBSTER 大辞典的解释，系统是有组织的和被组织化了的整体；结合着的整体所形成的各种概念和原理的总和；由有规则的相互作用、相互依存的形式组成的诸要素的集合等。

2. 系统的特点

（1）集合性

为了实现特定功能，系统至少由两个或两个以上的要素组成，这一特性称为系统的集合性。

（2）整体性

系统是由相互联系、相互作用的若干部分组成的一个有机整体，具体表现在整体联系的统一性、系统功能的非加和性等。

（3）相关性

组成系统的各部分之间，部分与系统之间存在相互联系、相互依存的关系。这种关系决定了整个系统的性能和机制。

（4）层次性

一个系统由多个相互联系的子系统构成，每个子系统又自成体系，有自己的功能和目标。由此我们说系统具有层次性。

（5）适应性

系统与外界环境之间通常有物质、能量和信息的交换，环境的变化可能引起系统特性变化。同样，系统的作用不同也会引起环境的变化。系统必须适应外界环境的变化才能顺利实现系统的目标和功能。

（二）信息系统

1.信息系统的概念

信息系统是由硬件和软件、方法、过程以及人员组成的联合体，是以加工处理信息为主的系统，它对信息进行采集、处理、储存、管理、检索和传输，随时向有关人员提供相关信息。信息系统是任何一个组织中都存在的子系统，它渗透到组织的每一部分，在诸系统中有着不可替代的重要作用。

2.信息系统的基本功能

（1）数据的收集和输入

数据是信息系统处理的对象。在信息系统处理流程中，首先需要对数据进行收集和输入。当数据记录在一定介质上并经校验后，即可输入系统进行处理。在实际处理中，可以通过设备将系统所需数据随时输入。例如，在物流信息系统中，POS系统可以完成部分数据的收集和输入，通过数据传输，为零售商提供决策支持。

（2）数据的加工处理

数据具有一定的抽象性、原始性，要使之成为有用的信息必须进行加工处理。信息系统具有加工处理数据的作用，数据加工的方法很多，包括代数运算统计量的计算及各种检验、各种最优算法、模拟预测、排序分类与合并等。信息系统的这一部分功能的强弱直接关系到信息系统的优劣，现代高级的信息系统已经能够处理数量惊人的各种数据。

（3）数据的存储功能

在正常经济管理过程中往往要产生大量各种类型的数据，其中有相当一部分数据需要重复使用，大量经过加工处理而得到的有关信息和数据也要随时存储起来，以备将来使用和更新。信息系统的这种存储数据的功能方便了管理者的日常业务处理，提高了工作效率。

（4）数据传输功能

一般较大的信息系统都具有较大的规模，在地理上有一定的分布，此时数据传输就成为信息系统必备的一项基本功能。在传输过程中要考虑信息的种类、数量、频率和可靠性等因素，实际上传输与存储常常联系在一起。

（5）信息输出功能

信息系统服务的对象是管理者，因此，它必须具备向管理者提供信息的手段和机制。信息系统对加工处理后所得到的信息，可以根据不同的需要，以不同的方式输出。有的直接供管理者使用，例如，以报表、图形等形式输出；有的供计算机进一步处理、分析。例如，将中间结果输出到有关介质上。

3.信息系统的构成

我们可以从逻辑功能的角度考虑信息系统的构成。一个信息系统一般都具有信息的输入处理、存储、检索、传输、管理、输出等功能。虽然目前信息系统种类繁多，但由于各种信息系统均采用了计算机，因此在组成形式上又有相同之处。一般来说，信息系统由系统资源、应用软件和系统管理软件等构成。

系统资源是信息系统的基础。资源包括硬件和软件两大部分。硬件包括计算机及其外部设备、计算机网络、通信设备及线路、办公自动化设备等，其中外部设备中的外存一般要求有较大的容量。软件包括操作系统、数据库管理系统、程序设计语言、网络软件及各类工具软件等。

信息系统应用软件是利用计算机资源开发，完成用户业务所需的程序系统。信息系统应用软件还可以进一步划分为若干个应用子系统，称之为子系统层。这种子系统层的划分与信息系统处理的具体业务有关。另外，每个子系统还可继续划分成若干个子子系统。每个子系统或子子系统还可以根据需要进一步划分为多个功能模块或子功能模块。我们可以根据程序模块的要求编制程序，在信息系统的开发中，这部分的工作非常重要，耗时较长。

系统管理软件是保证信息系统正常运行的重要条件。信息系统的应用软件是信息系统设计及使用的最主要部分。这部分的子系统和功能模块一般都是把输入的信息经过加工处理和综合，然后用必要的形式进行输出。

4.信息系统的分类

按信息是否可以进一步深加工分类，可把信息系统分为情报性质信息系统和决策功能信息系统。前者包括科技情报信息系统、地理信息系统等，后者包括企业管理信息系统、物流管理信息系统等。

按处理方式不同分类，可把信息系统分为集中处理式信息系统和多级式处理信息系统。银行储蓄信息系统是集中式的信息系统，国家经济信息系统是多级处理信息系统。

按行业不同分类，可把信息系统分为工业、商业、物流等不同的信息系统。

按地域范围不同分类，可以把信息系统分为世界性、全国性、地区性和局域性信息系统。例如，国家经济信息系统是全国性的信息系统。

现在，在企业和一些组织内，信息系统被分为作业信息系统和管理信息系统两大类。作业信息系统由业务处理系统、过程控制系统和办公室自动化系统三部分组成。作业信息系统的任务是有效地处理组织的业务、控制工业的生产过程和支持办公室事务，并更新有关的数据库。其中，业务处理系统的目标是迅速、及时、正确地处理具体信息，如产量产值统计、工资计算、成本计算、库存记录等。过程控制系统主要指用计算机控制正在进行的生产过程。

办公自动化系统是利用先进的科学技术，不断使人的部分办公业务活动物化于各种设备之中，并由这些设备与办公室人员构成服务于某种目标的人机信息处理系统。目的是充分利用信息资源，提高生产效率、工作效率和质量，辅助决策。

当信息系统的功能集中于为管理者提供信息和支持决策时，这种信息系统称为管理信息系统。管理信息系统的概念是不断发展的，目前认为，管理信息系统主要包括以下几类主要的信息系统：信息报告系统、决策支持系统、执行信息系统。有关这些系统的概念将在后面阐述。由于管理信息系统需要的内部数据，大部分来自业务处理系统形成的数据库，所以国内许多学者把业务处理系统列入管理信息系统的范畴。

（三）信息系统对企业和社会的影响

1. 管理信息系统发展对企业的影响

管理信息系统的发展对企业产生了深远的影响，主要表现在以下几个方面：

（1）对企业管理方式的影响

建立管理信息系统可能给企业的管理方式带来巨大的影响。管理信息系统与手工作业方式相比较，它所提供的信息快速而且准确，能为经营决策提供详尽、全面的信息，使管理人员有可能及时掌握企业中生产的全貌。管理信息系统正在促使管理方法由定性向定量发展，这表现在管理应用系统的观点考虑问题，运用预测和各种数学模型定量分析企业中的问题。在经营系统中，遇到最大的问题之一就是难以进行实验，而管理信息系统正是结合管理的需求，迅速而准确地收集大量的数据为模拟提供依据。

（2）对企业组织的影响

管理信息系统使高层管理人员较容易地掌握全厂生产的信息，做出较为合理的决策。有的企业成立了直属经理的信息系统部，信息系统部的负责人一般为副经理级。企业的权力集中到企业高层管理人员手中以后，似乎使许多科室的工作减少了，因此有人预言，中层管理将会消失。但事实上，这种预言并不符合实际，因为信息系统决不能取代中下层管理人员的经常性工作。管理信息系统只是使中下层管理人员从烦琐的事务性工作中解脱出来，使他们有更多的精力考虑具体生产过程内的管理问题。目前分布式信息系统使各级管理人员都能充分发挥自己的作用，他们在自己的终端上，利用微型计算机解决要处理的问题。高层管理人员通过计算机网络获得必要的信息。信息系统会改变一些人的工作性质，但这也要求各级管理人员加强学习，适应变化的形势。管理信息系统和生产控制自动化系统的结合为无人工厂（自动化工厂）提供了技术准备。信息系统对企业组织内部结构的影响，具体表现为：

信息资源观念与信息系统地位的确立，使企业组织结构向菱形结构发展。人们普遍接收信息是一项重要的战略资源观念，信息管理在所有管理部门和技术部门中均占有重要地位。企业中的蓝领职员减少，而白领职员增多。出现首席信息经理。

信息与决策支持功能的开发与利用，使企业组织向扁平方向发展。外部环境的迅速变化，要求决策效率和速度提升，决策已不再是企业最高层的专利。企业决策权力向下层逐步转移、分散化，管理层则逐步削减而扁平化。

基于信息网络的信息交流与共享，提高了企业组织结构的灵活性与有效性。基于市场的瞬息万变、竞争的日益激烈，处于不同地域的企业部门、分支机构或管理人员在必要时借助于有关共享信息的分析与判断，突破权力层次的限制，直接、自信地对生产经营问题做出决策，信息网络系统解除了组织结构中僵化与呆滞的不利面，增添了灵活性和积极性。

信息系统对企业变革的使能器作用，增加了企业过程重组及组织结构优化的成功率。信息系统是 BPR 的技术基础，也是 BPR 成功的保证。

（3）对企业发展的影响

管理信息系统可以辅助决策。这些决策往往是一些具有本质性的战略决策，决策的科学性直接影响到企业的生存和发展，影响到经营效果的成败。企业管理是一项具有高度创造性的工作，任何一个管理信息系统只能部分代替人的工作，而不能代替人的创造性劳动。因此，在建立管理信息系统时，一方面必须充分考虑人的因素，要采用人—机系统，用人来实行对系统的监控。只有这样，才能使企业在变化多端的环境中得到发展。另一方面全球网络的出现，使企业、公司的经营和生产不再受地理位置的限制，可以在全世界范围内运作，事务处理成本和协作成本都明显降低。企业网络的建设，多媒体计算机和移动通信技术的广泛应用使信息传送从纸面向数字、图像、文本和声音发展，使领导和管理人员接受更多的信息和知识，使企业对工作过程重新设计成为可能，使个人和工作组织之间的协调得以进一步加强，形成一种新的、管理层次少的组织形式。它依靠近乎实时的信息进行柔性的运作，管理工作更加依赖于管理人员之间的协作、配合以及对信息技术应用的把握。

管理信息系统正朝着自适应、自学习的方向，也就是向更好地模拟人的决策过程的方向发展。西方某些企业家梦想完善的管理信息系统是包治企业百病的灵丹妙药，也有人说，过多地依赖管理信息系统会导致管理上的失败。

了解到管理信息系统对企业的这些影响之后，在系统的开发过程中，就要对现有的组织机构、管理体制等加以适当的调整，满足建立管理信息系统的需要，否则，很难建立起一个有效的管理信息系统。

2. 信息系统对社会的影响

（1）对经济发展的影响

信息技术的发展促进了信息资源的开发与利用，形成了信息产业，信息产业构成了信息经济的基础，成为推动整个社会经济发展的增长点。特别是全球经济一体化，已是任何力量都无法阻挡的趋势，这是资本发展的必然结果—追求利润的最大化。

（2）对生活与工作方式的影响

信息交流方式、文化、娱乐、新闻的主动获得、电子货币、交易方式等，涉及习惯、习俗与心理各个方面。

（3）对科研与教育的影响

文献的检索、科研人员分布所涉及的区域与范围、远程教育等。

（4）对法律与政策的影响

国家安全保密、知识产权、税法、隐私权等。

第二节　智能交通系统中的信息技术

智能交通系统加强了道路、车辆、驾驶员及环境四者之间的联系。借助于系统的智能化，驾驶员对实时交通状况了如指掌，管理人员对车辆的行驶状况一清二楚，提高了道路的安全性、系统的工作效率以及环境质量等。世界上许多国家都非常重视对智能交通系统的研制。实施智能交通，将至少起到提高运输效率、减少对环境的影响，改进安全与可靠性，降低交通基础设施的管理成本等作用，因此以信息技术为核心的智能交通系统的发展和应用将全方位地提高交通运输质量。

一、智能交通系统的特点

从系统整体的角度看，智能交通是众多技术的综合体现。但智能交通涉及的并不仅是简单的合成和堆砌，而是彼此间有着紧密的联系。

智能交通系统技术具有以下特点

（一）技术的集成性

集成性可谓 ITS 技术的最大特点。将先进的信息、控制、计算机技术和交通工程集成，形成了智能交通系统中各项特有的技术，如城市道路和高速公路智能交通控制技术、交通信息采集和融合技术、路径导航和交通信息服务技术、高速公路联网收费及不停车收费技术等，这些技术加强了人、车、路之间的联系，将各种设施单元（车载设备、路侧单元、控制中心）、交通管理部门和出行者集成到一起，为提高运输系统的运输效率和安全水平提供了基础和保障。

同时，ITS 是由多个子系统构成的。但是无论是子系统本身，还是各子系统之间，均需采用系统工程的方法，对系统本身以及系统之间进行上述 ITS 技术和方案的集成，并实施各种交通方式之间以及整个运行系统的集成，实现信息共享和一体化的交通综合管理。

以交通管理和控制系统为例，系统本身涉及信息采集、信息传输、信息加工、信息利用和信息发布以及采取控制措施等各项技术手段，这些技术手段以信息为纽带联系在一起，通过对信息的处理加工和优化算法，提出优化控制方案和管理措施，并将指令传递到各种控制的终端，实现对交通流的控制。又如交通信息服务系统和交通控制系统之间，交通信息诱导必须以交通控制系统所掌握和分析的交通信息为基础，因此信息服务系统的信息和交通流诱导核心技术，必须和交通管理系统的信息加工及处理技术联系在一起。这种子系统之间的技术集成不仅能够实现子系统之间的良好协作，而且还能降低系统的处理时间，节省系统的设施和费用。

（二）技术的系统性

要将智能交通系统的各项技术集成到一起，形成一个有机和完整的系统，首先这些技术手段本身需符合系统的特定要求，才有助于实现系统功能。另外系统的技术与技术之间有良好的接口和兼容性，使之整合到一起，真正实现系统的总体功能和目标。这就是智能交通系统技术系统性的特征要求。

（三）技术的先进性

智能交通系统的技术基础是先进的信息、计算机、网络、控制等技术。如何将这些先进技术应用到传统的交通运输管理领域当中，形成现代的先进运输管理技术，正是应用智能交通系统解决当前交通问题的关键，也是其应用和开发研究所要集中解决的问题。

（四）技术的综合性

智能交通系统要将各种信息技术包括电子信息技术、自动控制技术、计算机网络技术等有效地综合地运用于整个交通运输管理体系，一方面说明智能交通系统包含了大量的技术，另一方面这些技术还必须被综合利用，而不能简单叠加，技术与技术之间有很好的分工协作，才能实现一个大范围内、全方位发挥作用、实时、准确、高效、安全的交通运输综合管理和控制系统。甚至就系统当中的某一个子系统而言，也要综合运用各种相关技术，实现一定范围内的功能目标。以交通管理和控制子系统为例，信息采集因其方式而异，要用到传感器、超声波或视频技术等；信息的传输要依靠信息传输技术；信息的加工和处理涉及计算机技术，包括硬件中的网络和软件中的数据库技术；对交通的管理和控制要借助自动控制技术和网络传输实现系统生成的各种控制方案，以及借助各种信息发布技术发布各种信息。同时，也只有将这些技术加以综合利用，才能真正实现对交通流实时的、智能化控制。

（五）各种技术的相互关系

从信息流程的角度看，ITS 系统涉及信息采集、信息处理、信息传输、交通管理与控制、信息发布和利用，所有的信息交互都是基于信息传输网络的基础上完成的。

二、交通信息技术的主要内容

可以说，没有交通信息技术就没 ITS 的发展，而信息技术在交通领域的应用非常广泛。下面介绍交通信息采集、交通信息处理、交通信息传输、交通信息传输网络、交通控制、交通信息管理等方面的技术内容以及交通地理信息系统和全球定位系统在智能交通系统中的应用。

（一）交通信息采集技术

交通信息采集是 ITS 中重要环节之一，为交通管理、交通控制与预测、交通引导、交通指挥及交通信息服务等提供信息源和基础。从交通信息的类型上，交通信息分为静态交通信息和动态交通信息。其中，静态信息包括交通空间信息和交通属性信息，动态信息是反映网络交通流状态特征数据，以及交通需求空间分布特征数据。因此，交通信息的采集分为静态交通信息采集和动态交通信息采集两大类。静态信息采集在于建立交通基础信息数据库，包括基础道路网络数据、交通附属设施数据以及交通属性信息等，这些信息的采集主要有三种途径：通过各系统、各部门已有的与道路交通信息相关的地理数据库（包括空间与属性信息）中处理、转换得到。不足或缺失信息的采集，通过基于地面数字化、智能化采集、RS遥感、DPS（数字摄影测量系统）、GPS（全球定位系统）和GIS等在内的众多技术的集成。动态信息的采集分为两大类，即直接交通信息采集和间接交通信息采集。直接信息采集是通过传感设备获取相应的交通信息，到目前为止，动态直接交通信息采集传感设备包括：环形线圈、无线采集器（包括嵌入式和非嵌入式）、超声波采集器、电磁波采集器、光子式采集器、图像式采集器、AVI装置、动态图像采集器、移动式采集系统、速度传感器及环境信息采集器等。间接交通信息采集主要包括人工式（如司机通过移动电话提供路况信息等）、网络式（如通过数据网获取轨道交通、机场及港口客流信息等）等。到目前为止，为了满足常规交通信息（流量、车速、车头时距等）采集的需要，主要以常规传感设备为主，以图像采集设备为辅，图像采集设备主要用于交通监控管理。随着计算机技术、多媒体通信技术及图像信息处理技术的不断发展，图像采集设备不但用于常规的交通监控管理，同时，可从图像信息中获取相关的交通信息，达到交通信息采集手段的融合。

交通信息采集是交通管理的基础，详尽、及时、准确的数据将保证交通监控的有效可靠。根据对交通控制策略的分析，无论何种策略，如果要发挥作用，必须要有充足的信息源作为基础。从信息技术发展角度分析，信息是来自于多种媒体和媒介的。具体地说，今天的交通管理信息来源于基于数据、视频和语音网络的技术平台，需要一个多媒体的综合信息网络平台作为基础。而从信息所反映的功能可归属为：交通流、环境干扰、设备状态三大类。

交通流信息采集是通过安装在路边的交通参数检测设备采集，环境干扰参数通过路边环境检测设备采集，分别经过初步处理后形成数字式数据，并通过通信系统送到监控中心的计算机系统。设施状态部分由外场设备自动送出，部分在监控中心由人工输入计算机系统。

交通检测设备用来检测交通量、车速、占有率、车头时距、车辆存在和排队长度等，国外称为车辆检测器。根据检测器原理的不同，主要包括超声波检测器、微波检测器、线圈检测器和视频检测器等几种。从检测器采集到的数据形式看，分为视频检测器和非视频检测器。这两类检测器的用途是不同的。

视频检测是一种结合视频图像和电脑化模式识别的技术，通过软件方法实现图像中跟踪移动车辆的数字化处理，产生所需的交通数据，它的优势在于检测点的变化只在监视器的图像上设定软件中虚拟检测器的位置就可完成，不因道路的维修而中断交通检测，但天气和光线可影响检测的精度。

非视频检测器主要用于对路段上车速、车流量、车道占有率等数据的获取。非视频检测器的最大优势在于它不受天气和光线的影响。目前，在全国各省市的交通管理系统中，使用比较多的非视频检测器是电感线圈检测器和微波检测器。

（二）交通信息处理技术

交通信息的一个显著特征是随机性和空间性，因此对它的研究和分析只能建立在广泛统计的基础上，应用各类统计分析方法探索它的规律性。交通信息多种多样，针对采集到的不同信息和每一个应用场合的不同，交通信息的处理方法也不一样。目前主要采用的技术包括多媒体数据压缩处理技术、交通信息融合技术、交通流及行程时间预测技术、模式识别技术等。其中融合技术又包含现代滤波技术。行程时间预测包含建模技术（如交通模型等）八排队理论等，这些技术的综合利用在实际交通运输和系统中，并起着重要作用。

（三）交通信息传输技术

由于交通信息采集点地理上的分布性、采集手段的多样性、交通信息需求的分散性及交通信息服务对象的随机性，因而交通信息往往是海量的、多源的、异构的和分布式地存在于各个系统中，在进行信息传输时，可根据信息的特征，选取不同的传输技术。

交通信息传输技术可以理解为通信技术，智能交通系统是典型的应用信息系统之一，从交通信息的采集到交通信息的显示、控制和利用总是和信息通信技术结合在一起，而其中交通信息的传输更为重要。如果交通信息传输过程中出现差错，将带来严重的后果。

所谓智能动态交通信息是指可利用和可控制的交通信息，它是实现交通智能化的基础。为了实现实时的智能信息处理和控制，有必要提供既可靠又有效的传输途径，即由信息采集点（或信息源）到信息处理中心（或调度中心）及从信息处理中心到显示、控制或发布终端（或信息宿）的传输通路。例如为了实现车辆的流量控制，首先要将车辆信息及时地传输给信息处理中心，经过处理后做出判定，以限速、分流或行程时间等诱导信息反馈到信息采集点附近的显示终端，并以不同的显示信号提示给驾驶员，促使其采取措施，防止交通阻塞或其他事故发生，这是半自动控制方式。如果车内装有能接收提示信号的控制设备，则可实现全自动的车辆速度控制，以适合非熟练驾驶员或残疾人的操作运行。

选择不同的传输通路及传输技术决定于交通信息的数量、特征和交通信息的环境。由道路传感器或监测器采集到的路面、车辆及其他相关信息通过各自不同的信道传输，因此要求信道数量多，而传输速率并不需要很高的信息传输系统。根据道路交通信息的特征，即使是在实时控制系统中传输信息的速度也不算高。但在高速公路和高速铁路上行驶的车辆要求提供信息传输速率较高的控制系统，才能保证实时性的要求。比较困难的问题是交通信息的分布面广，而且很分散，有时甚至信息采集点是移动的，因此需将它们集中起来组成一个功能强大且使用灵活的交通信息传输系统，同时根据信息传输的方法，将信息传输技术大致分为模拟信息传输、数字信息传输、无线信息传输等几大类。

（四）信息传输网络技术

对于城市道路或者高速公路的交通控制信息传输网络，通常根据不同的区域和信息汇集层次，分成不同的传输结构层次。对城市某区域路网或者一条高速公路而言，通常设置干线层、接入层和基础底层三层结构。干线层完成最上层控制中心之间的信息传输，接入层完成工程范围内各个区域之间（即各个信息汇集点之间）的信息传输，基础底层完成各个外场设备向所属的信息汇集点的信息传输。实际中根据工程规模的大小，传输网络结构层次可适当增减。

处于不同网络层次的设备等级、规模以及设备要求各不相同。对于多层结构若能采用相同的通信制式，则有利于系统各个层次之间的良好兼容，方便系统维护和对于干线层和接入层的网络管理，通常采用光数字传输自愈环网结构。对于基础底层，则根据工程特点和技术条件不尽相同。

（五）交通控制技术

在交通运输领域内广泛采用的城市交通控制、快速路交通控制、轨道交通列车运行控制，是交通信息技术应用的重要内容。

城市交通控制与快速路交通控制都属于道路交通控制，由于其道路特征不同，控制方式也截然不同，如城市道路交通主要通过交叉口的信号灯控制，快速路交通控制包括出入口匝道控制和主线控制，其控制原理有许多相似之处。

从 19 世纪开始，为了解决交通信号的协调控制问题，世界各国先后从线控到面控（区域控制），研制出很多交通信号控制系统。目前，国内外已应用的信号控制系统大多是以优化确定周期方案、优化路口绿信号配比以及协调相关路口通行能力为基础，根据历史数据和自动检测到的车流量信息，采取被动的控制策略，即通过设置的控制模型算法选取适当的信号配比控制方案。

交通流检测技术为智能化交通控制提供了输入量。交通控制根据交通检测得到的交通信息，通过诸如改变信号灯配时等方案，维持交通流平顺通行的一种实时处理过程。交通控制系统包括许多不同的内容，如数据采集、数据分析、控制策略、控制技术以及给驾驶员传送的信息。大量实践表明，计算机和自动控制技术用于交通控制和管理可以大大提高现有路网的通行能力。但是，由于交通控制系统有其自身的特性，如规模庞大、变化因素多、相互关系复杂，以及信息随机、不确定等，使传统的分析和控制技术无法对交通控制进行比较精确的建模和预测。为了最大限度地满足交通控制需求，需要应用先进的技术，包括智能控制、专家控制、模糊控制、神经网络控制等技术。通过这些新技术应用，使交通控制系统更加完善，实现智能化的交通控制。

随着网络技术的发展，交互式控制策略使信号控制由感控到诱导，实现了真正的智能，交通信号控制系统不仅可以检测到车流量等交通信息参数，调控路口绿信号配比，变化交通限行、禁行等指路标志，还可以根据系统连接的数据库完成与交通参与者之间的信息交换，向交通参与者提供道路交通信息、停车场信息，提供交通参与者合理的行驶线路，达到均衡道路交通负荷的主动控制策略。例如人工智能技术在城市交通控制中的应用；城市高速公路交通系统的出现，由此引起的区域交通信号灯控制与城市高速公路控制的集成控制系统；动态路线导航与交通网络系统的结合；多智能体在交通控制系统中的应用，以及一些辅助的交通策略如收费控制、公共汽车 / 合用车优先控制、驾驶员信息系统等。

轨道交通作为一种非常重要的公共交通方式，其列车运行控制是核心部分。轨道铁路交通控制系统的首要目标是确保行车安全，其次是提高行车效率。目前全世界已经广泛应用基于轨道电路的自动闭塞系统，其中轨道电路的类型繁多，基本特征是用分段的轨道电路构成固定的闭塞区间，保证行车安全的基本点，对于两相随行列车之间有多少闭塞分区，取决于显示制式或规定的速差值。由于

FAS 系统是按最坏性能列车参数（载重量、制动率、经历坡道、最大允许速度等）决定闭塞分区的长度，对于性能较好的列车或较轻的列车就会存在效率上的损失，所以不仅 FAS 系统能保证运行安全，而且在运行控制效率方面也有潜力可挖。

ATP 系统的结构多种多样，其制动曲线形式分为两大类：一类是以闭塞分区为界限构成多台阶式制动曲线，称为分级速度控制，它多是以 FAS 为基础，所需的变参数较少，结构较简单，容易实现。日本新干线、法国各高速铁路等应用的 ATP 系统都属于这类。它的最大不足之处是没有充分发挥运行效率，尤其当列车进入车站范围表现得更为明显。第二类是基于一次控制的制动曲线方式，称为速度—距离制动模式，因为它仅以前方列车尾部停车为目标，所以这类制动曲线永远处于动态过程中，即列车车载设备的中心控制计算机一直不停地反复进行运算，直到列车停车为止，类似于一个熟练的司机不停地思维判断，不停地操作。由于这种方法是基于列车的动态参数，所以它既能用于旅客列车，也能用于货物列车，能广泛应用于客货混用的铁路。CBTC 系统一般用于城市轨道交通，例如地铁、磁悬浮列车等。

（六）交通信息管理技术数据库

1. 数据库

城市交通信息服务系统离不开数据的采集、分析与处理，而针对数据的上述操作，必然需要数据库技术的支持。数据库技术在当今的信息服务系统中占有重要的地位，它是信息处理的重要工具和组成部分，其理论和技术都已经达到相当成熟的阶段。但是，随着应用需求的不断提高，数据库技术也面临着许多挑战，需要不断进步、不断发展。数据库技术用于特定的应用领域，出现了工程数据库、统计数据库和空间数据库等。数据库技术和其他相关技术结合又形成了各种新型的数据库。例如，分布式数据库、并行数据库、演绎数据库、知识库、主动数据库、多媒体数据库、模糊数据库以及移动数据库等。

总体上，数据管理经历了手工、文件系统和数据库系统三个发展阶段。数据库系统是针对文件系统缺乏数据共享和基于数据的集中统一管理而提出的，基于数据库系统的研究，一开始主要集中在集中式数据库管理系统上。与当时的计算机技术和网络通信技术的发展水平密切相关，当时应用需求集中在单片机处理模式，随着网络通信技术的发展，例如，局域网技术和广域网技术的发展和成熟，公共数据网、各种局域网、广域网的建成，人们期望着符合现实需求的、能处理分散地域的、具备数据库特点的新型数据库系统的出现，由此出现了分布式数据库系统。

通俗地说，分布式数据库系统是指在地理上（或物理上）分散而逻辑上集中的数据库系统。管理这样的数据库软件称为分布式数据库管理系统。移动数据库是指移动计算环境中的分布式数据库，它是传统的分布式数据库系统的扩展，可以看作是客户与固定服务器结点动态连接的分布式系统。

我国大多数城市均建立了交通管理基础数据库以及车辆、驾驶员、事故、违章数据库。可以说数据库技术几乎涉及了智能交通的所有子系统。作为 ITS 领域重要子系统之一的城市交通信息服务系统，已经渗入我们的日常生活中，移动数据库技术的应用，使得移动数据的分析与处理，特别是具有友好服务界面的车载信息服务与诱导系统成为可能。

数据仓库技术从数据库技术发展而来，为决策服务的数据组织和数据存储技术。数据仓库的信息源具有分布和异构的特点，主要信息可视为定义在各信息源上的实体化视图集合。数据仓库管理系统把实体化视图所对应的数据从信息源中提取出来，存储到数据仓库中，使之成为物理存储的数据实体。因此，数据仓库具有两方面功能，一是从不同的信息源中提取数据，由各种聚集操作（如分类、求和、记数等）加工转化后存入数据仓库中；二是在数据仓库上处理用户的查询与决策分析请求，尽量避免直接访问数据源。

数据仓库中的数据是多维的，构成多维数据库，以便于从不同角度观察分析问题，数据仓库是面向主题的，因而适合于决策支持。

2. 人工智能和专家系统

人工智能和专家系统是高级的信息管理技术，它们不仅充分利用原始数据的信息量，而且依靠学习和训练等措施产生推理和判断能力，将原有的知识水平提高一步。当然，新知识并不是自然产生的，而是事先设定了许多判定规则和逻辑程序，新的知识只能在这些规程和程序的基础上才能形成。例如，在语音信息处理中由个别语音的识别发展到单词句子的理解，是信息处理智能化的结果。在生物医学信息处理中依靠医生的经验所制定的各种规则和逻辑可建立医学专家系统，只要输入少量的生物医学信息就可以诊断出疾病的性质和确定采用某种治疗方案。同样，在交通信息处理中也需要向智能化方向发展，建立适用于不同场合的交通专家系统，人工神经网络是 20 世纪 80 年代掀起的热门课题，它具有并行处理功能和自学习、自组织、自适应功能，因此特别适用于各种动态的、时变的、线性或非线性的控制系统，目前已得到广泛地开发和应用。在交通信息控制中利用人工神经网络可以实现分类、时变、特征提取、统计决策以及智能化等功能，因此对建立智能高速交通系统是不可缺少的，目前正在发展利用神经网络研究路面状态检测、路径自动选择、信号时间自动控制等问题，已取得了不少研究成果，今后将会更加广泛地应用。

（七）交通地理信息系统

GIS 技术，即地理信息系统，是用来描述现实世界中地物在空间上的分布及其属性的一个信息系统。它利用计算机建立地理数据库，将地理环境的各种要素，包括地理空间分布状况和所具有的属性资料，进行数字存储，开发各种分析和处理功能，建立起一套有效的数据管理系统。系统通过对多要素的综合分析，方便迅速地获取信息，满足应用研究的需要，并以图形和数字两种方式表示结果。因此，它是一个计算机化了的地理信息和数字分析处理系统。

由于交通信息与地理空间资料密切相关，而地理信息系统集成了计算机数据库技术和计算机图形处理技术，具有强大的数据管理和空间分析功能，因此交通运输也是地理信息系统的重点应用领域，两者结合产生了交通地理信息系统 GIS–T。

简而言之 GIS–T 就是收集、存储、管理、综合分析和处理空间信息和交通信息的信息系统，是 GIS 技术在交通领域的延伸，是 GIS 与多种交通信息分析和处理技术的集成，为交通各部门提供一个功能强大的空间信息服务和管理工具。

具体地说，它的应用体现在以下几个方面：电子地图的应用、公路网规划、道路设计和维护、运输企业运营管理、为智能运输系统提供数字化平台。

但是，随着智能交通系统的进程不断推进，其规模不断扩大，城市信息化"数字城市"工程的进程不断深入，物流信息化迅速建立及公民对信息服务需求意识不断增强，因此，为适应交通信息服务对象对交通信息综合运用的需求，智能交通系统应与"数字城市"相结合，应用新的信息处理技术实现与交通信息的融合。GIS 具有存储各种数据以及进行交通运输空间分析与数据处理能力，满足交通运输部门进行规划、决策和管理功能的要求，这是 GIS 在交通运输领域得以应用的主要缘由。GIS 系统中大量的数据涉及与地理位置有关的信息，如事故的发生地等，需要与其地理位置联系起来。随着计算能力和无线通信技术的提高以及精确的空间数据的获取，GIS 已成为采集、整合、存储、管理、分析、表达与传播分散在交通运输部门有关信息的首选平台和实施 GIS 的核心技术。

（八）全球定位系统

GPS 技术，即全球卫星定位系统技术，是利用分布在高空的多颗人造卫星对地面上的目标进行测定，并进行定位和导航，用于对船舶和飞机及其他飞行物的导航，对地面目标的精确定时和定位、地面和空中的交通管制以及空间和地面的灾害监测等。

GPS 系统由空间、地面控制和用户三部分组成。GPS 以全天候、高精度、自动化、高效益等显著特点，广泛应用于导弹制导、情报搜集、战场指挥、军事测绘、车船和舰艇导航、陆海空交通管理等方面。

GPS 技术在智能运输系统有着广泛的应用。智能运输系统的目标是应用先进的技术使交通运输安全高效，达到缓解交通拥挤、减少交通事故、减少行程延误和减轻环境污染的目的，它的实质是通过人、车、路之间通信提高现有道路网络利用措施的集合。为了实现与车辆之间的有效通信，很多时候需要掌握车辆的实时位置信息。一些智能化的运输系统，如车辆导航系统和车辆运营管理系统的实施必须以车辆的立即寻址为前提，而 GPS 技术正是为车辆的立即寻址提供了一种经济可靠的手段，它将人们从只通过车辆行驶里程和行驶方向粗略估计车辆位置中解放出来，不仅提高了定位精度，更是在定位方式上有了质的飞跃。

GPS 技术由于为车辆的立即寻址提供了一种经济可靠的手段，因此，在 ITS 中得到广泛的应用。比如，用于车辆导航。车辆导航系统是采用车载的全球卫星定位系统装置获取车辆的行驶位置，通过与预先描绘好的电子地图数据库进行地图匹配，得出车辆在路网结构中的动态情况，显示车辆在路网中的行驶状况，并给出车辆到达目的地的行驶路径，以及达到相应路段后的路径诱导，并将这些信息反馈给驾驶员。又如，用于车辆运营管理。该系统主要是为了让运营管理部门、安全保卫部门及时掌握部门所有运输车辆的运行状况，对车辆进行集中的指挥和调度，提高运输效率，保证运输的安全。目前这类系统在公安、运钞以及公交调度等部门广泛使用。

第八章　交通信息技术及其应用

第一节　交通信息管理技术

交通信息管理是一个复杂庞大的信息管理系统，包括机动车辆信息管理、驾驶员信息管理、交通违章信息管理、交通事故处理系统、交通监控系统、交通拥挤疏导系统、财务管理系统和文书管理系统等等。这些系统除了计算机网络的硬件支持外，关键的还有数据库软件支持。另外，管理过程中专家系统可以提高管理效率及公平、公正性。下面主要介绍数据库技术和专家系统两种先进的管理技术。

一、数据库技术

（一）数据库系统

通常讨论的数据库指的是计算机中用于数据处理的一种数据管理技术。简单地说，数据库是在计算机中按照一定组织方式存储在一起的、相关的、为用户共同关心的全部数据的集合。这些数据具有最少的重复（冗余度小），能够同时为多个用户服务（数据共享），数据的存储独立于应用程序（数据独立性），对数据库进行更新和检索等操作，由系统提供统一的控制方法，保证数据的完全性、完整性和并发一致性。

由于数据库中存储的数据量大，为多个用户共享使用，因此必须有一套专门的软件管理数据库，负责数据库的建立、数据结构的定义、数据库中数据的更新和查询、多个用户并发访问数据库时的事务调度，进行安全性和完整性检查，以及系统性能的监测，数据库的转储和故障后的恢复等。完成这些任务的软件称之为数据库管理系统。简言之，数据库管理系统是一套用于建立、管理和维护数据库的软件。

1.数据库的特点

数据库技术是由文件系统发展起来的一种新型数据管理技术，它为用户提供更广泛的数据共享，保证应用程序更高的数据独立性，减少数据冗余，提供方便的用户接口，因而获得了广泛的应用。下面从数据库与文件系统的区别角度，讨论数据库系统的主要特点，以便理解数据库在数据管理技术中所起的重要作用。

（1）复杂的数据结构

文件系统中，文件通常看成是相同格式的等长记录集合，且记录与记录之间无任何联系。这样的数据结构形式在实际应用中浪费了大量的存储空间，同时也存在其他问题。在数据库系统中，由于可以存储复杂的数据结构和不同格式，不同长度的记录，且记录之间可以有联系，节省很大的空间，增加了人们组织数据的灵活性，提高了描述现实世界的能力，这是数据库与文件系统之间的最根本的区别之一。

（2）面向数据组织数据

数据库系统具有表达复杂数据结构的能力，使得人们不再面向单个使用组织数据，而是从整体角度出发组织数据。

（3）数据共享

数据库系统采用面向数据的组织方法，例如，处理一个企业的信息时，各部门的应用仅仅使用数据库中与它相关的那部分数据，而数据库中存储的是企业的全部信息，达到数据共享的目的。具体地说，在数据库中通过以下几个方面功能实现数据共享：

①统一的数据控制。由于数据库中强调共享，即多个用户可以同时访问数据库中的数据，因而数据库管理系统要提供一种统一的数据控制手段，保证数据的安全性、完整性和并发一致性。

②减少了数据的冗余度。文件系统中，每个应用对应自己的文件，造成了存储数据上的大量重复，不但使存储空间浪费，也给数据更新带来许多困难。数据库中由于能够共享使用数据，每个数据只存储一次，避免了大量的数据冗余

存储。

③避免数据的不一致性，是减少数据冗余的必然结果。文件系统中，相同数据存储于多处，若其中一处被修改，很难将其他几处的数据同时修改，可能给用户提供错误甚至是相互矛盾的信息，这就是数据的不一致性。如果消除了所有的冗余，那么数据的不一致性就会存在。前面说过，数据库虽然可以减少冗余，但并不能完全消除，要求数据库管理系统能够在修改数据时，自动修改另外几处数据。

④数据独立性。数据独立性有两层含义：物理独立性和逻辑独立性。当存储结构改变时，应用程序可以不加修改照样运行，这就是数据的物理独立性。同样当数据库的概念视图发生修改，可以通过修改外部概念层映射的方法，保证外部视图的不变，应用同样可以不用修改，这就是数据的逻辑独立性。数据库技术为数据处理提供了较高的数据独立性，提高了应用程序的生命力，节省了当数据库的存储结构，甚至也节省了逻辑结构改变的情况下需要支付的费用。

2. 分布式数据库

（1）分布式数据库的特点

分布式数据库系统集成了两个不同领域的技术：数据库和通信。一个分布式数据库是基于一个同构数据库系统模型，并由它构造而来，数据和管理软件都分布在各个计算点，位于分布式计算系统的最顶层。系统的各个分布点通过某种形式的通信设施连接在一起。通信媒介一般是低速的局域网络，数据库分布对于任何节点的数据库用户来说都是透明的。他们所看到的数据库都是同一个局部可以访问的数据库管理系统。分布式数据库中的数据可以通过多种方法分布，数据可以分布在所有的节点上，也可以每个节点上保存一份拷贝。

（2）分布式数据库的体系结构

分布式数据库管理系统主要有三种体系结构模式：本地数据库系统扩充为全局的一个组成部分；统一的分布式数据库；客户—服务器体系结构。

在使用本地数据库系统扩充的体系结构中，分布式数据库是在每个节点上建立本地自治的数据库实现分布特征。本地数据库管理器是一个独立的数据库系统，能进行本地或者远程的查询或更新。

完全分布式数据库系统，在所有数据系统节点之间具有更高的凝聚性。这种凝聚性是设计基本方法的结果，它使整修系统的运作成为统一整体。在这种体系结构中，数据库功能被分摊到各个独立节点上，通过对系统软件功能的划分，处理负载也被分摊到各个节点上。

客户—服务器体系结构不是一个真正的分布式数据库系统，它是一个混合的体系结构，每个节点都有部分数据库管理系统的功能，但是只有一些节点具备所有的元素，包括数据库本身。

（二）数据库技术在智能交通系统中的应用

1.分布式数据库技术在交通共用信息平台中的应用

从整体上看，一方面，智能交通系统是由一系列相对独立运行的分系统构成。这些相对独立运行的分系统及 ITS 整体效益的发挥，在很大程度上依赖于是否能够充分做好 ITS 的系统协调、整合。另一方面，各 ITS 分系统的信息集成，也是建设和发展 ITS 公共交通信息服务的基础。共用信息平台是实现 ITS 系统协调、整合的重要技术手段，也是 ITS 系统面向全社会提供信息服务的基本信息平台。共用信息平台的核心是数据库。数据库存储从 ITS 各子系统中提取，经过标准化和规范化的数据。由于地理上的分散，各共用信息平台中的数据资源难以直接进行交流和共享。使用分布式数据库管理系统可以较好地实现各共用信息平台的互联。根据分布式数据库系统结构的不同，有两种实现互联数据组织管理方案。

2.数据仓库技术在交通共用信息平台中的应用

数据仓库技术是从数据库技术发展而来，为决策服务的数据组织和数据存储技术。数据仓库的信息源具有分布和异构的特点，主要信息视为定义在各信息源上的实体化视图集合。数据仓库管理系统把实体化视图所对应的数据从信息源中提取出来，存储到数据仓库中，使之成为物理存储的数据实体。因此，数据仓库具有两方面功能，一是从不同的信息源中提取数据，并由各种聚集操作（如分类、求和、记数等）加工转化后存入数据仓库中；二是在数据仓库上处理用户的查询与决策分析请求，尽量避免直接访问数据源。数据仓库是面向主题的，适合于决策支持。

3.实时数据库技术在城市交通监控系统中的应用

实时数据库作为数据库技术的一个重要分支，随着网络通信技术的发展，实时数据库的分布式技术得到很大的发展，它非常适合应用到城市交通管理的动态监控系统中。

（1）交通监控系统组成

监控系统主要由事件自动检测系统、通信设备、报警系统、指示装置和实时数据库等部分组成。检测系统根据设定的参数和算法，采集现场交通信息，传到通信设备；通信设备主要将传来的数据送到监控中心的实时数据库；报警系统根据实时数据库中的数据，与事件检测器的数据比较后进行相应的报警；指示装置根据实时数据库的数据，经接口电路显示各道路的交通信息，还可以通过交通电台播放信息提示司机。实时数据库主要处理和存储现场传回的数据，供指示器和报警器用，同时定时传回历史数据库。

（2）实时数据库的更新管理

为了保证各站点数据的实时性，系统采用同步更新的技术加以实现。设计时，使更新程序具有较高的优先级，当一个站点收到一条新的数据时，首先存到本地数据库，然后启动更新程序，将更新的消息传达到各个网络站点，使各站点闭锁所有活动副本的相应数据，并发送更新命令将新数据发至活动副本进行更新，更新完毕后立即将相应的数据解锁。

（3）监控系统中分布式实时数据库的设计

由于城市道路交通管理系统通常由一个总的交通监控中心和若干个分中心组成，因而具有分布式的特点。该分布式实时事件管理系统如果考虑到的事件不只是某一路段的影响，还有可能是几个路段的影响，因而必须考虑到网络费用问题，各个监控中心的数据可以重复设置和合理分配，每个监控中心都保存所有路段的实时交通状况数据，查询操作可以在各个监控中心进行，减少网络开销，增加系统的实时性，提高事件自动探测系统的工作效率。

为提高数据的读写速度，数据库分别存储到两种介质上。系统实时数据采用内存存储，历史数据采用外存存储。实时数据库系统的数据设置采用重复设置，即网络中的每一节点均有数据库的完整副本。重复设置可保证在检索数据操作时不必通过网络访问总控中心，可以在本机上快速完成，减少网络费用，增加系统的实时性。

该监控系统主要以车速、车流量、车道占有率、实时图像为采集对象，在道路安全畅通的情况下，实时系统在固定的周期内向实时数据库传输数据，当交通状况恶化时，要求实时数据库系统高频率地上传数据。RTDBS 是由网络中许多互连的节点组成，每个节点有一个实时子系统，子系统中存储着车速、车流量等实时数据，供各监控中心的客户系统实时地调用，各个子系统中的数据库重复设置。当某一节点收集到一条新的信息后，首先存入到本地数据库中，接着把更新信息广播到其他的 RTDBS 节点，该节点收到广播信息后把更新的数据存入各自的数据库，保证所有节点的副本更新，提高系统的可靠性。

4. 移动数据库技术在交通信息服务系统中的应用

（1）交通信息服务系统组成

①静态信息数据库。该数据库是信息输入模块，该模块完成处理储存信息和检索静态信息网络的功能。模块提供的信息包括当前在网络中的地理位置，连接能力信息，连接速度限制信息，查询者当前的位置等信息，但是所有提供的信息都是静态的非实时的。

②历史信息数据库。可以提供历史数据的查询，以及相关问题的历史处理模块等对于历史事件的相关信息。

③动态输入模块。提供实时的动态数据查询，诸如当前路段的交通状况，以及和形式在该路段的车辆平均速度等。该数据来源是道路监控系统提供的动态数据，并经过处理，得到人们很容易接受的相关数据显示形式。不仅如此，该模块还具有短期信息预测功能，对于路径的选择、交通事故的提前发现具有重要意义。

④数据处理模块。负责再次处理上述三个模块之后得到的输入数据，通过动态输入模块得到的数据有一定程度的误差，需要校对。通过将动态采集的数据与历史的数据进行相应的对比，配合不同的权重系数，进行总体评价，将历史数据做某种程度的修改，仔细分析现有数据采集方式，如果有不足之处，通过人为干预进行修改。

⑤交通事故模块。提供发生事故的地点、涉及的交通拥堵的范围等信息，路况信息员有权利输入当前的交通事故信息等。

⑥路径选择模块。根据当前的路网交通状况，可能或已经发生的道路交通事故等突发事件，从交通管理出发，面向出行者提供合理的交通路径诱导，为出行者选择合理的出行路径提供科学的依据。

⑦交通信息显示模块。向用户提供出行所需时间的估计值、静态以及动态的信息等等。

⑧模拟模块。对于当前的路网状况以及提供的路径选择模块的信息，进行在线模拟，并将模拟信息提供给交通信息显示模块，作为模拟信息显示的依据。

（2）实现基于移动数据库技术的交通信息服务与诱导系统的关键技术

为了实现基于移动数据库技术的交通信息服务与诱导系统，必须解决移动计算环境中断性、移动性、通信的不对称性等因素对数据库系统的影响。下面简要介绍需要解决的关键技术：

①移动事务处理。即移动客户机上发出的事务。它属于分布事务，该事物一部分在客户机上完成，一部分在服务器上完成。

②数据广播。数据广播是指在移动计算环境中，利用客户机与服务器通信的不对称性，以广播的形式向客户机发送数据。其最大优点是，广播费用不依赖移动用户数量的变化而变化。借助数据广播，一定程度下解决移动数据库系统的断接性。

③数据复制—缓存技术。该技术是解决移动数据库链接性的关键技术。传统的复制—缓存技术都是假定客户机和服务器之间是经常保持链接的，并基于这个前提维护一致性，这在移动计算环境是不适用的。目前针对移动计算的特点开展数据复制—缓存技术的研究，最具有代表性的是两级复制机制采用主拷贝更新复制的协议为基础，将移动数据库的节点分为两类：基节点和移动节点。在基节点之间建立第一级复制，移动节点之间建立第二级复制。该方法完成在断接情况下数据库的暂时更新，一旦重新建立连接，完成永久更新，保持系统状态的一致性。在解决缓存失效技术方面，通过服务器定期或异步的广播缓存失效报告使移动客户机的缓存保持同步。

④移动查询处理。在移动数据库中，存在着与位置相关信息的查询与更新。这方面的问题与时态、空间数据库是相关的。有学者提出在现有的分布式数据库管理系统的外部再封装一层用于解决与移动对象位置相关的查询，设计模型来描述移动对象，对传统的语言进行扩展来查询位置相关的信息。

二、专家系统

专家系统或专家智能控制系统是基于知识的智能控制。它是人工智能、专家智能、自动控制、模糊技术相结合的产物。它利用专家系统的推理机制决定控制方法的灵活选用，实现解析规律与启发式逻辑的结合、知识模型与控制模型结合。它模仿人的智能行为，采取有效的控制策略，使控制性能的实现成为可能。

（一）专家系统的基本组成与特点

专家系统是人工智能应用研究最活跃的领域之一，它已获得日益广泛的应用。一般说，专家系统是一个智能计算机程序系统，其内部具有大量某个领域专家的知识与经验，能够利用人类专家的知识解决该领域的问题。也就是说，专家系统是一个具有大量专门知识与经验的程序系统，它应用人工智能技术，根据某个领域一个或多个人类专家提供的知识和经验进行推理和判断，模拟人类专家的决策过程，解决需要专家决定的复杂问题。

专家系统的基本功能取决于它所含有的知识，因此，有时也把专家系统称为基于知识的系统。专家系统的主要功能取决于大量知识。设计专家系统的关键是知识表达和知识的运用。专家系统与传统的计算机程序最本质的区别在于：专家系统所要解决的问题一般没有算法解，并且往往要在不完全、不精确或不确定的信息基础上得出结论。

1.专家系统的基本结构

一般专家系统由知识库、数据库、推理机、解释器及知识获取五个部分组成，它的结构：

（1）知识库

知识库用于存取和管理所获取的专家知识和经验，供推理机利用，具有知识存贮、检索、增删、修改和扩充等功能。

（2）数据库

用来存放系统推理过程中用到的控制信息、中间假设和中间结果。

（3）推理机

用于利用知识进行推理，求解专门问题，具有启发推理、算法推理；正向、反向或双向推理；串行或并行推理等功能。

（4）解释器

解释器作为专家系统与用户之间的"人—机"接口，其功能是向用户解释系统的行为，包括：咨询理解和结论理解。咨询理解，对用户的提问进行"理解"，将用户输入的提问及有关事实、资料和条件转换为推理机可接受的信息。结论解释，向用户输出推理的结论或答案，并且根据用户需要对推理过程进行解释，给出结论的可信度估计。为完成以上工作，通常要利用数据库中的中间结果、中间假设和知识库中的知识。

（5）知识获取器

知识获取是专家系统与专家的"接口"。知识库中的知识一般都是通过"人工移植"方法获得，"接口"就是知识工程师（专家系统的设计者），采用"专题面谈""口语记录分析"等方式获取知识，经过整理后，再输入知识库。为了提高知识工程师获得专家知识的效率。知识工程师可以借助于"知识获取辅助工具"，辅助专家整理知识或辅助扩充和修改知识库。近年来，开始采用机器学习、机器识别等方法获取知识。

2. 专家系统的特点

与常规的计算机程序系统比较，专家系统具有以下特点：

（1）启发性

专家系统要解决的问题，其结构往往是不合理的，其问题求解知识不仅包括理论知识和常识，而且包括专家本人的启发知识。这些启发知识可能是不完全的和不准确的，但是能够执行高级分析和推理，解决复杂的或困难的问题。在问题求解过程中，专家们应用组合启发知识（甚至是多种经验），模仿专家的思维和认识过程。因此，专家系统具有启发性，并能够高效和准确地做出推理、判断、决策和结论。

（2）透明性

专家系统能够解释本身的推理过程和回答用户提出的问题，以便让用户了解推理过程，增大对专家系统的信任感。例如，一个医疗诊断专家系统诊断出病人患有肺炎，而且建议使用某种抗生素治疗，那么，这一专家系统将能够向病人解释为什么他（她）患有此病，以及为什么必须使用这种抗生素治疗，就像一位医疗专家详细向病人解释病情和治疗方案一样。当专家系统解释用户的提问时，它应用知识库内的知识和问题过程中产生的中间结果。这种解释机制为专家系统提供了一个透明的界面。因此，用户能够比较容易地接受专家系统。此外，问题求解过程中知识应用合理性可由检验专家、解释推理验证。当问题的求解结果不令人满意时，知识工程师和用户能够从中发现推理失败之处，为改进系统获得经验。

（3）灵活性

专家系统的灵活性是指它的扩展和丰富知识库的能力，以及改善非编程状态下的系统性能，即自学能力。由于专家系统中的知识库和推理是相对独立的，知识库内的知识是明显的，因此，专家系统知识库的扩展和修正是比较灵活方便的。专家系统能够不断增加新的知识，并修改与更新原有的知识。在专家系统建立之后，推理机能够从知识库内选择各种相关知识，根据求解问题的特点构造出问题求解序列。推理机的这种能力被看作是专家系统灵活性的一个方面。这一特点使专家系统具有非常广泛的应用领域。

（4）符号操作

与常规程序进行数据处理和数字计算不同，专家系统强调符号处理和符号操作（运算），使用符号表示知识，用符号集合表示问题的要领。一个符号是一串程序设计，并可用于现实世界中的概念。

领域专家求解问题的方法大多数是经验性的，经验知识一般用于表示不精确性并存在一定概率的问题。此外，所提供的有关信息往往是不确定的。专家系统能够综合应用模糊和不确定的信息与知识进行推理。

3.专家系统的优点

由于专家系统具有上述的诸多特点，因而它也具有许多优点：专家系统能够高效率、准确、周到、迅速和不知疲倦地进行工作；专家系统解决实际问题时不受周围环境的影响，不会遗漏和忘记；专家的专长不受时间和空间的限制，以便推广珍贵的专家知识与经验；专家系统能促进各领域的发展，使各领域专家的专业知识和经验得到总结和精炼，能够广泛而有力地传播专家知识、经验和能力；专家系统能汇集多领域专家的知识和经验以及它们协作解决重大问题的能力，它拥有更渊博的知识、更丰富的经验和更强的工作能力；专家系统的研制和应用，具有巨大的经济效益和社会效益；研究专家系统能够促进整个科学技术的发展，专家系统对人工智能各个领域的发展起很大的促进作用，对科技、经济、国防、教育、社会和人民生活产生极其深远的影响。

（二）专家系统在交通中的应用

1.事故处理专家系统

交通事故处理（结案处理）专家系统是一个具有大量交通事故处理知识和经

验的程序系统，它运用人工智能技术和计算机技术，根据存入计算机中的知识与经验进行推理和判断，模拟人的决策过程，完成交通事故的责任认定、处罚及相应的解释。

它是一项将计算机技术、通信技术、系统科学和行为科学应用于包含有非数值型信息的事故处理的新技术。事故处理专家系统的总体结构主要由知识库、数据库、模型库、推理机及相关模块组成。

2. 交通拥挤疏导专家系统

在城市交通拥挤管理领域，针对不同的交通状况做出决策，决策系统必须获得关于当前交通状况各方面的详细信息。由于相关数据的复杂性及大量性，决策者需要有效的决策支持系统。能够根据道路交通拥堵信息，迅速查明拥堵成因，实时对交通疏导方案进行优化决策。

（1）城市交通拥挤的属性

由于城市交通网络上的拥挤状况取决于组成网络的各个路段（有向路段）或交叉口处的交通状况。而且任何一个交叉口的交通状况也是由其相连的路段交通状态所决定。因此以路段为单位讨论拥挤，引入交通拥挤属性的概念。交通拥挤属性包括以下五个方面：

①拥挤发生的时间，事件或拥挤产生的时间不同，对道路通行能力产生的影响也不同，发生在出行高峰期的拥挤，随着交通流的持续增大，必然会迅速产生严重的拥挤复延。反之则未必。时间根据时间段划分为：早高峰、晚高峰、平峰等。

②拥挤发生的地点，城市交通道路有主次之分，对不同地段发生的拥挤，采用不同的控制措施。地点分类为：主要道路、次要道路、重要交叉口、次要交叉口等等。

③拥挤发生的原因，产生拥挤的原因分为正常情况和非正常情况两种类型：前者主要是由于流量的突然增大，超过了正常的道路容量，这种拥挤最易发生在高峰时间，较有规律，属于周期性拥挤；后者主要是由特殊事件引起道路容量的减少或堵塞，或是某一地段举行活动，吸引过多的流量而引起的拥挤，这种拥挤没有规律，且可能持续时间较长。

④拥挤发生的类型，从拥挤形成先后次序，可以判断拥挤的类型：在一个瓶颈处形成的拥挤，称为原始拥挤；由原始拥挤的回流和蔓延形成的拥挤，称为后

续拥挤。

⑤拥挤发生的程度，考虑与交叉口相关联的进口路段上的拥挤程度，可以用车辆等待的信号周期数或排队长度描述拥挤程度，分为拥挤、非常拥挤、严重拥挤、死锁等。特别地，由于拥挤程度受到其时间、地点及原因等属性的影响。因此，该属性与其他属性密切相关。对于拥挤现象可统一描述如下：

在决策过程中，可以针对由各属性组合而成的各类情况，经过推理决策，快速选中处理不同类型拥挤的策略。

（2）城市交通拥挤疏导专家系统组成

城市交通拥挤疏导专家系统是一个集交通拥挤监测、交通事件处理、交通网络堵塞预警、特殊交通组织服务及交通网络常规管理于一体，并相互关联、协调的计算机辅助专家系统。考虑将城市交通拥挤疏导中的知识和经验，交通管理的一些基本原则，系统优化的一些基本思想等综合起来，构成系统的知识库，再将进行拥挤疏导时的思路和人工智能技术结合起来，构成系统的推理机构。根据城市道路的交通状态，分析获得的数据信息，通过推理机调用有关的规则，最终给出疏导方案。

①拥挤监测。交通拥挤包括常发性拥挤和偶发性拥挤。前者可预测，也容易排除，后者由于发生随机事件的时间和地段都不可预测，因而常常不能及时被发觉与排除。拥挤监测的主要功能是根据原始数据，自动监测是否有偶发事件发生，以及事件的发生路段。提醒交通管理者可能发生的事件，管理者利用视频监视系统或巡逻车对这种警告进行确认。

②拥挤属性数据库。负责组织管理从交通管理信息、接处警等前端数据获取系统所得到的数据。为交通预测、离线推理和分析、决策、规划、控制提供有关原始数据，负责管理与采取措施方案相对应的信息，如交通信号灯的周期、绿信比和相位差这三个重要参数的改变量等从交通管理信息数据库系统提取的原始数据主要根据对交通拥挤的分类，形成包括时间、地点、原因和程度四大类数据，这些数据包括实时交通状况数据和历史交通流数据（大多是检测器数据）以及事故报警数据库中有关事故发生地点、类型、严重程度等数据。直接接收警戒任务信息，如大型集会、警戒路线信息等。它们的取值在每次做决策时都是变化的，是一个动态数据库。

③路网空间数据库。以数据库的形式对城市道路网络进行描述。将道路交叉

口及有向路段抽样为组成路网的点和有向线段，按照交叉口与路段之间的衔接关系组成城市路网结构的基本框架。以数据库的形式存储它们之间的连接关系及各自的属性（如交叉口有无信号灯，路段有几车道等），该数据库中的数据在一段时间是不变的，构成一静态数据库。

④图形显示拥挤。该模块通过将监测到的拥挤发生的原始地点，与路网空间数据相匹配，在城市交通网络图上显示，加强直观性。

⑤特殊交通组织服务预案库。针对特殊的交通事件（如警戒路线，大型活动交通管理等）将典型的处理方案存储在预案库中。

⑥疏导策略库。存储处理各种拥挤类型的策略。特别是这些策略不适合采用规则表示。

⑦规则库。规则库是系统工作的基础，用来描述交通控制与管理方面的知识和专家的经验。根据交通拥挤疏导专家系统对处理常规性拥挤及特殊事件拥挤的不同需要，知识库系统由三个子知识库构成，分别描述如下：特殊交通组织服务预案库：存放的是描述性知识，采用的是框架形式，当特殊交通组织服务决策需求发生后，系统调用该知识库进行匹配，找出相应的方案。疏导策略库：存放对各种疏导策略的描述，采用的是一阶谓词逻辑形式。规则库：是系统知识库的主要组成部分。系统采用产生式方法，推理表达式用模糊产生式规则表示。

⑧模型库。存放交通流预测、交通规划与控制、交通状况数据分析三方面的模型。这些模型按其性质分为数学模型和模拟模型两大类。数学模型是运用数学规划等方法、对面临的决策问题比较明确，影响因素比较确定的交通问题，按其性质和规律直接构造的模型，主要用于结构化和半结构问题的决策，如交通信号控制模型、交通流预测模型、交通规划模型、路径选择模型，等等。模拟模型则是对于系统特性和模型结构比较清楚。但影响因素和环境条件却不确定，数量描述或求解比较困难的交通管理而建立起来的模型，这种模型能解决半结构化或非结构化的问题，如交通事故、事件处理模型等等。

⑨推理机。由搜索树构成，在交通拥挤疏导决策过程中，推理机构根据拥挤的属性，疏导的请求，通过双向搜索选用适当的规则，采用"黑板"+"适时推理"的运行方式，最终提出各种处理方案。

⑩人机接口。它贯穿在整个决策、控制与分析过程中，操作者通过它输入需求、条件或判断，系统通过数据处理、模型运算、知识推理，充分利用各种数

据、模型和知识，做出正确的决策方案，同时操作者通过人机接口，实现模型库、知识库和数据库的各种维护操作。

第二节　GPS 技术

一、GPS 在交通领域的应用

（一）GPS 在车辆导航监控方面的应用

1. 车辆监控和调度

传统的车辆监控、调度系统一般采用对讲机之间的通话实现，但这种方式在车辆超过 10 辆以后，调度人员就难以应付了。为此，建立以指挥中心为基地，全面、实时、动态地掌握和调度系统内的车辆成为急需解决的一个问题。

因此，各国正在研究利用 GPS 组合导航技术进行车辆监控和调度。利用 GPS 进行车辆监控、调度的好处在于，可以充分地利用计算机进行自动化、智能化的监控管理，减少人为差错及管理人员的工作量。并且，随着计算机和通信技术的发展，管理系统可以同时对大量车辆进行监控和调度，实现大区域或全国联网的车辆定位系统成为可能，并建立城市内的车辆实时管理系统，使得城市交通管理控制水平向自动化、智能化迈进。

2. 智能车路管理

基于上述的车辆监控、调度系统，配合 GPS 在导航上的应用技术，建成智能车路系统。在市区，该系统可以实现路径诱导功能，提供实时道路交通信息，并配合预设的计算程序，确定到达目的地的最优路径。另外，配合 GPS 提供的车辆到达信息，进行信号交叉口感应控制。在高速公路上，智能车路系统可以实现车辆自动驾驶的功能。该功能不仅可以提高高速公路的安全保障，还可以大大缩小高速公路上车辆间的车头时距，改变现有的车辆跟车模型，有助于提高高速公路的通行能力。

（二）GPS 在交通规划领域中应用

GPS 在交通规划中的应用目前还不是很多，随着 GPS 技术的成熟和 GPS 用户接收机日益普及，GPS 在交通规划领域的应用将实现大的突破。

1. 在交通数据采集管理中的应用

监控系统可以实时监测每一辆车在任意时刻的位置及保存行驶轨迹。如果将来每辆车都必须配置 GPS（这种强制性要求有助于车管部门对全市车辆进行监控管理，尤其对交通拥挤的特大城市），车管部门的管理系统将可以统计每小时、每一天或者每年的任意路段上的交通流量，而这些精确的流量数据将是交通管理和规划必需的基础。

2. 与地理信息系统 GIS 结合

目前正在发展中的以 GPS 定位为主体的地理信息系统（GIS）大有前途。地理信息系统与 GPS 系统的结合，可以建立综合交通规划空间信息管理分析系统，不仅极大地增强了交通网络处理的直观性、可操作性，而且还能提高交通规划的工作效率。

3. 基于 GPS 技术的交通规划理论变革的探讨

以土地利用和出行吸引模型为基础的交通规划目前仍有其不可替代的优点，但是其前期准备工作的复杂和投资的巨大，及其在精度上的不准确性和不确定性，导致交通规划结果往往不如人意。由于 GPS 系统可以全时、全天候、精密、适时、近乎连续的对交通流进行交通观测与统计，而这个过程几乎是完全自动化，节省了大量人力，所得出的连续精密的结果是交通规划极为重要的基础数据。GPS 监控数据与 GIS 系统的结合，可以描述每小时每条道路上的交通量。

如果能够取得连续若干天的路网流量数据，结合相应的预测模型，比如神经网络模型，就可以预测隔日的任意小时路网交通流量和负荷度，这种短期交通预测有助于管理部门在交通拥挤发生前及时采取措施。如果能够获得连续数年的精确交通流量资料，配合城市的土地利用规划和城市经济发展，甚至可以做长期的流量预测。

二、基于 GPS-GIS 的车辆导航

基于 GPS-GIS 的车辆导航系统主要由 GPS 接收机、微处理机、显示器、车辆导航软件和 GIS 地理信息系统组成。其中 GPS 接收机主要用于接收卫星信号，并用来确定车辆的位置。车辆导航软件用于整个系统的管理和数据处理，地理信息系统中存放有地图数据库和相关导航信息，显示器用于车辆运行状况的实时显示和人机交互。

车辆导航系统（VNS）的基本组成分为三个层次描述。基础处理层完成最基本的定位、地图匹配等功能，是车辆导航系统其他功能的基础，其中的数字地图数据库可以为系统其他模块提供基本的地图数据信息；媒介层包括人机接口，用户可以通过这个接口和计算机进行交互，许多导航系统使用无线通信模块，以接收到来自控制中心的实时交通信息，加强导航系统的精度与可靠性；应用层可以用路径诱导和路径规划两个模块概括描述，完成路径搜索、最短路径选择，行使指令生成、路径跟踪等。车辆导航系统分为自主式车辆导航系统和中心式车辆导航系统，自主式车辆导航系统（IVNS，亦称车载式导航系统），即所有的车辆导航功能都是由车载系统完成的。中心式车辆导航系统增加了通信模块，使得控制中心和移动用户之间可以进行信息交互。

（一）自主式车辆导航系统

ITS 系统中，很重要的一大功能是集成信息服务功能，它所涉及的领域有信息处理及数据库技术，包括路线引导服务、旅行者信息服务、出行信息服务、驾驶员信息服务等主要功能。自主式车辆导航完全提供这些服务。从层次化的观点出发，车辆导航仪由三个层次组成：物理层、处理层和智能层。物理层提供当前车辆的相关信息，包括定位、定向、定时信息，以及与当前位置相关的地理信息数据；处理层在提取信息的基础之上，进行一系列的数据处理，实现地图匹配。智能层集中体现车辆自主导航的功能，它包括专家系统，辅助决策系统，用以实现不同条件下的路径搜索，并将每一次经过的路径记录下来，供必要时参考。

（二）中心式车辆导航系统

自主式车辆导航系统是基于静态的路径规划，系统利用每条路的静态旅行代

价计算最小代价路径，并引导车辆沿着该路径行驶。该静态代价是从预先存储的地图数据库中导出的值，该值不以一天的时间所变化，或者是统计值，对于特定路段在某时间段内，该统计值已预先确定。事实上，实际的代价取决于特定时间交通条件的动态值。中心式车辆导航系统可以利用实时的交通信息做动态的路径规划。

从系统结构的观点看，实现中心式车辆导航需要三个高层次功能模块。中心主机由一个或多个设备组成，这些设备具有确定车辆位置或向一个、多个车辆提供引导、咨询信息的能力。移动设备也可具有各种层次的定位和复杂导航功能。在简单结构中，移动设备的定位主要由中心主机负责。在复杂结构中，移动设备可利用一种或多种定位能力。各种定位信息综合起来，通过通信网络发送给中心主机，中心主机向移动设备发送交通信息或动态路线引导信息。

中心式车辆导航系统支持的应用很多，包括应急车辆调度和跟踪，如警用车、消防车、救护车等，以及公共交通和专用车辆服务，如紧急路边援助、行程信息、防盗等。对每一种特殊的应用，其经济和固定设施的限制各不相同，与这些限制有关的三个主要系统设计问题是：定位和导航能力放置位置；定位精度和定位更新频度；无线通信技术的选择。

总之，车辆自动定位导航系统是定位技术、计算机技术、地理信息系统和通信技术的高度集成应用。计算机技术和通信技术已能满足车辆自动定位与导航的需要。目前，最重要的工作是，一方面从系统角度出发，采用多传感器信息融合理论和技术从整体上提高系统的定位精度和可靠性。另一方面是利用能满足定位与导航任务的数据存储与查询方式，建立服务于车辆自动定位与导航的地理信息系统（表现为数字化地图）。

三、基于 GPS-GIS 车辆监控与运营管理

GPS-GIS 车辆监控与运营管理系统主要是为了让运营管理部门、安全保卫部门及时掌握部门所有的运输车辆的运行状况，对车辆进行集中的指挥和调度，提高运输效率，保证运输安全。目前这类系统在公安、运钞以及公交调度等部门广泛使用。

运行在 GPS 车辆定位系统中心服务器上的数据交换软件系统，不停地对来

自移动终端的数据进行搜索。当接收到移动终端的请求登入信息时，该信息立即进入车辆管理软件系统，进行身份验证，发送指令，接收位置信息。监控中心收到位置报告后，经数据交换软件运算处理后，自动进入 GIS 监控软件系统，在电子地图上进行地图匹配，得到车辆所在的道路信息，更新数据库中的车辆当前位置记录，供操作人员及用户监控和查询。

（一）车辆位置报告的模式

根据用户对车辆跟踪的要求（如开始时间、结束时间，时间间隔等），移动终端每隔一段时间（如 30s）向监控中心报告其所在位置（由 GPS 接收器获取）。根据用户对车辆跟踪的响应时间要求，位置报告可以采用以下几种模式：

1. 持续报告

每隔一定的时间间隔（如 30s），移动终端就自动报告一次位置。为了减少通信流量，移动控制单元根据车速（根据 GPS 信号计算）调整间隔时间，车速越快，间隔时间越短，通信流量越大；反之，车速越慢，间隔时间越长，通信流量较小。这种模式适合于对实时性和安全性要求比较高的用户。在紧急报警情况下，移动终端也将使用这种报告模式。

2. 越区报告

将整个区域地图划分成若干大小相同的网格（如 1km×1km），只有当车辆从一个网格移动到另一个网格时，才向系统报告新的位置。这种模式比较适合于车辆任务派遣（如出租车派遣）。

3. 点名指定报告

只有当用户需要跟踪车辆时，移动终端才向系统报告位置。通常，用户选定一辆要跟踪的车辆，指定车辆跟踪参数（如开始时间、结束时间、时间间隔等），并向移动终端发出跟踪的命令。移动终端收到跟踪命令后，根据给定的跟踪参数向系统报告位置。同时，用户也可以随时向移动终端发出停止跟踪的命令。这种报告模式一般具有较小的通信流量，适合于只有在需要时才对车辆进行跟踪的用户。

系统可采用 GPS 全球卫星定位系统，GSM 通信或集群通信技术、GIS 地理信息系统和计算机网络通信与数据处理技术开发的运营管理系统。通过该系统，可以远程监控所有在 GSM 网范围内的特定移动目标。

（二）车辆监控

车辆在运行过程中，车载终端的 GPS 接收机接收定位卫星的定位数据，计算出自身所处地理位置的坐标，车载终端通过数据接口为车载导航终端提供 GPS 数据，供车载导航终端导航。同时坐标数据通过车载终端的通信模块，利用 GPRS 网络车辆的位置、状态、报警等综合信息发送到静态 IP 地址的中心服务器，并存入中心数据库。在移动目标遇到紧急情况时，通过移动目标的终端设备，采用自动或手动报警，将移动目标所在位置、报警信息等数据发送至中心服务器并存入数据库，同时将相应的报警信息发送到与之相应的监控单元。监控单元通过 Internet 或 GPRS 网络与中心服务器进行连接，实时接收中心服务器发来的数据，达到对移动目标的监控，也对移动目标的轨迹进行查询，移动目标的信息经处理与监控终端上的电子地图匹配，并在地图上显示移动目标的正确位置，使监控中心能清楚和直观地掌握移动目标的动态位置信息。车辆监控系统各部分的主要功能是：

1. 车载终端

（1）定位功能

控制中心或个人终端向车载单元发送命令，车载单元按指定时间间隔及次数进行位置上报。

（2）GPS 定位信息输出

车载设备配有标准串口，输出标准 GPS 定位数据，配合车载导航系统进行自主导航。

（3）移动报警（防盗、防拖）

当车辆进入设防状态后，车辆移动时向监控终端报警。

（4）断电自动报警

当车载单元电源断电（或被人为切断）时，自动转换到车载设备电源，并定时发送位置及告警信息，直到接到停止发送命令或电池耗尽。

（5）超速报警

当车速超过设定的速度后，终端将直接向监控中心或监控终端发出超速报警，并间隔一定时间连续发送，直到速度恢复到正常范围。

（6）紧急报警

当车辆遇到抢劫、交通事故、急需修理等紧急情况时，司机通过触发报警按钮 1s 后，自动向监控中心报警及发送位置信息。

2. 中心服务器

中心服务器是一个数据接收与管理系统，在一个系统中起到信息中枢的作用。车载终端与监控终端都通过中心服务器相互联系。

3. 监控终端

监控终端主要由 GIS 工作站、管理工作站等组成，功能包括：

电子地图服务模块：地图缩放漫游、图层控制查询、路径分析、鹰眼、测距、图幅自动匹配、多视窗监控等。

车辆实时监控跟踪模块：定点定车行程跟踪、点名、请求报位、车辆显示状态控制、跟踪频率设置、道路模糊匹配等。

报警中心模块：报警目标提示、报警确认、报警取消、报警分发、遥控熄火、遥控恢复、发送信息警情日志、车辆档案查询、报警记录查询、行驶记录查询、界线设置、限速设置、单向监听、双向通话等。

历史行程跟踪模块：行程轨迹回放、定点行程查询等。

车管中心模块：车辆档案管理、司机档案管理、车辆事故管理、车辆维修管理、车辆业务统计和日志等。

（三）车辆运营管理

现在我国一些大中城市的出租车已经开始运用 GPS 系统进行管理，出租车调度中心可为乘客提供电话供车、定时预约派车等服务。GPS 系统可以自动寻找乘客附近的空车，并将详细信息传至车载智能终端，提高调派车效率，缩短乘客等候时间，减少车辆空驶里程，对于缓解都市交通紧张状况起到积极作用。另外调度中心的网络防劫报警功使出租汽车司机的生命安全得到更多保障。

车辆运营管理系统的主要功能有：查询功能，控制中心利用监测控制台对系统内的任意目标所在位置进行查询，并将车辆信息以数字形式和在大屏幕的电子地图上显示目标所在位置和周围相关信息。多屏幕、多车辆跟踪，屏幕通过多窗口实现在多窗口同时监视多辆车运行，同时在显示屏上显示并存贮运行轨迹，以便事后回顾和运营评估。指挥与车辆跟踪相结合，控制中心可以监视车辆运行状况，并根据运行状况利用最佳路径或人工设计路径对车辆进行合理指挥调度，控制中心与车辆间随时双向通信，以实现管理。报警及意外处理，当被跟踪车辆遇有险情或发生事故时，向控制中心发出求救信号，控制中心采用优先级处理，在电子地图显示报警目标，用警铃和警灯组织协调各方面人员进行应急处理。车辆运营管理系统一般由车载设备、驾驶员信息系统、电子导航系统、车辆信息通信网络和车辆运营监控中心组成。

当然，GPS 和 GIS 技术在 ITS 中的应用并不只限于以上两个方面，在其他一些方面，如交通事故和车辆故障的及时处理，以及区域交通协调控制和驾驶员信息系统等子系统中，只要涉及确定车辆位置，需要反映物体之间几何关系变化时，就有 GPS 和 GIS 技术的用武之地。

第三节　掌纹掌脉识别技术

手掌是指人手抓握侧从手指根部到手腕之间的整个区域，掌纹是手掌面上深浅褶皱与纹路的总称。从生理学角度看，掌纹的形成包括先天遗传与后天运动形成，个体间差异明显。掌纹自古以来就被认为具有先天性与唯一性，常被用于命相学研究，也说明其具有良好的特异性，可以作为标识个体的生物特征。

掌脉识别技术是根据血液中的血红素有吸收红外线的特质来进行身份识别，将只感受红外线的相机对近红外照射的手掌进行拍照，即可采集到手掌内部的血管脉络灰度图。然后对血管脉络灰度图进行增强、滤波、归一化、二值化和特征提取等多个处理过程，进而将个人身份精确。

掌脉识别相对于其他生物识别技术来说具有更高的普遍性、更好的独特性、更高的稳定性和可采集性以及更优异的性能，因为采集样本是在人体内部的，受外界干扰较小，掌脉识别技术也更容易被接受，具有防欺骗性，对人体健康无害，掌脉图像相对于人脸来说较小，使用更方便。

一、掌纹掌脉识别技术与安全

针对密码系统的种种不足，目前在一些要求安全系统的场合，国外普遍采用的是进行人类生物特征识别。人类身上的许多参数是稳定而且唯一的，计算机生物特征识别比较常见的有指纹、颅骨比例参数、眼睛瞳孔虹膜的分形结构、头发的八基因结构等几种类型。其中，八识别的精确性最好，但是操作复杂，耗时巨大，一般用于刑侦等特定场合；对于瞳孔虹膜识别，硬件复杂而且一般用户感觉难以接受，而人脸的模式识别精确度不高，一般用于网上的表情实时传输。所以最普遍采用的是掌纹识别，国外很多机构都投入了大量的资源来研究掌纹识别，技术日趋成熟。

将自动掌纹认证融合到现有的密码机制中，可以解决用户保存冗长密钥的问题。根据已经获得的自动掌纹认证的实验结果，可以相信这种机制完全能够达到用户网络通信所要求的安全性及有效性。从具体应用的角度来看，自动掌纹认证与密码相结合的机制可以用于互联网通信、安全电子商务、政府机构以及军事领域等。

掌静脉具有较高的稳定性，掌脉识别是利用人身体的特征，也就是静脉血管图形来识别人员的身份，这一特征很少受到身体状况和病变等因素影响，具有较高的安全性。

举例来说，在电子商务领域中，最为普遍的淘宝系统，现在的淘宝系统通过密码就能进行登录，支付宝也能轻而易举地通过密码登录，进而实现购买消费功能。但是，攻克密码对于犯罪分子而言并非难事，虽然现在电子商务平台安全性正在逐渐提升，但还是会出现密码被盗等现象。有些不法分子可通过软件盗取密码后进行购买，损害消费者权益。在这样的情况下，若电子商务与淘宝相连接，购买商品时无需密码，直接通过掌静脉红外照射识别便能直接购买，消费者选定商品——照射掌静脉——购买，利用这样的方式不但能够避免犯罪分子盗取密码，还能使购物更加快捷。

门禁控制器是掌静脉门禁系统的指挥与存储"大脑"，它的工作原理是在无登录状态下全天候地对大量已存储的掌静脉图像信息进行安全保护，不因突然断电或者黑客攻击而丢失全部信息，在进行图像录入工作状态下它能快速有效地进行 $1:n$ 的信息比对分析，然后反馈给掌静脉读头具体操作指令。如果录入正确，执行开门指令；如果录入不正确或者是暴力拆除，控制器会拒绝开门。

二、掌纹掌脉识别技术与交通

随着汽车的日益普及，随之而来也带来一系列的车辆管理问题，因此智能交通系统在交通管控中起着越来越重要的作用。不停车收费系统主要利用车辆自动识别系统，通过路侧车道控制系统的信号发射和接收装置、掌纹掌脉识别系统，识别通过车辆的身份，从该用户的专用账户中自动扣除通行费。在自动车辆识别系统中，车辆上安装射频装置，向收费口处的收费装置发送车辆识别信息，收费装置根据接收的信息，判断该车辆是否可以通过不停车收费车道。每个收费车道都安装射频天线，所有天线都与控制车载标识卡和车道内天线间通信的阅读器相连。借助天线，阅读器向标识卡发送射频信号，激活标识卡，开始通信。标识卡将携带车辆唯一标识的信息反馈回去，阅读器接收后即可辨别车辆身份，自动进行收费操作。

在不停车收费系统方面，许多国家已进行深入研究开发，并成功应用于实际中。在射频天线与掌纹掌脉识别系统的相互作用下，利用射频天线记录车辆行驶记录，利用掌纹掌脉进行收费，并进行身份验证，取代卡式消费模式，用掌纹信息直接收费，避免乱用他人收费卡的现象出现。若车辆出现交通违章或事故，交警可通过仪器检测事故对象，得到全面信息，避免出现冒充及交通逃逸现象。

举例来说，如在列车运行过程中，掌纹掌脉识别技术能准确及时地识别乘客信息，实现了从信息手工录入到自动识别的飞跃，为铁路运输信息管理系统、铁路运输调度指挥管理系统及车辆信息管理系统提供实时信息数据，建立铁路车号和车次信息自动化采集报告体系，最终实现对全路段列车、机车人员的实时追踪管理。信息跟踪查询终端进行网络查询，根据管理设备向网络提供的列车、车辆人员识别信息数据，对车辆进行追踪查询，实现对列车、机车、车辆、集装箱运用的管理；标签编程网络标签安装前，在车辆段将分配的人员信息写入标签内存的网络系统，防止出现错号、重号。

三、掌纹掌脉融合技术在泛地铁环境中的应用

（一）泛地铁带来的聚合效应

随着经济的发展，地铁正从大城市向众多中等城市扩散，中国的泛地铁时代

正式来临！地铁除了能为市民出行提供极大方便外，还成为城市经济发展的新引擎。从众多国内外的城市地铁发展轨迹来看，地铁已经从单纯的交通工具转变为一个对城市中心周边经济发展和城市格局调整的重要因素。

资料显示，每投入 1 亿元地铁建设资金可以拉动 GDP 增长约 2.6 亿元。地铁沿线也成为城市的黄金经济线。以北京、上海、广州等城市为例，地铁沿线的北京建国门、上海徐家汇、广州天河都成为了当地商业核心圈。从国内外经验来看，地铁的发展将拉动沿线房地产和商贸的升温。地铁最大的优势莫过于便捷性，在交通拥挤的大城市，很多市民会选择以价格换时间。即便地铁附近的房价贵一些，但是为了上班的便利，购房者也愿意居住在地铁线附近。开发商也利用人们的"地铁情结"，大打"地铁牌"，凸显楼盘的附加值。

有市场专家分析表示："地铁开通之后，地铁沿线的价值效应将逐步显现出来，在北京、上海、广州等城市，地铁房的房价明显高于同区域其他楼盘。以北京为例，地铁所带来的房价差异在 30% 左右，地铁的修建对于周边房产价值提升的至关重要性显而易见。"地铁沿线人气的提升，也引来很多大型商场、大型卖场、娱乐、服务等与居民生活密切相关的消费场所的集中涌入，带动商贸业的发展，进而推动产业结构和消费结构的优化升级。

（二）打造新商圈和新城市格局

郊区放射线和市区网络的联合，在保障郊区消费者消费需求的同时与商业点衔接。交通轨道由地下到地上的立体空间结构与地铁点周边商场等生活场所，都是新城市新格局。

以成都市为例，以地铁为中心和基础发展区域经济给城市格局带来了极大的影响，长期以来，成都一直都是一个单中心的城市，人们出行主要是以汽车、自行车代步。近十年来，随着社会经济的快速发展，这种模式已不再适应新时代的要求，给产业发展、城市交通等方面带来了很多弊端。为了实现成都的可持续发展，必须推动城市空间格局从单中心向多中心、组团式演变。成都地铁的建设和运营，将有助于重塑城市格局。成都规划的 7 条地铁线路将形成一个放射性的路网，将中心城区与新都、青白江组团、郫简组团、东升组团、双流组团、龙泉组团温江组团 6 个大型外围组团连接在一起。从理论上讲，这将有力推动未来成都城市由原先的单中心圈城市发展模式演变为多中心组团式格局，城市不同区域的发展也将逐渐趋向均衡。

地铁对城市人流物流会产生的强大"聚合效应",将对成都现有的商业格局产生深刻影响,商圈的布局将向地铁进出站点汇集,促使成都的商圈面临洗牌。同时,地铁通达的便捷性和巨大的客流吞吐能力,能使城市的人流高度聚合,随之而来的便是商业地产项目和商业卖场向地铁沿线汇聚,使既有的商业格局发生改变。随着成都地铁的修建和运营,地铁将为成都商业格局翻开新的篇章。地铁对人流不仅有极强的集聚功能,同时也实现了快速疏通地铁人流的目的,而这种人流流通方向的改变将会大大改变整个商圈的格局,整个商业中心也将发生改变。

根据区域经济学和城市经济学的知识,城市发展理论之所以由最初的中心极理论发展为扇形理论,再到稳定的多中心理论,就是由于交通的发展。在地铁开通后,将逐渐改变成都市民已有的城市格局观念和居住形态,增大人们的出行半径与消费半径。成都地铁的建设与发展,也必然会使沿线区域受益很大。在不久之后,成都商业将在扇形域内出现多级中心,特别又以南部新区最为明显。

地铁的发展会为城市经济注入新的活力,经济学告诉我们,商圈对客流量的吸引取决于商圈的规模和到达商圈的距离与时间,到达商圈的时间、距离决定商圈客流量,地铁的开通将大大提高商圈对外围客户的吸引,因此,从整体来看,地铁对各个商圈都会是一个机会,但这并不意味着地铁会给每一个商圈以同样的福利。以成都为例,盐市口商圈由于地处两条地铁线路交汇处,地铁的开通会为其带来更多的人流和商流,刺激整个商圈的进一步发展;春熙商圈的走势也会向上,因为其有着密集舒适的消费环境,适合成都人群的从众心理,作为成都的代表性商圈,其面对的客户包括全国各地的游人,虽然比较起来地铁的开通给盐市口带来更多的便利,但预计春熙商圈仍能凭借独特的历史品牌魅力、相对便捷的交通、政府向东大街大慈寺线发展规划的倾斜而持续兴旺,并且随着地铁3号线等多条线路的开通,还会创造更多的商业人流;相反,驷马市商圈原本就属于区域性商圈,主要面对的是青羊、金牛人口的消费,近几年来由于商圈缺乏特点和吸引力,和盐市口、春熙路相比,发展已经明显放缓,预计地铁开通后还会再带走一部分人流向盐市口、春熙商圈转移,使该商圈受到一定的负面影响,这也就是地铁经济带给基础不稳固的商业的挑战;棕北商圈主要针对中高端固定人群消费,商业消费格局比较稳定,不会轻易受交通环境的影响改变,但地铁仍会带来一定新的客源，会让该商圈受益；另外，地铁的开通应该还会在郫县、龙泉、双流、华阳和北城大丰等卫星城形成崭新的综合性次级商圈，届时，盐市口、春熙路也许就不会再是平日人们出外逛街的必选之地了。

所以，面对地铁时代的到来，新老商圈如果想从中获得正面积极的影响，就必须抓住机会，打造商圈特色，创造商圈差异，充分发挥出泛地铁的新城市格局，吸引乘客眼球，提供品牌展示空间，将过路乘客变成消费者。近年来，很多地铁点都成为了城市结构转移的中心，在这样的情况下能防治人口过度集中，将人口产业及功能分散化，达到产业城市一体化目标，在提升大城市生活质量的同时，减少传统格局下的大城市特有问题。

（三）当前泛地铁环境的成熟应用

泛地铁环境中，可以通过一些地铁软件和布局，为更多百姓提供便利。自动售检票系统（AFC，Automatic Fare Collection System）是一种由计算机集中控制的自动售票（包括半自动售票）、自动检票以及自动收费和统计组成的封闭式自动化网络系统。

AFC 是基于计算机、通信、网络、自动控制等技术，实现轨道交通售票，检票、计费、收费、统计、清分、管理等全过程的自动化系统。国外经济发达的城市轨道交通已普遍采用了这种管理系统，并已发展到较先进的技术水平。我国城市轨道交通站的自动售检票设备，经过近年来大量的开发研制工作，提出了多种形式的产品，技术水平也在不断提高。国内轨道交通 AFC 系统的发展经历了从无到有的过程，随着计算机技术和软件的发展，我国城市轨道交通 AFC 的技术已与城市一卡通接轨，实现城市内甚至城市区间的一卡通。

城市轨道交通 AFC 系统的结构共分为车票、车站终端设备、车站计算机系统、线路中央计算机系统、清分系统五个层次。也可以划分为自动控制、计算机网络通信、现金自动识别、微电子计算、机电一体化、嵌入式系统和大型数据库管理等高新技术运用，主要由线路中央 AFC 系统、车站 AFC 系统、终端设备和车票四部分组成，终端设备包括出 / 入站检票闸机、自动售票机、车站票务系统、自动充值机、自动验票机等现场设备。

层次结构是按照全封闭的运行方式，以计程收费模式为基础，采用非接触式 IC 卡为车票介质的组成原则，根据各层次设备和子系统各自的功能、管理职能和所处的位置进行划分。目前确定的五层结构形式，是根据我国国情和城市发展现状，并对轨道交通建设的特点（如线路多而复杂、建设周期长、多个业主单位等情况）进行综合考虑后而设置的，具有一定的可伸缩性。

AFC 系统的优势在于轨道交通应用 AFC 系统后，车票售检、运费计价及客流统计均由系统自动完成自动化的售检票设备取代了传统的人工售检票工作，从而降低了售检票人员的占用及其劳动强度，减少了企业人工费用的支出，又增加了运营收入。AFC 系统对各个终端设备实行计算机化的监测与管理，通过中心计算机、车站计算机不仅可以对设备的运行状态和通信状态进行实时监控，同时，还可以将采集到的各种设备数据和客流数据进行及时、准确、全面地统计分析，为科学合理地制定运输计划提供可靠的依据。高效的 AFC 设备使车站客流井然有序、快速通过，减少了逃票现象的发生，保障了地铁公司的票务收益。

自动售检票系统可大大减少现金交易、人工记账及统计的工作量，人员可精简，提高了工作效率和准确率。

维修管理系统使维修资源得以较好的利用，并可达到反应快、修复快的效果。准确的客流及票务统计分析数据为运营调控、市场营销、新线建设提供了科学的决策依据，也为提高服务质量和信息处理能力创造了条件。

（四）掌纹掌脉融合技术进入泛地铁环境中的必要性和可行性

1. 掌纹掌脉融合技术进入泛地铁环境中的必要性

AFC 系统是地铁系统中的运营核心子系统，直接与乘客交互，关系着地铁的收益。现有 AFC 系统虽然在一定程度上实现了地铁售检票的自动化，但随着地铁网络化的开通运营，AFC 系统的建设投资成本越来越大、后期维护工作越来越困难、票务运营管理越来越复杂，而且系统资源利用率低，浪费了大量的资源和能源，所以有必要寻找一种新技术和新突破口。

掌脉识别的原理是利用静脉血管与肌肉、骨骼之间对特定波长红外光不同的吸收特性来进行静脉血管造影，由于手掌较厚，红外光通常无法进行透射，因而只能采用反射造影法。红外光照射在手掌上，一部分透射进入手掌内部后再被反射回来，由于静脉血管会吸收红外光，因此静脉所在部位变暗，从而实现对静脉的造影。而掌纹掌脉融合技术包括像素级融合、特征级融合和决策级融合。

融合不仅可以提高系统的安全性，同时可以扩展系统的可用性，在一种特征不明显的情况下，利用另外的特征进行弥补。在这样的情况下，掌纹掌脉融合技术应运而生是势在必行的。下面是相对地铁中的 AFC 系统而言，掌纹掌脉融合系统的优势。

（1）稳定性

掌纹掌脉融合技术是一种可用作身份鉴别的生物特征。掌脉隐藏在表皮下，在可见光下无法拍摄，却可以在近红外光（NIR）下拍摄，其结构复杂很难被复制。

（2）安全性

掌纹掌脉融合系统拍摄需将手掌伸平，而人手在自然状态下处于半握拳状态，因此无法窃取拍摄掌脉图像。这些使得掌脉成为一种安全性好的生物特征。断落的手掌或尸体因血液停止流动将不能通过认证，所以掌纹掌脉又可以作为"活体识别"的依据，掌纹掌脉的以上特点使得掌纹掌脉识别具有了独特的优势。

（3）防复制性

手掌是指人手抓握侧从手指根部到手腕之间的整个区域，掌纹是手掌面上深浅褶皱与纹路的总称。从生理学角度看，掌纹的形成包括先天遗传与后天运动形成，个体间差异明显。而掌纹掌脉识别技术的优点在于利用的是活体的内生理特性，不会磨损，较难伪造，具有很高安全性。掌纹掌脉还具有较好的特异性与唯一性，可以提供很好的区分度，因此掌纹掌脉融合识别技术具有防复制性。

（4）独特性

掌静脉与其他生物识别技术的不同之处就是其不会受到身体表面伤痕和污垢影响，能够实现非接触式测量。

（5）普遍性

在针对掌静脉生物识别技术评价中，正常掌静脉特征在正常人群中存在广泛程度指标。数据显示，正常人类个体具有生物特征较高，只有少数个体较低，由此可见，掌静脉用户使用方便且能够轻易识别，普遍性较强。

（6）保密性

相对于掌纹识别，掌脉不易受手掌脱皮的影响，因此，将掌纹掌脉技术融合是具有实用性的，相对于 AFC 系统来说，掌纹掌脉拥有更为丰富的信息，掌纹掌脉识别能轻易地区分双胞胎。因此，掌脉识别可被广泛应用在地铁等众多应用中，是一种有着广泛应用前景的生物特征识别方法。

2. 掌纹掌脉融合技术进入泛地铁环境中的可行性

掌纹掌脉融合技术利用有别于其他识别技术但却更加贴近人类的方式为人们服务，虽然现实的攻击对其技术的可靠性与安全性产生了一定冲击，但这并不能否定其具备的生物测定的意义，因为它是建立在每个人都是唯一的个体、特征均不可复制的前提下。生物识别的定义是指通过人类生物特征进行身份认证的一种技术。这里的生物特征通常具有唯一的、可以测量或可自动识别和验证、遗传性或终身不变等特点，其核心在于如何获取这些生物特征，将之转换为数字信息，并利用计算机中的生物识别匹配算法来完成个人身份的验证与识别。从定义上来分析，生物识别因具备生物特征唯一性，所以其在验证识别过程中的安全性相比其他验证手段具备明显的优势。

例如，王女士每天上班都要乘坐地铁，因为每个城市的进出站口都有自己的风格，但都会有站外引导标志。根据站外导向标志乘坐自动扶梯或通过步梯进入车站站厅。每个车站大都会有 2 个以上的出入口。每次进站都要进行安检，包括王女士手上拿的饮用水也是一样。安检过后王女士若已经进行掌纹掌脉录用，便可通过仪器直接进入地铁站乘车，若没有就需要进行生物特征识别，再继续乘车。由此可见，通过掌纹掌脉融合技术，王女士在上下班换乘环节便可省去部分时间。而乘坐地铁很容易出现坐过站的现象，通过掌纹掌脉乘车，只要在手机支付过程中，确定到站点，进入地铁乘车后，便会给予到站提醒，且地铁地下或周边通常都有商场，乘客可通过掌纹掌脉支付方式进行购物，享受一站式服务。

在技术实现方面，比较幸运的是 SANE（Scanner Access Now Easy）支持虹光公司的 A600 证件扫描仪，并且 Ubuntu Linux 已经预装了带 GUI 的 SANE。SANE提供了专门访问和控制扫描仪等图像设备的标准 API 接口，通过 SANE 可以非常容易访问到扫描仪的底层驱动，调用扫描仪插件以及前端程序和后端程序。实际操作中先使用命令查找并检测 USB 接口的目标扫描仪，然后使用命令操作扫描仪来扫描图像。

掌纹掌脉融合技术是一种基于生物学的方法，同时结合了经典感受野的相关原理，符合人类的视觉认知机理。作为一种信息融合技术，从信息论的角度对它进行融合效果的参数评测，主要使用的评测参数为信息熵和互信息量。

信息论中的信息熵用来衡量一个随机变量出现的期望值，它用来衡量信息被接受之前在信号传输过程中损失的信息量，融合后的图像信息熵反映了融合图像所包含的平均信息量的多少，嫡值越大表明融合效果越好，嫡值越小则表明融合效果越差。

目前图像融合领域中效果较高也较为常用的融合方法是基于小波的图像融合方法，小波图像融合方法实际上是通过频域变换实现图像的信息融合。

从信息论的角度，生物机理融合与小波融合方法进行性能评价，即考虑用嫡和互信息量两个标准来评价融合效果，对于一组示例待融合的掌纹掌脉图像，若采用某种融合方法产生的融合图像的嫡值越大、互信息量越大则表明其融合效果越好。

根据信息融合层次不同，可以把多模态生物特征融合方法分为传感器数据层融合、特征层融合、决策层融合。基于响尾蛇双模式生物机理和小波的图像融合方式都属于初级的图像像素层融合，即属于传感器数据层融合。

特征层图像融合的常见方法为将待融合的两幅图像对进行降维处理，得到两个特征向量，然后将两个特征向量连接到一起形成一个新的特征向量，对此新特征向量进行子空间降维，例如 PCA、ICA、LPP 等，最后设计分类器进行匹配判别。决策层图像融合方法通过对两幅图像各自独立进行相应的特征提取和特征匹配后得到匹配分数，在最终的决策层通过统计分析确定出决策准则和加权值，对两个匹配分数进行加权后得到最终匹配分数从而进行判别，常见的决策准则有基于 Bayes 融合、基于 N-P 准则的决策融合机制。

掌纹掌脉融合技术是基于经典感受野的一种视觉认知技术，从数学角度而言它利用的是双高斯模型的运算思想，因此可能会导致图像细节丢失。响尾蛇双模式细胞的协同关系包括两者之间的与、或、抑制和增强。

（1）掌脉识别技术的应用创新

利用先进的近红外手掌静脉图像采集技术提取图像，再通过数字图像处理算法得到手掌静脉特征数据进行建模或认证。手掌静脉图像采集：手掌静脉采集器利用血色素吸收 760nm 左右波长的近红外线特性，用近红外线照射手掌，光线被皮下 1 ~ 3mm 真皮、表皮和皮下组织中的静脉血色素吸收，其他的光线被反射，从而摄取到静脉脉络图像。

手掌静脉图像处理：手掌静脉采集器把采集到的静脉图像送到静脉处理器、静脉处理器对静脉图像进行分割、增强、细化、二值化和特征点提取等处理，获得静脉数据。然后拿此数据进行注册或与已知静脉模板比对认证。手掌静脉认证方式：创造性地研发出稳定、高速、抗干扰能力强的通信系统。利用 IC 卡的世界唯一特性，开发出 IC 卡加手掌静脉的认证方式，大大提高了认证的速度和可靠指标。

将手掌脉识别技术应用于考勤、认证领域，确保身份认证的方便、安全、准确，从此改写了以往利用手工、IC 卡、指纹、密码认证等手段做考勤、认证的历史，是考勤、认证产品的一次重大突破。用手掌静脉认证代替其他的认证方式，有着无可比拟的优势。手掌静脉认证通过发射近红外线拍摄手掌静脉的脉络来判断用户是否通过认证，不受皮肤干燥、软胀等外界的影响，手掌静脉人人唯一、终生不变、随身携带、极难伪造、认证识别精度高、使用人群近乎 100%，它确保了身份认证的安全准确性，使用方便、安全可靠，不存在丢失、复制、忘记等缺点。使手掌静脉处理识别平台模块化，专项负责对手掌静脉图像的预处理、特征数据提取运算及手掌静脉比对运算，降低了处理识别平台与其他模块的相关性。把手掌静脉处理识别平台模块化，对外只开放注册、认证、删除等接口，用户想做手掌静脉的相关操作，只需通过接口向手掌静脉处理识别平台发送指令即可，平台处理完成后会把相关操作结果返回。这样就改善了程序流程，促进了系统模块化，提高了程序的可移植性，降低了系统维护费用。

（2）掌脉识别技术的工艺创新

采用近红外线采集手掌静脉技术，为了避免强光对其的不良影响，在产品应用设计中采用了嵌入式采集方式，在嵌入式装置的设计中，创新性地提出了漫反射内面、83° 捕捉视角的设计方案，提高了产品对强光的抗干扰性，为供应设备所需的高质量静脉图像提供了有力的保证。

（3）掌脉识别技术的结构创新

为了提高系统的抗干扰能力，易于系统升级和维护，无论在系统还是在硬件设计上都做了模块化设计，如在硬件设计上，规划为电源模块、人机交互模块、读卡模块、主 CPU 模块、存储模块与手掌静脉处理识别平台交互模块等。

门禁系统是生物特征识别技术最典型最有市场前景的应用领域，传统的基于地铁卡等传统的身份认证方式存在易丢失、失密和易受攻击的缺陷。基于上述市场需求，实用的掌纹掌静脉融合识别门禁系统，主要由 ARM 开发板系统、光源系统、电机锁等几个主要部分组成。掌脉融合识别系统在泛地铁环境中还具有无卡支付功能，只需要将掌静脉及掌纹录入进系统，便会完成姓名、性别、户籍等一系列资料，地铁乘客只需要录入、缴费便能通过掌纹出入地铁，实现快捷、方便且安全性能较高的出行。

（五）通过掌纹出入地铁的流程说明

嵌入式系统是在地铁主机开发环境中设计图形用户界面和编写掌脉识别算法代码，在宿主机开发平台上进行了调试和运行后移植到嵌入式系统的目标板中，使目标板能够独立地执行掌静脉数据的采集、存储、识别等功能。

嵌入式系统的目标板预装了 Linux 系统，LCD 显示屏为触摸屏，用户直接触摸显示屏实现程序的启动和按钮点击等操作，用户 ID 的输入主要通过点击软键盘来实现。

1. 注册阶段

待注册乘客手掌放置到采集口之后，红外开关感应并触发点亮光源，为掌静脉照射光照提供合适的环境，接着点击 Extract 按钮调用采集模块程序与预处理模块程序实现掌静脉图像的采集和预处理功能。然后输入该乘客的 ID 到右上角的组合框中，点击 Register 按钮将该用户的模板特征存储到现有的掌静脉特征数据库中，掌静脉特征数据库预先建立在 ARM 开发板的 flash 内存中。

2. 识别阶段

待识别用户手掌放置到采集口之后，与注册阶段类似，红外开关感应并触发点亮光源。用户通过软键盘在文本框中输入 ID，点击 Identity 按钮实现用户的身份验证。

第九章　停车场规划及其信息化发展

第一节　停车场规划

一、城市停车问题

城市停车是城市发展过程中出现的交通问题，也可以说，是城市现代化过程中必然出现的问题。从总体上看，城市停车问题主要表现为停车需求与停车设施供应不足的矛盾和停车空间扩展与城市用地不足的矛盾，具体表现为停车设施的缺乏、车辆占道停放现象比较严重，不仅影响道路交通功能的正常发挥、妨碍市容美观，而且不规范的停车行为也容易引发交通事故，给居民工作、生活带来不利影响。

城市中车辆的增多，停车需求增长，如果与城市社会经济发展相协调，并且没有超过城市空间理论容量所能容纳的限度，属于正常现象。在研究两者关系时，应当考虑三种情况：一是大部分车辆的停放时间比行驶时间长得多，也就是说，城市中的车辆大部分处于停放状态；二是无论采取何种停放方式，都需要占用一定的空间，即停车车位和进出车位的行车通道所需要的空间，这个空间的面积比车辆本身的水平投影面积大 2 ~ 3 倍；三是每一辆车所需要的停放空间不止一处，因为车辆的出行端点均需要停车空间。以上三种现象的综合表现导致城市停车设施的增长落后于车辆的增长，城市停车问题的解决经常处于比较被动的局面。

长期以来对停车问题缺乏系统的研究，在现实中表现为停车场规划布局不合理，停车场规划、建设与管理通道不畅，停车规划不能落实，建设停车场的积极性不高，管理经营存在困难。

因此，解决我国城市的停车问题，首先，必须提高对停车问题的认识，加强停车场规划的科学性，落实停车设施用地，通过各种手段积极推动停车场建设，借助交通需求管理及停车场管理等手段解决停车供需的矛盾；其次，必须重视停车场的交通组织设计，减少车辆进出停车场对道路上交通的影响。

二、停车设施的分类

停车问题归根结底是合理预测停车需求，并对应规划布设停车设施。不同类型的停车设施，其停放车辆类型、服务对象、场地位置、土地使用和管理方式也不同，一般从以下五个方面对停车设施进行分类：

（一）按停放车辆类型划分

机动车停车场和非机动车停车场。

（二）按服务对象划分

专用停车场和公共停车场。专用停车场是指供特定对象（本单位车辆或私人车辆）停放的停车设施。公共停车场是指供公共从事各种活动出行时停放机动车的停车设施，其大多设置在城市商业区、城市中心、分区中心、交通枢纽点及城市出入口干道、过境车辆停车需求集中的地段，公共停车场占城市停车场的10%左右。

（三）按土地使用划分

永久停车场（或称固定停车场）和临时停车场。永久停车场是根据需要而固定设置的停车场地，场地的使用性质一般不易发生变化。临时停车场是根据需要而临时划定的停车场地，场地的使用性质随时可能发生变化。

（四）按场地位置划分

路内停车和路外停车。其中，路内停车是指车辆的停放地点为道路结构的一部分（如路肩、非机动车道等）。路外停车主要是指车辆停放在道路结构以外的停车场。尽管路外停车也包括路外的非停车场等地点，但通常如果没有特殊声明，它主要是指路外停车场。

（五）按停车设施结构划分

露天停车场和位于建筑物内停车场（室内停车场）。露天停车场具有布局灵活、不拘形式、泊车方便、管理简单、成本低廉等优点，适合于城市各个地方，是最为常见的一类停车场，但其占城市用地较大。

室内停车场一般分为停车楼和地下停车库。停车楼的形式有坡道式和机械式两类。前者是驾驶员驾驶车辆由坡道上进出停车楼，车辆出入便利且迅捷，建筑费用与维修费用较少。后者是用升降机和传送带等机械运送车辆到停放位置，占地较少，有效停车面积大。

地下停车库是将停车场建在地下，是节省城市用地的有效措施。结合城市规划和人防工程建设，在不同的地区修建各种地下停车库，如在公园、绿地、道路、水域、广场及建筑物下面等。建设和维护地下停车库的费用较高，但容量也大，改善状况的效果也很显著。

三、停车需求分析与预测及停车场规划

（一）停车需求分析与预测

1.停车需求分析考虑因素

需求分析的关键在于正确估计在实际交通运行中能够影响交通出行，以及停放特征的因素对产生停车需求的影响，主要从四个方面考虑，即停车政策、停车特征、城市特征、停车者特征。

城市停车政策主要包括城市交通发展模式的引导政策、城市交通需求管理政策、对交通设施使用政策和停车场收费政策等。

停车特征主要包括停车场容量、停车服务半径、停车空间分布、停车方式和停车场利用率等。

城市特性主要包括城市规模和性质，城市布局结构（不仅包括土地使用功能布局，还包括人口分布、就业水平等），城市车辆发展水平和城市交通构造等。

停车者特征方面主要包括停车者年龄和性别、停车者的收入水平和职业，以及停车者偏好等。在停车需求分析时，不仅要考虑以上因素的现状水平，还应该考虑未来发展的趋势。

2. 停车需求分析与停车规划阶段划分

停车需求分析方法根据各自规划目标的要求，在对不同规划阶段数据输入进行综合分析的基础上确定。停车需求分析模型的建立主要受需求分析目标和数据资料的限制，对于不同的分析目标和数据资料情况有不同的分析方法，建立不同的分析模型。停车供应和政策规划的要求是停车需求分析的根本出发点。按照停车规划的不同要求，不同停车规划阶段停车需求分析的内容不同。

（1）总规划阶段

如果仅仅考虑停车用地在总用地分配中的比例，停车的需求分析就相对简单，因不考虑停车的具体管理政策，停车需求分析仅根据车辆出行端的分布估计各交通分区的停车需求。

（2）分区规划阶段

如果在停车规划中要对停车设施的详细用地分配和停车管理政策进行规划（如确定停车用地的详细规模），则在规划中应当考虑用地的利用率（停车场形式），相应的停车需求分析就要对车辆的不同停放方式进行估计。

（3）详细规划阶段

如果在停车规划中要求对不同停车用地形式内部的用地停车管理的具体措施进行规划（不同的泊位数量），在停车分析中应相应地要求对不同车型的停车需求进行比较精确的估计。

3. 停车需求分析预测模型

根据停车需求预测的出发点及所需求的基本数据不同，停车需求预测模型主要有以下三类：

（1）以土地利用与停车设施供需之间关系为基础的模型

该模型假设停车供需与土地利用之间存在某种关系，城市土地利用和车辆拥有在短期内变化不大，停车和交通出行管理的政策基本一致。当交通出行的资料不完全，难以利用出行需求进行停车需求分析时，可以采用这一类简化的方法进行停车需求分析。该模型应用简便，但由于此类方法无法预知出行的情况，因此只能作为交通变化不大的短时期停车需求分析，难以应用于交通政策的评价和长期分析。

采用该方法不但要进行停车调查，而且要进行土地利用的调查。用地调查应根据建立回归模型的目的和数据要求设计调查方案，调查用地类型的划分应与可能获得的用地资料一致，避免数据处理和建立模型时出现不必要的误差。由于建模的样本要求足够多，因此，用地调查的数据量较大，相应的数据处理工作量也较大，成功地处理调查数据是直接影响本方法计算精度的最重要环节。

（2）以停车需求与机动车出行关系为核心的出行吸引模型

该类模型认为，停车需求的生成与地区的经济活动强度有关，而经济活动的强度可用该地区吸引的机动车出行次数多少来代表。其预测的基本原理是确定停车需求泊位数与区域的机动车出行吸引量之间的关系。由于该类模型以机动车的出行作为停车生成的基础，考虑停车是源于交通出行的基本特性，因此，在预测理论上比较合理，可用于近期和远期的停车需求分析预测。

此外，如果分析过程中缺乏停车调查等资料，可以采用类比分析法，通过参照同类地区或城市停车调查参数或停车分析结论，分析预测所在地区或城市的停车需求。该分析方法简单，但仅能求得需求总量，而且准确率较低。

（二）停车场规划

1. 城市总规划和分区规划阶段的停车场规划

停车场规划是城市规划的组成部分，在城市总体规划和分区规划过程中，停车场规划的范围主要是公交公司、运输公司、出租汽车公司等运输部门的专用停车场及城市出入口、外围道路、市中心区、商业区、体育场（馆）、机场、车站、码头等处的公共停车场，这些停车场一般较大，总体规划就是对这些停车场的定点位置、规划容量、占地面积等进行科学论证、合理布设，便于城市规划管理部门对这些停车场的规划用地进行控制。

（1）规划停车场总面积

一个城市所需的公共停车场总停车面积可通过该城市拥有的人口数量或机车数量进行估算，并参考城市社会经济发展水平等因素进行修正。

（2）停车场用地布局原则

城市总体规划和分区规划阶段的停车场规划布局，直接影响车流的控制和客流的调整，关系城市道路系统的全局及整个城市的未来发展，影响较大。在考虑停车场用地布局时应考虑如下原则：

①停车场设置应符合城市总体规划用地布置、规划期的停车数和道路交通组织的要求，做到大中小型停车场相结合，形成一个合理的停车场系统。

②对外交通服务的停车场，应设置在城市的外环路和城市出入口附近，并考虑换乘交通的方便性。

③市内公共停车场应靠近主要服务对象，其场址选择应符合城市环境和车辆出入不妨碍道路畅通的要求。城市中心区的公共停车场应尽量均衡分布，其服务半径一般为 100 ~ 300m。

④市内机动车公共停车场车位数的分布：市中心和分区中心地区应为全部停车位数的 50% ~ 70%；城市对外道路的出入口地区应为全部停车位数的 5% ~ 10%；城市其他地区应为全部停车位数的 25% ~ 40%。

⑤各个停车场的规划规模，应根据城市的总停车需求量，并考虑各个停车场的服务对象、性质和用地条件等因素合理确定。

2. 城市详细规划阶段的停车场规划

城市详细规划（包括控制性详细规划和修建性详细规划）过程中，停车场规划的任务：提出更具体的布置要求和技术经济指标，确定用地的控制性指标，为工程设计提供依据；对上一层次不能做出规划而按有关要求需要设置的、规模较小的停车场进行具体规划。

（1）停车场规划容量

停车场容量与其服务对象、性质、车辆到达和离去特征、高峰日吸引车次总量、停车场地周转次数、平均停放时间、停车不均衡系数、城市性质、规模、公共建筑布局及周围停车场的情况等因素有关。近年来，我国很多城市或地区提出了各类建筑配建的停车场车位指标。由于我国正处于城市机动化迅速提高的时期，城市规模及发展程度不同，这些标准或指标不具有普遍的适用性，应当根据各个城市的具体情况，制定适合于本城市的各类标准和指标。对于具有相同或相近状况的城市，可以相互参考。

（2）停车场的用地布局原则

城市详细规划阶段的停车用地布局除应遵守城市总体规划阶段停车用地布局规划的原则外，还应做到：停车场应设在需要停车最多的地方，中型以上车库应临近城市道路。从方便停车场使用者的角度出发，专用和公共建筑配建的停车场原则上应在主体建筑用地范围之内，如不能满足，则必须紧靠使用单位设置并与使用单位在道路的同一侧，步行距离应控制在 300m 以内，最远不得超过 500m。地下汽车库宜结合城市人防工程设施选择，并与城市地下空间开发相结合，应结合城市公共交通场站规划，布设不同交通方式之间的换乘停车场，以方便乘客换乘，形成合理的交通结构。风景区的停车场应布设在主要入口附近，与旅游道路在同一侧，距入口不宜太近，以避免人车混杂及噪声干扰，也不宜太远，最好大于 50m 但不大于 300m。

四、停车场设计

停车场的设计主要是指路外停车场的设计。停车坪是停车场的主要组成部分，停车坪由停车带和通道组成。因此，对路外停车场的设计可以归结为主要设计停车带、通道的尺寸。此外，还应特别重视周围道路的疏解能力和进出通道、上下通道、安全紧急通道及驾驶人员通道，以及通风、照明、机械设备、环保、防灾及管理设施等问题。

（一）设计车型的确定

不同类型的车辆，其尺寸也不一样。不同性质的停车场停放不同类型的车辆，从而决定停车带、通道宽度不同。

设计停车场时，选哪种车型为设计车型应通过调查分析确定，城市（特别是大中城市）中的停车场，一般可选用小型汽车作为设计车型；为公路服务的停车场，路上主要是中型客车，因此停车场主要以中型汽车作为设计车型。

（二）车辆进出车位方式和停放方式

1.车辆进出车位方式

由于车辆进出车位的方式不同，因此其所需回转面积和通道的宽度也不相同。通常，车辆进出车位有下列三种方式：前进式进车位、后退式离车位；后退式进车位、前进式离车位；前进式进车位、前进式离车位。

2.车辆停放方式

车辆停放方式相对于行车通道来说有下列三种方式：平行式、垂直式和斜列式。

（1）平行式

车辆沿行车通道两侧平行停放，其相对于行车通道的角度为零度。该方式的特点是占用的停车带较窄，车辆进出方便、迅速，但单位长度内停放的车辆最少。在停车种类很多，未以标准车位设计或沿周边布置停车时，可采用这种方式。

（2）垂直式

车辆垂直于行车通道方向停放，其相对停车通道方向的角度为90°，该方式的特点是车辆进出比较便利且用地紧凑，单位长度内停放的车辆数最多，所需停车带最宽。

（3）斜列式

车辆与通道的行车方向成一定角度 α。一般有30°、45°、60°三种角度。该方式的特点是车辆进出最为便捷，但车辆进出车位时，驾驶员视野受到的影响较大，较平行式停车更具有危险性。停车带宽度随车身长度和停放角度而异，但单位停车面积界于垂直式和平行式之间，用地不太经济。该方式适合在停车场的形状和面积受限制时使用。

在选取具体的车位排列形式时应在保证车位排列紧凑、通道短捷、出入方便、保证安全的前提下，结合停车场实际情况，包括停车场内部柱网的安排情况、停车位提供服务对象的出行目的、停车场的停车带和通道的安排情况、停车的特性，并按照各种车位排列形式的优缺点来选取。对路外停车场宜采用垂直式停车位的排列形式。

（三）停车带和通道宽度

停车带和通道的宽度是停车场设计的主要内容，它与车辆尺寸、停放方式、驾驶员的技术水平有关系。

1. 停车带宽度

停车带宽度分为垂直通道方向的停车带宽度和平行通道方向的停车带宽，除应保证车辆安全出入停车位置外，还应保证车门安全开启。

2. 通道宽度

通道是停车场平面设计的重要内容，其形式和有关参数（宽度、最长纵坡、最小转弯半径等）宜结合实际情况正确选用。

3. 单车停车面积

停放一辆汽车所需的用地面积大小与车型（车辆尺寸）、停放方式、通道条数等有关。设计停车场时，按使用和管理要求，预估停车数量、车型、停放方式，确定停车面积。单车停放面积应包括停车车位面积，且应均摊通道面积、绿化面积、辅助设施面积。停车车位面积可以根据车型大小及安全间距等计算。

（四）停车场的出入口设计

机动车公共停车场出入口的设置应符合下列规定：出入口符合行车视距的要求，并应设右转出入车道；出入口应距离交叉口、桥隧坡道起止线 50m 以外；少于 50 个停车位的停车场，可设一个出入口；宽度采用双车道：50～300 个停车位的停车场，应设两个出入口；大于 300 个车位的停车场，出口和入口应分开设置，两个出入口之间的距离应大于 20m。

（五）停车场内的交通组织

停车场是车流和人流混杂的场所，停车场的设置对附近道路交通有直接影响，因此，必须对停车场的交通组织进行设计。具体设计师应在遵循以下原则的同时，视停车场的规模、车流量、人流量、用地条件、地形等确定。

停车场必须按不同的车型分别设置，至少应将微型和小汽车与其他车型分开，以利于场地的充分使用和出入方便，也利于交通组织和管理。

停车场内交通路线宜实行单向交通，车辆右转驶入并右转驶出，避免或尽量减少车辆的交叉冲突。

车库车辆出入口的进出车方向，应与所在地区的道路交通管理体制相协调。禁止车辆左转弯后跨越右侧行车线进出地下车库。为使车辆出入口有良好的视野，地下车库出入口应距离城市道路规划红线（一般为人行道边缘）不小于

7.5m，并保持 120° 的视角。

为了便于组织车辆右行，应在停车场周边开辟道路，由停车场出来的车通过辅路，绕到交叉口，减少交叉，便于管理。旅馆汽车库（场）的出入口，最好布置在次干道上，避免车辆直接驶入城市干道或快速道路。

入口处及停车场内应设置明显的行驶方向指示标志和停车位置指示牌。

进出停车场的最高行驶车速不得超过 15km/h，匝道上的最高行驶车速不得超过 10km/h，视线限制较大时最高行驶车速不得超过 5km/h。

（六）路内停车规划

道路的正常功能是为车辆出行行驶提供服务的，而路内停车是占用道路资源的一种行为，其设置对道路的通行能力有很大影响。据国外统计资料显示，如果 1km 路段上沿路边停放了 3 辆车，在路段上平均车速为 24km/h 时，路段通行能力损失为 200 辆 /h；如道路两边停放车辆达 310 辆，即 1km 路段两边几乎都停满时，路段通行能力损失约为 800 辆 /h。如车辆沿道路零散停车，则路段通行能力的损失率比沿道路整齐停放还大。此外，车辆在道路上的乱停乱放，不仅严重影响居民的出行方便而且容易造成交通事故，也容易造成城市市容不良的形象。

因此，为了有效地对路内停车进行管理，有必要对路内停车做出科学、合理的规划。在规划的时候，一般应考虑以下因素：道路条件及道路交通状况，路外停车设施的状况，路外、路内停车特征，道路交通管理政策与管理水平等。一般应遵循以下原则：

1. 路内停车规划必须符合城市交通发展战略、城市交通规划及停车管理政策的要求，路内停车规划应与城市风貌、历史、文化传统相适宜。

2. 应根据城市路网状况、交通状况、路外停车规划及路外停车设施建设状况，按路内停车的功能确定设置路内停车泊位的控制总量。

3. 路内停车位设置应满足交通管理要求，并保证车流和人流的安全与畅通。

4. 路内停车应与路外停车相协调，随着路外停车设施的建设与完善，路内停车应做相应的调整，路内停车规划年限以 3 年为宜。

5. 城市主、次干道及交通量较大的支路，不宜设置路内停车位。

6. 在居民生活影响较大的道路上不宜设置路内停车位。对社会开放的大型路外停车场服务半径范围内，一般不能设置允许长时间停车的路内停车位。

7. 路内停车位主要设置在支路、交通负荷度较小的次干道及有隔离带的非机动车道上。

8. 路内停车位与交叉口的距离以不妨碍行车视距为设置原则，建议与相交的城市主、次干道缘石延长线的距离不小于 20m，与相交的支路缘石延长线的距离不小于 10m；单向交通出口方向，可根据具体情况适当缩短与交叉口的距离。

9. 路内停车位与有行车需求的出口之间，应留有不小于 2m 的安全距离，并保证必要的安全视距。

10. 路内停车位的设置不得侵占消防通道，消防栓前后 4m 内不得设置停车泊位。

11. 路内停车位的设置应给重要建筑物、停车库等的出入口留出足够的空间，人行横道、停车标志、让路标志、公交车站、信号灯等前后一定距离内不应设置路内停车位。

第二节 "互联网＋"背景下的出行信息化

一、准确的公共交通信息发布平台

我国城市人口密集，高运输量、站点密集的有固定线路的公交车仍是主流，只有提高公交车的服务质量，才能从根本上提升市民出行的满意度，有助于"公交都市"的建设。

在过去，人们乘坐公交车往往处于一种"干瞪眼"的状态，即在车站台等车时，看着眼前的车辆一辆辆驶过，无从得知自己要乘坐的车辆何时到来，如果不小心错过一趟车，那么就不得不在车站继续等候。

目前，有的大中型城市，利用"互联网＋"公共交通，通过手机接入移动互联网，可以随时查看公交车的实时位置，知道公交车什么时候来，此时公交车到了哪一个站点，乘客根据这些信息，可以更好地安排自己的时间，高效利用公共交通。

如果公交公司能够利用车载定位装置，直接获取每一辆行驶在路上的公交车的准确位置，并通过数字化的管理控制平台控制车辆的运行，再利用科学算法估计出公交车到站时间，同时通过互联网将到站信息传递给每一位乘客。这样"内外兼修"的信息发布方式，提供信息的准确度更高，传递更及时，能极大地提升公交车的出行服务体验。

（一）内部的"互联网＋公共交通"：巴士通的数字化技术

随着互联网应用的普及和信息技术的发展，数字化公共交通已经成为城市发展水平的一种象征。数字化的信息管理控制平台能够帮助公共交通系统准时、安全、节能地完成交通运营。

巴士通智能运营管理系统是巴士集团自有的一套智能调度系统，具有数据采集、数据分析、车辆智能调度等功能。据巴士集团介绍，该系统可以称为公交系统的数据心脏，系统通过公交车辆在道路上的运行，运用相配套的智能车载系统捕获营运车辆的位置、速度、制动信息、能源使用情况、安全参数、上车人次、车内视频等数据，实现全自动报站，自动更换公交车 LED 显示牌上显示的内容，实现实时传输至 2 个以上的后台数据中心。

数字化调度系统大大节省了人力成本。过去，公交车辆的调度必须依靠终点站和起点站的值班室，每一辆公交车的调度都需要人工发令。信息化的发展使得调度员只需要坐在屏幕前监控车辆在道路上的行驶轨迹，按照实施情况及时调整调度时间。

后台调度监控中心之所以能够发出清晰的指令，得益于车辆上的车载系统。这款与第三方合作开发的车载系统，包含 GPS 定位、司机和售票员电子认证信息、行车线路编码信息、车辆电子营运信息、站点编码信息、实时刷卡信息、场站监控信息等多个数据接入口，做到人、车、线的充分对接。巴士集团每辆公交车的车载系统内都录入了所属运营公司所有线路的电子信息，一旦路况出现故障，调度员即可远程操作，改变公交车的原有行车线路、公交车 LED 显示牌上显示的内容、报站内容等，保证市民的出行需求。

（二）外部的"互联网＋公共交通"：App 与站台电子站牌双管齐下

为做到准确及时地发布信息，有了扎实的后台调度系统的运营还不够，信息发布平台的搭建也十分重要。信息发布平台包括手机 App 和电子站牌两部分内容。

1. 手机 App

目前，已经有多款手机 App 能够及时传递动态的公共交通信息，这里主要介绍两款：车来了 App 和掌上公交 App。

（1）车来了 App

在安卓系统平台上，有一款名为"车来了"的 App，用户可以在 App 界面查看要乘坐的公交车当前处在什么位置，距离用户位置还有多少站，大约需要多久才能到达。

车来了 App 显示的实时公共交通信息非常丰富。首先，App 会以地图的形式显示用户当前处于哪个公交站台。其次，在地图下方同时显示经过该站点的公交车实时信息，如某路车还需要多少分钟到达该站点、当前大约处于哪个站点等信息。

借助车来了 App，用户除了查看公交车的实时位置信息外，还能够实现其名字所阐述的功能，那就是公交车到达提醒功能。用户可以预先设定一个时间（如下班时间），时间到了，车来了 App 会提醒用户，某路公交车即将到达用户乘车的站点。此外，不少用户在等公交车的时候，会低头玩手机，有时站点人太多、视线不太好，一不小心就会错过公交车，车来了 App 能够提醒用户公交车即将到站，有效避免错过公交车的情况发生。车来了 App 之所以能够实现公交车信息的准确发布，是利用了公交车辆的 GPS 定位数据，结合经过完善的路网数据，利用先进的算法动态判断实际线路、报站信息。换句话说，车来了 App 利用公交车辆的 GPS 定位数据和不断迭代完善的公交路网数据，结合公交大数据分析算法，动态匹配公交线路、计算公交报站信息，并通过移动网络将信息展示给手机用户。

（2）掌上公交 App

掌上公交 App 是一款手机公交查询软件，支持路线查询、站点查询、站到站查询。掌上公交 App 可以查询国内上百个城市的公交路线，掌上公交 App 每天提供的信息涵盖了所在城市几乎所有线路的静态数据，包括线路走向、线路运营情况、首末班班车时刻等信息。在提供动态数据方面，此款 App 支持公交线路的实时查询，用户甚至可以查看到车辆当前的行驶位置，了解车辆还有多久才能进站，大大减少了等车时间，该软件这一功能的实现，得益于其后台调度系统数据的采集。掌上公交 App 的原理是融合调度系统数据的算法判断车辆到达时间。

2. 站台电子站牌

除手机客户端外，公共交通信息的发布还有最重要的一个"据点"——公交站台。南京公共交通集团有限公司董事长、总经理朱明在接受采访时表示：为辅助掌上公交 App 的推广，公司在南京公交站台加设了二维码引导，乘客登录后台可查看下一班公交车距离该站点还有多远、需要多久到达等信息。

通过手机 App 和站台电子站牌的共同建设，能够全方位覆盖公共交通信息的实时传递，为乘客提供更好的服务，降低大量的时间成本，无形中创造了财富。

（三）提高准确率：进一步提升公共交通出行体验

调查显示，只要实际车辆到站时间与巴士通提供的到站时间相差不超过 2 分钟，乘客则认为该公交车为准点到达。巴士通系统力求将车辆到站时间误差控制在 2 分钟以内，这种到站时间的系统计算，至少需要三个指标。第一个指标是两端发车时间；第二个指标是该线路的历史轨迹数据，一般采用系统采集的该路段所有历史周转时间的平均值；第三个指标是车辆的车载 GPS 反馈的实时车速情况。

在数据精确度的设计上，由于地面建筑及高架桥的层层叠加，往往车载 GPS 并不能实时收发信号，经常出现中间信号丢失的情况。这种情况下，由于车辆是按照路线连贯行驶的，所以在规定的时间范围内再次捕捉到下一个信号的时候，可以判定车辆是正常行驶的。目前，上海已尝试将北斗定位终端在公交车上推广应用，帮助完成智能公交调度管理与信息发布平台的建设。但在应用该方法的过程中发现存在用电过多的问题，对于车辆的节能减排以及实用性来说，并不适用。

巴士集团使用 RFID（无线射频识别技术）等技术进一步精确和优化巴士公交的数据。基于 RFID 的智能公交系统的设计理念主要概括为：给每辆公交车装载卡号唯一的电子标签卡，同时在每个站台安装相应的读卡器。当公交车到站时，读卡器自动读卡，将获取的相关数据信息通过无线通信传至公交总站，公交总站通过数据分析处理即可实现车辆的身份识别，并且将相关的车次信息、站点信息、到站信息发送到各个站台电子站牌上显示，站台上候车的乘客可以及时了解到公交车的信息。同时，在车载终端还可以实现智能语言报站、LED 显示和发光二极管提醒等功能，提升了公交车出行体验。RFID 公共交通系统智能解决方案设计理念，将人们的日常生活与电子化、智能化、信息化相结合，以实现社会的人性化发展，这与国际上的 ITS（智能交通系统）、BRT（快速公交系统）、电子公交等先进理念不谋而合。目前，中国已经具备了比较成熟的技术和市场条件，在当今市场接受能力和经济发展势头下，基于 RFID 的智能公交系统付诸实施具有很强的可行性。

RFID 技术的无线识别功能运用到公交车辆的跟踪上，可以采集道路交通中公交车辆的位置信息，也可以有效地获取交通流量等其他交通数据。基于 RFID 的公交调度系统的原理是由安装在已知地点的识别装置，通过无线读取数据的方式，对经过该地点的车辆所配备的标识装置进行识别。由分布在不同地点的识别装置构成数据采集网络，通过计算机的分析处理，实现对行驶中的公交车辆进行识别定位。当采集点的分布达到一定密度时，数据采集网络可以有效覆盖一定区域内的交通道路，通过对持卡车辆在不同时刻、不同采集点的数据进行分析，掌握车辆的运动轨迹、运动速度和最近位置。

公交调度指挥中心的计算机系统接收信息采集网络采集的数据，并对这些数据进行分析处理，可以获得车辆的平均速度、交通流速等其他有关交通信息，为智能化交通管理提供支持。同时，该系统也管理有关的数据库并运行应用软件，承担相应的指挥、通信任务，为政府交通管理部门规划道路交通提供参考。RFID 技术目前的弊端是成本相对高昂，并且也面临城市中大量站台过于简单、无法实现该技术的情况。

借助"互联网 +"的春风，无论是政府级营运系统还是移动手机用户端 App，都在不断改善着市民公交出行的服务体验。

二、"互联网+"帮助解决大城市私家车出行问题

互联网与汽车市场的结合为车友们带来了更广阔的想象空间，自动驾驶、车车互动等一系列"黑科技"让司机们为之振奋。当前城市私家车出行，司机在驾驶过程中最关心的是什么？最直观的体验是什么？毫无疑问是安全性和便捷性。有数据证明，疲劳驾驶是安全驾驶的一大杀手，司机长途驾驶过程中难免产生烦闷情绪等疲劳状态，这些对驾驶安全极为不利。如何通过"互联网+"提升司机的安全感，并使其出行更加便捷。

（一）"互联网+"提高私家车出行体验，让出行更安全

现阶段，众多互联网企业逐鹿车联网的目的在于，通过传递有用信息，车联网不仅让出行变得更加舒适有趣，而且使司机的注意力更集中，提高出行的安全性。

近年来，国内三家互联网巨头百度公司（以下简称百度）、阿里巴巴网络技术有限公司（以下简称阿里巴巴）和深圳市腾讯计算机系统有限公司（以下简称腾讯）在车联网领域都不甘示弱，纷纷布局该行业。那么，携带着互联网优势的互联网巨头，给汽车这个工业时代最传统的制造业带来什么样的撼动？这些落地产品又能给人们的出行带来怎样的便利？

车联网技术给人们出行带来的便利主要体现在以下三个方面：让车内生活更舒适。人们在车内通过互联网技术可以安全方便地进行通信、社交、娱乐乃至购物等活动。例如，车载电话、车载音箱、网络电台等设备或应用，充当智能驾驶助理，给司机提供导航、辅助驾驶、疲劳监测、行车记录、故障提醒乃至无人驾驶服务，使司机体验更安全、更高效、更舒心的驾驶过程，让人车交互更方便。人们可以更简单地与车交互，如对车内部件的控制、对车的故障检测、对车的远程唤醒等。车是一个设备，借助于互联网，人可以与之更好地交互。

（二）"互联网+车载导航"，让出行更便捷

汽车的本质是什么？汽车是交通运输工具，运输人或者物。车联网产品带给人们的感受是：车联网让汽车变成移动的大手机。这个说法是否正确先不做过多探讨，但毋庸置疑，车联网产品不能过分重视移动终端应用思维，忽略了汽车驾

驶本身的目的。人们乘坐或驾驶私家车，最终目的是安全、舒适、快捷、便利地到达目的地。车联网不是移动终端的放大，而是为了更快、更好地完成人们的位移诉求。

淘宝每年销售数百万个汽车手机支架，手机被汽车车主使用得最多的功能就是导航，其次才抢单、打电话等。车主们为什么放着汽车自带导航或者专业导航仪不用，而去摆弄屏幕小得多的手机。主要原因：首先，手机导航免费，这是其得天独厚的优势。其次，手机导航更加准确，移动端的互联网导航应用数据更新更快、导航路线更准确、功能更加强大。最后，手机导航还能提供一些个性化服务。不难发现，这些优势不是来自手机导航本身，而是源于互联网导航的优势。因此，为什么不能让汽车自身联网，从根本上解决用户的导航需求呢？基于此，如何将互联网应用于车载导航，提升目前的车载导航体验？

1. 更大的屏幕

尽管多种多样的语音包增加了语音导航的趣味性，但司机只听语音，很多时候是无法准确判断路线的，司机需要借助于全景地图、三维街景、图标指示等视觉工具准确把握路线。对于这一系列功能，即使是越做越大的手机屏幕依然不能满足需求，使用"手机＋支架"导航不仅看得费力，也为汽车行驶带来安全隐患。车载导航采用中控屏幕，即比现在大部分汽车中控更大的屏幕，这也是未来的解决方案。事实上，许多车主已经为汽车装上类似于特斯拉的屏幕了。也有人提出通过投影，将前窗玻璃当作大屏幕的"黑科技"设想，但是车辆行驶中的安全问题得不到保障，这一设想在当下还不能实现。

2. 更优数据的获取产生更科学的路径规划

基于互联网的路径导航可以更好地通过互联网获取道路拥堵信息，科学规划路径，避开拥堵路段。在车辆行驶过程中，路径导航也能及时提醒用户前方路段是否拥堵。根据车载终端发送的导航请求和当前及目的地位置信息，车载设备在电子地图上做出了相应的准确标注，同时画出了一条规划路径。服务平台根据互联网上相关的实时路况信息，对相应的拥堵路段进行设置并显示在电子地图上。同时，导航系统根据互联网提供的信息和当前路况，重新规划路径，重新将结果集中发送至相应的车载终端正确显示。目前，车载导航技术已经能够实时监测路况信息并规划出一条最佳路径，以减少用户的行程时间。

3. 更准确的导航

凭借 3G、4G、5G 网络技术的迅速发展与推广，手机导航相对于传统车载导航具有更高的准确度，这也是"手机 + 支架"流行起来的原因之一。但是，智能手机导航的准确率也不是 100%，而不同品牌智能手机的定位能力差距也很大，苹果手机定位精度高于其他品牌的手机，但与专业定位设备相比，不论是定位精度还是响应速度，智能手机又逊色不少。可见，车载导航与互联网的结合大有可为。

随着通信技术、数据挖掘技术的发展，车载导航除了在传统导航领域有所提高外，还可以依赖更多未知数据。例如，车辆当前要上坡还是下坡，要左转还是右转，借助于汽车自身的实时数据，导航可以给用户更为精确实用的提醒。未来，随着技术的不断发展，智能汽车拥有了实时视觉能力之后，还可以进行路标等环境识别，这些汽车自带能力都可以被运用到下一代导航之中。

要做好车载导航，需要互联网企业与汽车企业一起协作。互联网企业负责体验端，提供更全、更新的数据，更新、更准的导航算法，更好的交互体验，更个性化的导航服务；汽车企业则负责硬件端，在汽车装配阶段引入互联网企业，并为其提供更多接口，满足后者数据获取和应用升级的需求。与"手机 + 支架"的方式相比，后者完全抛开了汽车厂商，未能很好地利用汽车本身的能力，浪费了中控屏幕和汽车导航数据等。

高德软件有限公司在北京发布高德地图 AI 引擎，该引擎是以大数据能力和机器学习能力为基础，面向不同的环境和需求，提供"千人千面"的位置出行服务的智能工具。代表着"一个高德，一云多屏"战略的正式落地，根据阿里巴巴移动事业群总裁俞永福的说法，高德未来将在多屏发展模式下着重打造手机与车机"两个中心"。AI 引擎与传统地图服务相比，在全境能力、大数据能力和个性化能力上都得到了显著提升。可见，在"互联网 + 车载导航"领域，高德还在不断优化自身的产品，未来这些产品将为私家车出行带来更多的便捷。

第三节 "互联网 +"背景下停车的信息化

"互联网 + 停车"是在互联网产业高速发展、城市停车问题存在已久的背景下产生的。随着经济的发展和人民生活水平的提高，我国私人汽车保有量日益攀升，尤其是在大城市，道路设施建设的速度渐渐难以跟上市民的出行需求，不仅产生了严重的交通拥堵问题，而且也带来了停车位紧张的问题。每到周末，人们的出行需求增多，很多公共场所很难找到一个停车位。城市停车难的现象也成为城市居民在汽车消费生活中颇为头疼的问题，停车位成为城市的一种稀缺资源。移动互联网、智能手机及其定位等技术的泛应用为解决现有的停车难问题带来了新的思路。基于随时随地都能获取车位信息的移动互联网技术，设计智能停车位，并实时自动化管理系统，帮助解决城市停车顽疾。

一、技术层——互联网解决停车难问题

"互联网 + 停车"就是要将普通停车场互联网化，汇聚城市中不同位置的停车场信息，依托移动互联网、大数据、云计算等先进技术，打造集停车位信息查询、预订、错时停车、停车缴费一体化的云停车服务平台。"互联网 + 停车"旨在通过整合城市停车资源和提高停车场管理水平两方面入手，解决城市停车难的顽疾。与此同时，通过这些资源创造出新的商业价值。

目前，除了管理分散、效率低以外，我国大城市停车还存在诸多问题。首先，停车收费标准不合理，和土地、服务的经济价值不相匹配，不利于调动企业和民间资本投资停车场的积极性。未来，合理的停车费可按价值规律进行调整，在不同时段、不同地区差异定价，提高民间资本投资的热情。此外，建设停车场时，政府部门可以仿照日本对停车行业实行土地和税收优惠政策。其次，在物联网和停车导航系统的建设和应用方面，我国刚刚起步。事实上，国内停车场和汽

车总量都大于日本，我们拥有更大的市场。加紧物联网和停车导航系统的建设，普及汽车 GPS 动态导航和车联网系统，有效提升停车场的利用率和周转率。同时，开展错时停车、汽车充电等特色服务，既提高了停车资源的利用效率，又创造了经济效益。最后，城市停车位信息不能及时有效地对外发布。为了提升信息发布效率，基于互联网的信息发布技术与地理信息系统的空间信息管理和表现功能十分重要。互联网与地理信息系统的结合是解决城市静态交通信息发布问题的重要举措，利用二者的优势互补，为解决城市停车难的问题提供了可行的办法。

由于交通数据普遍具有地理空间属性，使得地理信息系统成为从事交通规划和管理人员处理交通信息的有效手段。地理信息系统具有强大的数据分析、信息处理功能，是一种为交通规划和管理人员提供数据采集、处理、分析和显示功能的强有力工具。为了把地理信息系统的数据处理能力运用于解决交通问题，需要把地理信息系统处理的信息适时、准确地传达给交通的参与者，要借助于信息发布系统以适当的形式向交通参与者发布。常用的发布形式有路边发布板和广播等，也可以通过建立 Web 服务器、借助于互联网的信息发布功能，将信息传送到个人计算机或车载终端上，引导司机有目的地出行。

无线网络技术的发展为车载信息接收系统提供了良好的条件，也为实现智能化的停车查询、决策提供了可能。以 GIS 为基础的交通信息发布结合其他发布方式与传统的信息发布方式（文字、广播等）相比较，有如下特点：互动性更强，方便用户实现个性化的查询；有助于用户查询、选择与决策，选择最便捷的路径到达目的地；有利于用户主动提出需求，打破以往被动接收信息的状况。例如，停车位的需求及预订服务等；以地图定位的形式发出信息，实现传统的文字、声音等信息发布方式不能达到的效果，使信息的显示更准确，表达更清楚。

基于 GIS 平台的停车诱导信息发布系统的最直接作用，是在适当的时间、地点，以适当的方式向广大司机提供及时、准确的信息。

在完全没有停车诱导信息对司机进行诱导的情况下，司机在选择停车设施前无法获取该设施的具体信息，造成司机盲目寻找停车设施的结果。停车诱导系统（汽车装有接受系统信息的装置，如车载信息接收系统、PC 机等）改变了司机在驾驶途中盲目寻找停车位的状况，甚至在出发前就可以通过停车诱导系统提供的信息，在较短的时间内通过最近的路径找到合适的停车位。系统提供给司机的信息是清楚且容易理解的，因而取得了良好的使用效果，不但节省了司机的时间、费用，而且减少了因寻找车位而在公共道路空间巡游的车辆数量，减少了由于寻找停车设施所带来的交通、环保以及安全问题。

要解决停车难问题，除了建设更多的停车设施外，还需要提高已有停车设施的利用率，停车信息的发布系统则可以有效解决这一问题。借鉴日本的经验，建立完善的停车设施诱导系统，帮助司机迅速地找到所在区域的车位，引导司机快速有序地找到可用的停车位，在解决停车问题的同时，也解决了城市占道停车的问题。

二、实践层——"互联网＋停车"缓解老旧小区停车难，所需条件与现存难点

在我国，城市新建的小区大多配备了地下停车场，停车难问题得到一定程度的缓解。但是许多 20 世纪八九十年代建设的城市住宅，由于建设时城市规模没有那么大，私家车也没有那么多，人们的出行方式以自行车和公交车为主，很多住宅楼的配置基本以自行车车库为主，停车库和停车场数量较少。当时，这些小区环境优美，地理位置优越，是城市居民追捧和向往的理想住所。但随着私家车的逐渐普及，停车位配置不足的问题开始困扰着城市居民，尤其是老旧小区，甚至已经严重影响了居民正常的工作和生活。

（一）老旧小区停车难问题的原因分析

解决城市停车难顽疾的一大难点就是老旧小区的停车问题，通过分析不难总结出，造成老旧小区停车难的原因主要包括以下几个方面：

1. 小区初期规划建设不完善

长期以来，城市的居民以自行车为主要的交通工具，小区初期发展规划中缺少私家车管理预案，造成城市机动车停车场建设理念落后，车位配比严重不足。车辆多车位少，同时小区物业管理不到位，不能适应小区发展的需要。很多出入小区的车辆不仅没有实行登记和准入制度，也没有进行统筹停放安排。一旦发生纠纷，往往是业主之间用自己的方式自行解决，物业不能及时介入做好疏导和协调工作。

2. 车主的不良停车习惯

由于小区车位无法满足住户的停车需要，没有停车位的车主长期占用小区通道停车，车流高峰期经常造成道路堵塞且存在极大的安全隐患。例如，消防通道经常被占用，一旦发生火灾，消防车无法通行，造成的后果不堪设想。另外，依靠地锁占车位是很多老旧小区居民习以为常的事情，造成了一些小区地锁林立的现状，不仅影响小区形象，也无法实现车位共享。

3. 配套设施不齐全，车位规划不合理

由于小区建设时具有局限性，老旧小区相关物业管理单位普遍只设计了车位线和出入口的标识，缺少科学的停车场深化设计及相关智能化管理设备和安全设施。

除了位少车多的客观现实，造成老旧小区停车难的原因还在于停车管理手段落后，主要体现在管理人员素质低、信息化水平差、主要依靠人工管理和现金交易等方面，这也恰恰突显了未来小区停车产业发展的重要性及其广阔前景。

要缓解老旧小区停车难等问题，需要从整座城市的规划、道路渠化能力、车位配比标准政策、智能化程度、居民行为习惯、运营管理能力等方面进行综合考虑，不能只关注小区内部停车问题。"互联网+"的理念在交通行业的深入推进，也极大地提升了智慧停车的发展进程，为缓解老旧小区停车难等问题提供了新思路和新办法。

（二）智慧停车

作为智慧城市和智慧交通的有机组成部分，智慧停车通过搭建基于物联网技术和云端技术、大数据应用技术为核心的城市停车云平台，实现停车运营服务和技术服务的发展，用互联网思维最大限度地挖掘停车资源的价值。智慧停车的整体框架能有效运作需要对三个方面进行建设。

1. 停车场管理终端

停车场的管理终端是指部署在停车场的采集、管理系统，是停车场收费管理系统的智能化版本，通过对原管理系统的改进，降低改造成本，提升推广效率。对终端的改进需要考虑硬件、软件两个层面。

从硬件层面考虑，采用以车牌识别为主导的智能车辆管理系统，该系统采用无卡采集介质，不会产生丢卡、车辆排队等情况，每一辆车的进出皆有图片比对，入口无人值守。与此同时，借助于电子收费技术和会员服务提升通行效率。

从软件层面考虑，类似于普通手机向智能手机的蜕变，停车场的管理系统也需要快速蜕变。管理终端的收费数据、运营数据、管理信息的下发等功能皆应通过云端平台远程管理，而不是本地化操作。所有决策报表的设计和生成皆通过云端完成。停车场的运行状态通过平台进行远程监控。

"云平台远程数据管理 + 车牌识别技术"可以有效提高外来车辆进入速度、车辆驶出缴费速度，也可以在一定程度上解决老旧小区停车方面的"人情车"问题。小区业主委员会的负责人和监管人员可以实时了解小区内停车场的收费情况，运营管理单位无法在数据上作假，使小区停车管理更加便捷透明。

2. 停车管理平台

停车管理平台基于云端系统搭建，用户可以在任意外网环境下登录。既不用搭建服务器，也不必进行例行维护，所有的维护工作交由专业的平台运营单位完成便可。借助于智慧停车平台，停车场运营所需要的工作人员将会减少，管理成本大幅降低。

基于云计算技术，智慧停车管理平台可以为城市停车管理部门或停车管理单位、小区业主委员会相关负责人提供停车场管理、实时信息交互、清分、结算、辅助决策支持和综合信息服务等功能，实现整体业务的协同运营和管理。该管理平台采取标准服务接口，方便接入到交警管理部门，用以控制"黑白名单"车辆，还可以接入交通主管部门以用作停车诱导。

3. 停车 App 服务

互联网产业的大量先例说明，再好的技术也需要一个良好的信息交互平台才能更好地提供服务，创造价值。基于手机停车 App、网站等媒介真实地体现停车场的动态数据，建立城市停车静态信息和部分车流量大的停车场信息的数据库，是基于智慧停车平台的应用衍生出的用户终端服务的重要内容。停车 App 的注册会员可以实现自动扣费不停车通行，还可以提供错时停车、车位预订等服务。停车 App 软件可以让车主做到未雨绸缪，在出门前就能了解目的地停车场的分布和占用情况，通过直观的服务介绍、价格对比，让车主可以轻松选择目标停车场。停车 App 辅以路径导航功能，可以帮助用户顺利到达合适的停车场出入口，有效避免车主在入场和出场、缴费的过程中耗费时间停车，缴费时也不必摇下窗户，支付宝、微信、银联都能提前预存缴费。

（三）现存推广难点

不论是互联网技术、高清车牌识别技术还是相关 App 市场，都已做好充分准备，足以维持市场运营和推广。但是"互联网＋停车"不同于打车软件，其充分落地还存在核心难点。

从安装停车管理平台的角度，"互联网＋停车"落地初期需要安装相应设备，安装本身需要费用，而老旧小区设备改造也是个问题，停车场铺设网线的施工成本过高，甚至到了令人咋舌的程度。安装成功后录入产权车位（或其他种类车位）所需时间都是问题。正常情况下，停车场改造的时间需要 3 天，软件调试时间需要半天，录入车位的数据需要的时间至少 1 周，车位信息多的话甚至需要超过一个月的时间。

"互联网＋停车"的推出，除了对于停车场的改造、设备软硬件的升级、人员的配置外，最重要的就是寻找愿意相互合作的停车场。停车 App 创始人曾透露，和一个物业洽谈合作大概需要花费一个半月的时间。事实上，在智能停车的新模式中，物业方也是受益方，不仅有收入分成，还能节省人力成本。由于"硬件＋软件"的结合，车主停车的信息能够被更加精确地实时记录，更加方便停车场对所有停车位的集中式管理。停车 App 还会提供相关的延伸服务，如停车场所属商场的折扣信息以及商场的消费者可获得停车券，丁丁停车 App 可以开设星巴克、对接洗车、快递配送等服务。这些服务有利于促进顾客消费，增加商场收益。

新的停车管理模式不仅提高了效率，而且降低了物业运营成本，但推广时也会伴随一些问题。由于老旧小区产权方分散，因此，信息的收集有一定难度。停车场普遍归小区业主和产权方所有，管理终端一般也归业主方或产权方建设，停车场的智能管理系统型号五花八门、技术陈旧，与现在的智慧城市平台的信息采集和接入需求极不相符。同时，政府支持的管理平台也不能强制要求采集每个小区的停车信息。不少停车场也存在私自销售年卡、月卡等现象，运营人员拖延数据的录入，有的停车场管理混乱，甚至没有留存年卡、月卡的相关销售记录。

对于新建小区物业方，大型停车场一个月进账可达数千万元人民币，然而停车 App 所提出的"便捷支付"功能需要通过外来的平台收费，这其中隐含的风险是他们不愿意承担的。由于理念过新，无论是物业管理还是小区业主，"互联网＋停车"都需要一段较长时间的"消化"过程。

因此，"互联网＋停车"的推广不能单从政府政策层面入手，更不能从单一端口入手，应鼓励停车场端、平台端、应用端三方共同研发和设计，同时在市场推广过程中发挥市场和资本的优势。

在房地产业略微"退热"后，汽车产业依然是国民经济的支柱，不仅是工业增长的推动力，也是消费者增长的主要推动力。中国汽车千人保有量还徘徊在 100 辆左右，人们渴望拥有汽车的热情不减，有资料显示，恰好我国居民储蓄余额约 40 万亿元，人民还有很大的购买力。国家也在大力促进汽车行业的发展，国务院将小排量汽车（1.6 升以下）的消费税再度减半，给自主品牌的电动车高额补贴，大力推进充／换电桩的建设。基础设施层面，在其他基建项目投资回报率低的情况下，停车场正成为政府引导的投资重点。由此可见，停车难问题将长期持续存在，"互联网＋停车"有着大好前景，如果能克服推广上的核心问题，或许可以复制下一个滴滴出行的神话。

第十章　智能运输系统的信息化

第一节　运输信息管理理论与技术

一、信息管理理论

运输管理是对运输活动形成的系统管理，因为运输系统是由运输活动的各个环节组成的统一有机联系的整体，因此运输管理的目的是使得整体效益最佳。

运输的信息管理是对运输信息的收集、整理、存储、传播和利用的过程。是将运输信息从分散到集中，从无序到有序，从产生到利用的过程。同时对涉及运输信息活动的各种要素，包括人员、技术、工具等进行管理，实现资源的合理配置。信息的有效管理就是强调信息的准确性、有效性、及时性、集成性、共享性。所以在信息的收集、整理中要避免信息的缺损、失真和失效，强化运输信息活动过程的组织和控制，建立有效的管理机制。加强交流，信息只有经过传递交流才会产生价值。

（一）信息管理的理论基础

交通运输信息管理是以信息管理科学为理论基础，信息科学是认识信息和利用信息的科学。一般而言，信息管理科学有三个理论基础，即信息论、系统论和控制论。

1. 信息论

信息论是 20 世纪 40 年代美国数学家、贝尔电话研究所的香农提出的。香农认为通信系统就是信息传递过程，他提出了通信系统的模型，定义了信源、信道和信宿。

香农提出的这个模型虽然是一个简单的通信模型，但是实际上也适用于非通信系统，可以反映出社会信息的单向流动状况。另外香农认为信息是可以度量的，提出了信息量的概念和计算的方法。

2. 系统论

系统论是以一般系统为研究对象的理论。系统论的主要创立者是贝特朗菲。他认为系统最显著的特征就是要素、结构、系统、功能和环境五位一体的关系。系统的结构就是系统各个要素相互作用的内在组织形式，与此相对应，系统与环境相互联系、相互作用的外在活动形式就是系统的功能。显然，信息是两者正常运作的保证。也就是说，要素与要素之间，要素与系统之间，系统和环境之间都是通过信息相互作用和相互联系的。

系统有三个基本的组成部分：输入、加工和输出。广义的系统还包括反馈和控制两部分。任何一个系统都是为了某个目的而建立的，正如运输信息系统是为了更加有效率地获得和利用信息一样，系统从环境中得到某些物质和信息，同时又给环境以某些物质和信息。系统的目标正是在这种不断进行的输入和输出流动中实现或者体现的。系统是一个活的实体，为了发展的需要，依据客观现实和自身的条件不断地调整自己。

3. 控制论

所谓控制是指施控主体对受控主体的一种能动作用。控制作为一种作用，至少有作用者和被作用者以及作用的传递者三个因素。三个组成部分组成一个整体，相对于某种环境而言，具有控制功能，被称为控制系统。控制论着眼于从控制系统和特定环境的关系考虑系统的控制功能。

控制论是在信息反馈理论的基础上建立起来的。反馈的内涵是指信息从授者到受者经过处理返回给授者的过程。信息机构通过控制系统把输出信息输送给信息系统的用户，必然引起信息用户的反响。是满意，还是部分满意，抑或不满意，反馈就是把信息用户的反响集中起来，经过分析、筛选，反馈给信息系统的管理者，以便对信息系统进行合理调控。控制的全过程必须依赖信息的过程。控制机制正是依靠信息，具体地说依靠信息反馈达到控制的目。

总之，信息论与控制论以及系统论的结合构成了相对完整的信息理论体系，形成了信息管理理论的基础。

根据以上的理论，具体到一个企业，根据系统理论可以把企业看成一个"输入—输出"的过程。输入是从社会环境中取得企业生产经营活动所需要的一切资源要素（人力、物方、财力和信息），运用一定的方式，按照人们预定的目标将各个要素结合起来，形成一定的产出，向社会输出以满足社会的需要，获得社会效益和经济效益。由于企业和外部环境有着种种联系，因此可以将企业看作为一个开放的系统。企业系统的动态性原则要求组成企业的基本要素不仅必须流动，而且要合理地流动。企业的有效运作实际上是促进企业的人员流、资金流、运输和信息流合理流动的过程。这些基本的"流"能否保持流动的顺畅，很大程度上取决于信息流的运作是否正常。

现代企业工作是围绕产品生产和供销进行的。其生产经营活动分成生产活动和管理活动，管理活动伴随和围绕着生产活动，保证生产活动的正常进行。总体上，运输和信息流贯穿于企业生产、经营全过程。运输是由原材料等资源的输入到成品运输而进行的运动过程。信息流伴随着运输的产生，反映着运输的状况，并且指挥着运输的运动。运输是有形的单向价值流动，信息流则是无形的双向流动。从某种程度上说，企业管理一方面是对运输的管理，另一方面是对企业管理过程的信息流管理。

由于企业的运输活动与信息息息相关，企业的运输信息又是以运输的有形活动为主要内容，是沟通企业各个运输环节的信息活动的产物，因此，毫不夸张地说，企业运输信息管理是更为重要的管理，决定着企业运输活动的成败。

（二）常见的运输信息管理方法

专家一般将对于运输信息的管理分成三个阶段，即手工管理阶段、电子计算机管理阶段和资源管理阶段。各个阶段企业管理运输信息的方法各不相同。一般而言，手工工作方法是一种比较初级的信息处理方法，多见于一些中小型企业，而以信息技术为基础的资源管理方法则是较为高级的信息处理方法，在企业规模逐渐增大时，一般会提升到企业的发展规划中。

1. 手工工作方法

手工工作方法是旧运输的产物，其核心为把握运输信息的源头，这种方法是以单据和卡片作为信息传递的基础，手工填报，通常采用邮政等一般通信方式进行传递及交换，定期举行分析会议，用手工分类及整理有关单据、卡片，以表格等形式反映最终整理结果，用文件夹等形式汇总装订单据、卡片、表格，进行信息储存。

这种方式是运输信息系统管理的初级形式，虽简单易行，但效率低、效益差，远远跟不上现代化运输业发展的需要。由于储蓄运输信息量的增大，手工工作的方法必然遭到淘汰。

2. 电子计算机方法

利用计算机处理、传递、储存信息是现代化运输的一个显著标志。这种方法开始以运输信息的流程为核心。电子计算机具有存量大、处理速度快等特点。在这种方法下，计算机一般不单机使用，而是形成网络才能发挥其最大的效用。采用电子计算机可以有效处理手工难以解决的复杂问题。如果能把与运输相关的商流、经营管理等信息系统联系起来，其作用更能得到充分发挥。

3. 资源管理方法

与前面的两种方法相比，资源管理有着显著的特点。运输信息的资源管理突出从经济角度进行管理，将技术因素和人文因素结合考虑并进行综合管理，在战略和规划的高层次上强化信息管理。可以说资源管理是运输信息管理的最高阶段。

值得注意的是，运输信息管理的这三个阶段并不是前后更替的。在运输管理的实践中，我们经常见到的是这三种方法并存的情况，这在我国尤其突出。出现这种现状的主要原因是我国企业运输管理的发展水平不均衡，各个地区之间有着很大的差异。

二、运输信息管理技术

运输管理离不开大量相关信息的处理，运输信息化是未来物流运输发展的方向。运输信息化主要表现为运输信息的商品化、运输信息收集的数据库化和代码化、运输信息处理的电子化和计算机化，运输领域网络化的基础也是信息化。这些都需要运输信息技术给予强有力的支持。很多国家是通过提升运输信息技术发展运输行业的。

现代信息技术的发展是促进运输产业形成和发展的基础和条件。现代信息技术在经济中的广泛应用，不仅直接促进了传统产业的快速发展和结构调整，而且促使传统的运输活动成为一个新的专业化分工领域，形成从生产到消费的系统化的运输链条，实现了运输流程的优化和资源的合理配置，提高了全社会的流通效率和经济效益。

（一）信息技术在供应链管理中的重要作用

供应链管理概念的产生和发展与信息技术的应用密不可分，也就是说没有当今高速发展的信息技术，供应链管理根本不可能实现。

1. 信息技术在供应链管理中的意义

供应链管理运作的所有方面，地理上分散的流程集团的网络化，渠道策略和运作的集成，供应链中的存货管理、运输计划和自动补货等，没有信息技术的支撑是根本不可能实现的。供应链管理为企业获得竞争优势提供了非常重要的管理方法和思想，而这些方法和思想从诞生之日起，就与计算机技术和通信系统紧密地联系在一起。

供应链管理组织的建立离不开信息技术的支持。传统的组织已经不能适应现代供应链管理的要求，必须建立以流程为基础的供应链组织，才能实现有限的供应链管理，而以流程为基础的组织建立，不论是虚拟企业、动态协作还是知识联网，都需要信息技术的支持。

供应链管理强调将企业内外的竞争力和资源进行集成，而集成的实现离不开网络化的支持，集成和网络化互为补充。集成强调对人和资源进行调整和再调整。集成过程使我们在不断变化的关系模式中，彼此之间、与顾客之间、与供应商之间进行协同。集成的过程是人力资源网络化的过程，把我们的想象和知识连接成网络，使我们有机会采取决定性的行动。可见集成离不开信息技术的应用。

供应链管理强调信息共享。过去，业务环境中的信息受到信息处理速度的限制，数据采集、处理、存储和传递速度十分缓慢，也不可能建立起一个共享的数据库。人们只能借助原始的可以处理数据的自动化形式，供应链成员之间的失真信息经常产生固有的不经济现象。比如过分的存货投资，顾客服务较差，经济效益低下，运输计划不合理，误导运输计划和生产计划等，就是供应链中的"长鞭效应"。随着信息技术的进步，我们可以处理大量的信息并传递大量的数据，以分布式开放系统为基础的共享数据库系统的应用，不仅在企业内部，而且在整个供应链中实现共享，业务数据不仅对顾客和供应商透明，对顾客的顾客和供应商的供应商也是透明的。只要供应链上的贸易伙伴进行密切的合作，借助信息技术，完全可以解决由信息失真引起的长鞭效应。这些进步无疑依赖当前飞速发展的信息技术。

几乎所有的供应链管理方法都充分利用信息技术。在某种意义上，供应链管理实践先于理论产生。典型的供应链管理方法，比如快速反应，高效客户反应，高效补货等，离不开各种信息技术的支持，尤其是条码技术、射频识别技术、EDI 技术的应用。

实施供应链管理的顶尖级公司都十分重视信息技术的应用，并取得了显著的成功。供应链管理是一个全面管理的概念，它以寻求将内部的业务职能与联盟业务伙伴的职能契合在一起，形成统一的供应链系统。衡量供应链成功程度主要是看构成供应链的企业资源和能力的结合程度以及关注顾客满意的程度。将供应链成员联系在一起的是信息技术，而他们应用的工具是他们所开发的信息技术。供应链中的信息节点可以连接在一起，形成网络。联网的信息节点越多，信息共享程度越高，供应链中的决策越有效。

信息技术改革了企业应用供应链管理获得竞争优势的方式。成功的企业将信息技术应用于供应链的管理之中，提高了供应链管理的运作效率，增强了供应链的决策能力。最典型的例子是沃尔玛公司，它通过信息技术构筑的快速反应系统，不仅使得自己获得了商业利益和相对于其他竞争对手的竞争优势，而且改变了所有供应链的经营方式。

2.信息技术对供应链管理的影响

（1）新型的顾客关系的建立

信息技术使得供应链的管理者可以通过信息流和知识流，建立和顾客以及各级供应商之间的新型顾客关系，使企业获得一条了解市场和消费者的新途径，企业可以及时了解市场的需求和动向，为企业的决策提供直接的依据。例如，供应链的参与各方通过信息网络交换订货、销售、预测等信息。对于全球经营的跨国企业来说，信息技术的发展使得他们的业务延伸到世界的各个角落。

（2）营销渠道的效率得以提高

企业利用互联网与它的经销商协作建立零售商的订货和库存系统，通过这样的信息系统可以获知零售商商品销售的信息。在此基础上，进行连续库存补充和销售指导，实现与零售商一起改善营销渠道的效率，提高顾客的满意度。

（3）产品和服务的存在形式和流通方式的改变

产品和服务的实用化趋势正在改变它们的流通和使用方式。例如，音像等软件产品多年来一直是以磁盘和CD等形式投入市场进行流通销售的，这就需要大量的分拣和包装作业。现在许多软件产品通过互联网向顾客销售，无须分拣、包装和运送等运输作业。

（4）企业间和行业间新的价值链的形成

通过利用每个企业的核心竞争力和行业共有的做法，信息技术开始构筑企业之间的价值链。当生产厂家和零售商利用第三方服务，把物流运输和信息管理等业务向外委托的时候，他们会发现管理和控制并不属于他们所有的供应链，而是一种挑战。然而，生产厂家、零售商以及由运输信息服务业组成的第三方服务供应商形成了一条价值链。如在航空运输业，航空公司采用全行业范围的订票系统，而不是各个航空公司各自独立的订票系统。

（5）及时决策和模拟结果的能力的形成

信息技术的发展使得供应链管理者在进行经营革新或者模拟结果的时候，可以利用大量的有效信息，并基于这些信息对供应链进行有效的管理。例如，企业在转移仓库设施或者变换生产场所的时候，通过模型的计算可以得出可能的结果。现在的许多企业基于详细的销售信息和成本信息，可以对市场的变化及时做出正确的决策。

当前围绕高新技术产品市场环境的迅速变化，使这类产品的市场生命周期大大缩短，所以相关企业需要不断地围绕这类产品进行经营决策。由于进行决策时涉及的变量越来越多，范围越来越广，信息的多样性和复杂性使得传统的决策模型不能适应供应链管理的需要。在这种情况下，许多适用于供应链管理的决策模型软件被开发出来。

（6）全球化管理和基于消费者要求的大批量定制能力的形成

经营的全球化一方面要求企业在全球范围内扩展经营领域，另一方面要求企业适应当地的文化、需要、习惯等从事经营活动也就是所谓的本地化。许多企业应用信息技术发展企业的信息系统，来协调和管理企业在世界各地的经营活动。

在美国计算机市场上，戴尔公司在应用信息技术的基础上发展了满足消费者要求的大量生产系统。最终消费者通过戴尔公司的互联网页在订货时说明自己对于产品的功能性需求，戴尔公司根据消费者的具体要求生产产品，迅速地配送给消费者。戴尔公司的电子商务和大批量定制战略的效果表现在：能够直接与消费者建立起信赖的关系，高效率地向消费者销售产品并提供服务，减少与流通库存和营销运行有关的供应链成本。

（7）促进企业不断进行学习和革新

供应链管理者需要不断地改进他们的运作过程，在供应链内部和企业内部分享有用的信息。因此，重要的是企业要有能力获得有关导致供应链革新和增强供应链能力的信息。为此，企业应该建立起知识管理系统，使有效的信息和知识电子化，并且使之能与整个供应链中的成员共同分享。

（二）自动识别与数据采集技术

自动识别和数据采集（AIDC）技术是通过自动（非人工手段）识别项目标识信息，并且不使用键盘就可以将数据输入计算机、程序逻辑控制器或者其他微处理器控制设备。

1. 条形码技术

条形码简称条码，是由一组黑白相间、粗细不同的条状符号组成，条码隐含着数字信息、字母信息、标志信息、符号信息，主要用以表示商品的名称、产地、价格、种类等，是全世界通用的商品代码表示方法。条形码技术是现代运输系统中非常重要的、大量的、快速信息采集技术，它能适应运输大量化和高速化要求，大幅度提高运输效率。条形码技术包括条形码的编码技术、条形符号设计技术、快速识别技术和计算机处理技术，是实现计算机管理和电子数据交换不可少的开端技术。

条形码是一组黑白相间的条纹,这种条纹由若干个黑的"条"和白色的"空"的单元所组成。其中，黑色条对光的反射率低而白色的空对光的反射率高，再加上条与空的宽度不同，使扫描光线产生不同的反射接收效果，在光电转换设备上转换成不同的电脉冲，形成可以传输的电子信息。

（1）条码具有的优点

条码是迄今为止最经济、实用的一种自动识别技术。具有以下几个方面的优点：输入速度快；可靠性高；采集信息量大；灵活实用；另外，条码标签易于制作，对设备和材料没有特殊要求，识别设备操作容易，不需要特殊培训，且设备相对便宜。

（2）条形码在运输中的应用

一个条形码物料自动识别系统的主要元素有：载有此活动内容的条形码；能够自动读入条形码的装置；一个条形码自动阅读器（扫描器和译码器）；把读入的信息传送到处理器的通信系统；处理器和执行处理器命令的动作机构。物料信息的载体码条在前进过程中通过条形码自动阅读器读入后，送到中央处理机进行处理分析和判断，然后发出命令，指挥动作机构执行，使物料被送到指定方位。

条码在运输中有较为广泛的应用，主要体现在以下几方面：

①货物的信息跟踪

在商品上贴上条码能快速、准确地利用计算机进行检索和货物配送管理。其过程为，对货物进行承运时，通过光电扫描读取并将信息输入计算机，然后输进收款机，收款后开出收据，同时，通过计算机处理，掌握货物进、出、存的数据。货物的信息跟踪使得运输商能尽快地了解货物的运输保管等信息，顾客的需求趋势，从而更准确地做好预测，提高整个运输的效率。

②库存系统

在库存物资上应用条码技术，尤其是规格包装、集装、托盘货物，入库时自动扫描并输入计算机，由计算机处理后形成库存信息，并输出入序区位、货架、货位的指令。

③分货拣选系统

在货物配送方式和仓库出货时，采用分货、拣选方式，需要快速处理大量的货物，利用条码技术可自动进行分货拣选，实现有关的管理。其过程是：一个货物配送中心接到若干个配送订货要求，将若干订货汇总，每一品种汇总成批后，按批发出所在条码的拣货标签，拣货人员到库中将标签贴于每件商品上并取出，用自动分拣机分货。分货机终端的扫描器对处于运动状态分货机上的货物扫描，一方面是确认所拣出货物是否正确，另一方面识读条码上用户标记，指令商品在确定的分支分流，到达各用户的配送货位，完成分货拣选作业。

2. 射频识别技术及其在运输中的应用

射频识别技术 RFID 是相对"年轻"的自动识别技术。20 世纪 80 年代出现，90 年代后进入实用化阶段。

射频识别的标签与识读器之间利用感应、无线电波或微波能量进行非接触双向通信，实现标签存储信息的识别和数据交换。

射频识别技术最突出的特点是：可以非接触识读（只读距离从 10 厘米至几十米）；可识别高速运动的物体；抗恶劣环境能力强，一般污垢覆盖在标签上会影响标签信息的识读；保密性强；可同时识别多个识别对象等。射频识别技术应用领域广阔，常用于移动车辆的自动识别、资产跟踪、生产过程控制等。由于射频标签较条码标签成本高，目前在运输过程，很少像条码那样用于消费品标识，多数用于运输器具，如可回收托盘、包装箱的标识。

运输过程应用的射频识别一般是感应耦合方式的系统。感应耦合射频识别系统的工作过程通常是：射频识读器的天线在其作用区域内发射能量形成电磁场，载有射频标签的物品在经过这个区域时被读写器发出的信号激发，将储存的数据发送给识读器，识读器接收射频标签发送的信号，解码获得数据，达到识别目的。由于射频识别技术应用涉及使用频率、发射功率、标签类型等诸多因素，目前尚没有像条码那样形成在开环系统中应用的统一标准，因此主要是在一些闭环系统中使用。

射频技术在运输中的应用主要表现为三个方面：其一，射频技术可用于运输过程中货物的存货管理；其二，射频技术可以用于物流过程中的运输管理；其三，射频技术可用于货物的分拣管理。

无论货物是在订购还是在运途之中，各级运输管理人员和物流的作业人员都可以通过射频技术及其组成的系统实时掌握所有信息，避免货物的重复运输。该系统的运输功能是通过贴在集装箱和设备上的射频识别标签实现的。射频接收和转发装置通常安装在运输线的一些检查点上（如门柱和桥墩上）以及仓库、车站、码头和机场等关键地点，接收装置收到射频标签信息以后，连同接收地点的位置信息上传至通信卫星，再由卫星传递给运输调度中心送入中心信息库中。对于库存管理来说，也可以通过射频技术及其组成的系统，及时掌握和了解各种货物的库存信息，通过网络系统再传输给管理中心，以便及时进行决策。由此可见，射频技术在运输中的应用不仅可以提高运输工作的效率，而且降低运输的作业成本。

3. 地理信息系统 GIS

GIS 技术主要应用于运输分析，也就是利用 GIS 强大的地理数据功能完善运输分析技术。完整的 GIS 运输分析软件集成了车辆路线模型、最短路线模型、网络运输模型、分配集合模型和设施定位模型等等。

车辆路线模型主要用于一个起始点、多个终点的货物运输中。解决的是如何降低运输作业费用并在同时保证运输服务质量，以及决定使用多少车辆、每辆车的路线等问题。

网络运输模型主要用于解决最有效的分配货物路径问题，也就是运输网点布局问题。例如将货物从 n 个仓库运往 m 个店，每个商店都有固定的需求量，因此需要解决由哪个仓库发货给哪个商店，所花费的运输代价最小。

分配集合模式是根据各个要素的相似点把同一层上的所有或者部分要素分成几个组，主要用以解决和确定服务范围、销售市场范围，等等。

设施定位模型主要用于确定一个或者多个运输设施的位置。在运输系统中，运输中心、仓库和运输线共同组成了运输网络，物流中心和仓库处于网络的节点上，节点决定着线路。根据供求的实际需要并结合经济效益等原则运用设施定位模型解决在既定区域内设立运输中心和仓库的个数，每个运输中心和仓库的位置、规模以及运输中心和仓库之间的关系等。

4. 全球定位系统 GPS

全球定位系统具有性能好、精度高、应用广的特点，是迄今最好的导航定位系统。随着全球定位系统的不断改进，硬、软件的不断完善，应用领域不断开拓，目前全球定位系统已遍及国民经济各部门，并开始逐步深入人们的日常生活。

GPS 在运输领域的应用主要是在汽车自动定位、跟踪调度以及铁路运输等方面。在汽车自动定位和跟踪调度方面，运输管理部门可以利用的计算机信息管理系统，并通过和计算机网络实时收集全程汽车所运货物的动态信息，实现汽车、货物跟踪管理，及时地进行汽车的调度管理。车辆导航将成为未来全球卫星定位系统应的主要领域之一。我国目前有数十家公司在开发和销售车载导航系统。

同样也可以利用 GPS 的计算机管理信息系统，通过计算机网络和 GPS 实现对铁路运输的管理。只要知道货车的车种、车型和车号，就可以立即从近 10 万公里的铁路网上流动着的几十万辆货车中找到该货车，还能得知这辆货车现在何处运行或者停在何处，以及所有车载货物的发货信息。铁路部门利用这项技术大大提高了其路网运营的透明度，为货主提供更优质的服务。

（三）电子数据交换技术

一个组织要建立自己的运输信息系统，需要从各种渠道获得大量信息，这些信息是如何进入组织的信息系统的呢？尤其是关于供应商、客户及产品的信息，是手工输入，是磁盘拷贝，还是网络传输？如顾客的订货信息，是选择先传真后手工输入，还是直接通过网络传输进入公司的信息系统？人们发现至少有75%的商务信息重复使用，如果采用手工输入的方式，则对重复使用的信息再次输入，不仅消耗人力、财力，效率低下，而且产生失误率。而选择网络传输，避免了人工介入，不仅能迅速地传输大量准确的信息，而且大大降低了运营费用，减少失误率。EDI电子数据交换技术是最早为工商企业采用而且目前仍广泛使用的一种网络传输方式。

电子数据交换（EDI）指的是，根据认同的标准进行构造，将所定义的报文在计算机应用系统之间进行电子交换。EDI使用比较成熟的、简化的计算机技术和通信技术，可以实现标准化格式的报文在计算机到计算机之间的传输。从运输企业的角度讲，一台微机和一条高质量的电话线路是进入EDI的最低条件。

（四）供应链管理SCM技术

在物流管理中，供应链管理（SCM）是20世纪80年代提出来的，其初衷是把企业内部和外部发生紧密联系的各项业务活动，包括：人力资源、财务、采购、运输、下单、库存、销售等，甚至还可以包括计划、生产和服务等进行统一管理。因此从这个意义上讲，运输的供应链管理技术也就是前述种种技术的综合应用。

确切地说，SCM是运用包括信息化技术（web网，地理信息系统GIS和全球定位系统GPS）以及交通运输手段把企业外部物流（原料、半成品和产品）和内部运输进行整合，以加速运输效率，降低成本。

（五）自动分拣系统

自动分拣系统（Automated Sorting System）目前已经成为发达国家大中型物流中心不可缺少的一部分。该系统的作业过程可以简单描述如下：物流中心每天接收成百上千家供应商或货主通过各种运输工具送来的成千上万种商品，在最短的时间内将这些商品卸下并按商品品种、货主、储位或发送地点进行快速准确的分类，并将这些商品运送到指定地点（如指定的货架、加工区域、出货站台等），同时，当供应商或货主通知物流中心，按配送指示发货时，自动分拣系统在最短的时间内从庞大的高层货架存储系统中准确找到要出库的商品所在位置，并按所需数量出库，将从不同储位上取出的不同数量的商品按配送地点的不同，运送到不同的理货区域或配送站台集中，以便装车配送。

第二节　交通运输的信息化建设

交通信息化，是符合全面建设小康社会要求的全行业信息化。狭隘地从管理者自身的信息化需要看，交通信息化与其他行业信息化没有什么不同。但从被管理者（管理对象）或被服务者（服务对象）角度看，有着本质的区别。交通主管部门管理的对象，可以简化为两大范畴：一是路网、港航基础设施；二是车流、船流、物流和人流。基础设施是条件，为车船创造合理时空，实现货畅其流、人便于行的目的。因此，交通运输信息化需求的关键点，是点多、线长、面广和移动。交通信息化的发展应以满足这种需要为出发点。

从管理理念上看，要使安全信息和商务信息统一在同一信息通信平台上，这样，可获得事半功倍的效益，这也是发达国家成功的经验。

从技术上看，无论是车、船载终端技术，还是网络系统技术，关键是信息通信技术，尤其是"最后1公里"接入网技术。目前，船岸信息瓶颈和车辆至站点间的信息通信障碍，都受到信息通信技术基础条件的制约。所以，交通信息化的突破性进展，关键在于解决好与交通运输特点相适应的信息通信技术，而不是买多少计算机，建多少网站。从决策需求看，安全问题是政府永恒的主题，也是以人为本的高尚体现。所有决策者在安全信息化方面的需求，必然是及时得到信息，从而取得及时判断、及时决策、及时指挥的能力。交通重大事故及自然灾害问题，是决策者关注和应对的重点。满足决策对"四个及时"的需要，必须建立应急反应系统，其中关键仍是解决好信息通信技术问题。

一、科技创新对交通运输业的影响

科技创新是促进交通运输业发展的动力，是决定交通运输总体效能的关键因素之一。

信息技术的发展对综合交通的影响最为广泛。信息革命对于交通运输，将最终同汽车与喷气发动机的发明一样重要，革命的效果将随着我们步入知识时代而更加明显，以信息化提升传统交通运输业，实现公路水路交通质量型、效益型的超常规发展，是实现交通运输现代化的必然选择。

智能运输系统对综合交通的影响最为明显。ITS建立起来的实时、准确、高效、大范围和全方位的综合交通管理系统，通过全面的、实时的交通数据优化运输系统，可充分发挥现有交通基础设施潜力，提高运输效率和效益，改善交通安全以及缓解交通拥挤，提高整个路网的运输效率和通行能力。使车辆行驶通畅，降低油耗，减少废气排放，降低汽车运输对环境的污染提高使用者的方便性、安全性，节约运输费用，提高经济效益。

现代运输技术对综合交通的重大影响是拓展运输功能和范围。现代运输以信息技术为基础，使各种交通运输方式有效地衔接起来，拓展了综合运输体系的功能和服务范围，提高运输组织管理水平，最大限度地发挥综合运输体系的效率和服务质量的重要技术途径。

遥感技术对交通建设、交通安全、交通管理等方面有着极其重要的作用。近些年来，3S的应用越来越广泛，涉及国民经济的各个领域。由于3S很容易地提供位置、速度和时间信息，很快成为现代信息社会重要信息来源，成为信息时代的国家基础设施之一。

同时，科技创新对综合交通的重大影响还包括集装箱运输技术进一步推动综合运输体系的发展；新型运输装备技术进一步促进交通运输快速化、节能化、环保化；新材料提高运输装备的技术水平和基础设施的质量；新能源使运输装备能源多样化。

为适应科技创新的要求，必须采取相应的对策，加强行业科技创新工作，大力推进交通信息化，保证交通运输业的发展。

信息化、智能化的运输系统，使现代交通业建立在新的技术平台之上，因而将促进交通生产、建设、组织、运营和管理水平发生质的变化，为交通运输业的结构调整、提高运输效率和效益以及可持续发展能力、提升传统交通运输业提供强大的技术支撑。

发达国家是在物理交通网络体系基本建成之后推行交通信息化、智能化，目前我国正在加速物理交通网络建设，在这个过程中大力推进交通信息化、智能化，以信息化、智能化提升传统交通运输业，实现智能化的运输系统、数字化的行业管理、人性化的社会服务，发挥后发优势，实现公路水路交通质量型、效益型的新的跨越式发展。

同时，强化创新，围绕交通发展中关键技术问题，通过引进消化和自主开发相结合，实现从以跟踪模仿为主向以注重自主创新为主转变，强化科技持续积累和创新能力，全面提升交通运输业的总体科技水平。加强高运输成果的吸纳和应用，重视先进技术的综合集成，促进交通科技的快速发展。

二、交通信息化特点分析

交通运输是国民经济发展的基础，是社会生产流通、分配、消费各环节正常运转和协调发展的先决条件。它对保障国民经济持续健康快速发展、改善人民生活和促进军队现代化建设等具有十分重要的作用。同时交通运输作为一个传统产业，在全球化和技术进步的背景下，在我国大力发展现代综合物流的环境下，需要加快产业优化升级和结构调整，逐步实现现代化，全面解决交通运输质量、效率、安全与服务等根本问题，大力推进信息化建设步伐，以实现交通行业的优化升级，提高交通行业工业化、现代化水平。

交通信息化是指提高信息技术在交通各领域的推广应用水平，并推动交通运输发展前进的过程。它以信息技术在交通行业中的应用程度和交通信息基础设施建设水平为主要标志，以交通信息化带动交通现代化，使信息化与现代化融为一体，互相促进、共同发展，是具有中国特色的跨越式发展之路。我们一定要抓住信息化这个机遇，促使我国交通行业从高投入、高消耗、低效益、低质量的粗放型增长转变为高速度、高效益、低投入、低消耗的集约型增长。交通信息化主导着新时期交通现代化的方向，使交通行业朝着高附加值化的方向发展，现代物流就是交通信息化的典型案例。交通现代化是交通信息化的基础，为交通信息化的发展提供物资、能源、资金、人才以及市场，只有用交通信息化武装起来的自主和完整的交通体系，才能为交通信息化提供坚实的物质基础。

交通行业是一个内涵非常广泛的行业，从行业上讲，分公路和水路两个行业，并且有许多子行业。以公路运输为例，包括道路客货运输、车辆维修、搬运装卸、运输服务业。其中运输服务业包括车辆检测、客运代理、货运代理、仓储、汽车租赁、汽车驾驶员培训等。从管理对象上讲，分运输管理和基础设施管理，并且由于管理对象和社会联系紧密，社会影响广泛，反映交通物流和人流的信息，因此也呈现十分的广泛性、很大的社会性、极强的动态性。另外，交通运输实质是人和物通过各种运输方式在位置上移动，交通信息因此体现出鲜明的地理属性。这些交通信息以地理信息为基础和纽带联系起来，形成交通信息化固有特性。交通信息包含了交通行业政府主管部门调查搜集、整理、提供的各种信息，体现出严格的保密性和严肃的权威性。

近几年，我国铁路、民航信息化取得明显成效，公路、水路信息化虽然取得了很大的成绩，但整体上没有新的突破。其原因多种多样，其中主要原因是我国的交通管理体制不同于铁路和航空业。我国铁路、民航运输的集中协调管理和基础设施一体化，使其很容易在运营和服务层面上体现信息化成效，而交通却由于运营和基础设施的分离和分散，难以在运营层面体现信息化成效，因此，交通信息化的突破口必然在交通基础设施的信息化上。我们可以从智能运输系统和地理信息系统的广泛应用及其在交通信息化中的主导地位，看出交通信息化这一明显的特征。

另外一个特点是，到目前为止，已形成了多种所有制客货运输企业共存竞争的局面。因此，企业数量过多并且运输资源大都没有优化组合，企业实力弱小，呈现小、散、弱的态势。运输结构的调整已经提到了我国交通主管部门的议事日程。运输结构调整的主要内容是引导运输企业走经营组织化、管理集约化、运输专业化、发展规模化的道路。通过信息技术实现运输资源的整合，是运输信息化的主要特点。我们可以从网络配载、物流管理信息系统、客户关系管理在运输领域信息化的核心地位，看出交通信息化这一明显的特征。

三、加强交通信息化建设的措施

（一）加强组织协调和统筹规划

各级交通部门进一步加强组织领导，提高认识，转变观念，统筹规划，统一部署，协调推进信息化建设。高度重视组织机构建设，健全管理体制，合理分工，明确职责，形成上下联动的统筹协调机制，加大不同业务部门间的协调力度。

（二）大力推进交通信息资源共享

为推进交通信息资源共享，要加强有关政策的研究，完善相关法规，制定相关标准，尽快组织建立合理的交通信息采集和共享机制，根据法律规定和履行职能的需要，明确相关部门信息共享的内容、方式和责任，实现交通各部门内部及部门间应共享信息的互通互联。

（三）加强管理，整体推进交通信息化建设

各级交通主管部门应在信息化规划指导下，按照"需求导向、资源共享、先易后难、分步推进"的原则，结合自身实际情况，制定分阶段的实施计划，确定重点推动的建设内容，按照基本建设程序统一建设管理，完善评估体系。

要认真做好信息化建设项目的前期论证和顶层设计，避免重复建设和资源浪费，探索成本低、实效好的交通信息化发展模式。交通部将以示范工程和试点工程的形式支持交通信息化重点领域和关键项目的建设，优先选择成熟、有效的应用系统，向全行业推荐。

（四）加强信息化人才的培养

各级交通部门要广纳贤才，采取多种措施，培养、引进既懂交通行业知识，又懂信息技术的复合型人才。完善人才培养、引进、使用、交流、奖励等机制，

落实各项人才政策，创建良好的人才环境。多渠道、多层次、多形式开展信息技术和应用技能的培训，强化行业从业人员信息化意识和信息服务能力。

（五）积极推进交通信息化的市场化运作

各级交通主管部门要充分调动社会各方的积极性，以市场化的方式积极规范、引导和推进交通信息化发展，发挥市场对信息资源配置的基础性作用，引导社会力量广泛参与到交通信息化的建设与运营中，探索新形势下交通信息化建设的管理体制与运营模式，加快交通信息化建设和服务逐步走向社会化。

四、交通运输的信息化与信息资源规划

交通运输信息化建设对于交通部系统，主要包括交通部机关—省、自治区、直辖市交通厅（局、委、办）—市交通局政务／行业管理的信息化建设和公路、水运交通运输企业的信息化建设；前者概括为"政府上网工程"，后者概括为"企业上网工程"。国家在推进政府上网工程和企业上网工程中，进一步突出了信息资源开发利用在信息化建设中的核心地位。许多信息化建设者对于开发利用信息资源要做什么，怎么做，还不是很清楚的。很多单位的信息化工作遇到以下两类问题：

一类是"系统整合"问题——有的单位已经开发了内部网应用，建立了Internet网站，但多年来分散开发或引进的信息系统，形成了许多信息孤岛，缺乏共享的、网络化的信息资源。如何将上网工程与信息系统整合起来，使单位内部，单位与客户、供应商、业务伙伴的信息流畅通？

另一类是"系统重建"问题——新建的单位需要建立新一代信息网络，或者原有信息系统陈旧落后需要重建，如何搞好总体规划设计，组织工程实施，避免重走分散开发或引进的老路，形成新的信息孤岛，建设高起点、高效率建设、高效益的现代信息网络。

解决这些问题的关键，不是通信—计算机网络的构筑，而是信息资源的规划。我们对信息资源规划的内容和方法进行了多年的理论研究与实践总结，提出了信息资源规划整体解决方案，就是为了突出信息资源开发利用在信息化建设中的核心地位，系统有效地解决信息化建设的"系统整合"问题和"系统重建"问

题，指导建立现代信息网络。

（一）信息资源规划的基本内容

不论是政府上网，还是企业上网，尽管信息资源规划范围和内容有所不同，但基本方面和工作步骤大致相同：调查分析信息需求和数据流；制定信息资源管理基础标准；建立生产经营主系统的功能模型；建立生产经营主系统的数据模型；建立生产经营主系统的系统体系结构模型。

调查分析信息需求和数据流是按管理职能域进行的最基础工作，包括整理、定义上网交流数据的格式和内容，对内外、上下数据流进行量化分析。

信息资源管理基础标准是指不同范围（政府部门—行业—企业）的信息资源管理所必须遵循的最基本标准，这些标准的建立，需要科学的理论指导，集成已有的成果，进行扎实细致的工作，是一个不断改进修订的过程。

功能模型、数据模型和体系结构模型构成了信息系统的框架，是在大量的分析综合工作基础上完成的；是按照面向对象信息工程的方法，由部门领导、信息负责人和系统分析人员共同从整体上构思和把握的信息网络 / 信息系统框架。其中功能模型是系统的功能结构框架，数据模型是系统的数据结构框架，体系结构模型是系统的功能和数据关联结构框架。

（二）基于信息资源规划的交通运输信息化建设

经过信息资源规划，不论是重建还是整合信息系统，都要处理好计算机网络建设、数据库建设和应用系统建设的关系。因此，对于单位领导和信息主管来说，把握全组织的信息模型非常重要。

1.计算机网络工程

根据信息资源数据规划过程形成的，由输出的数据流量化分析结果，得出各职能域的数据存储量和流量，确定网络的基本需求。在此基础上，设计和建立架构，将内部网建设和接入国际互联网建立网站结合起来，为内部信息系统集成和开展电子商务建立网络平台。

2.数据库工程

逻辑数据库设计根据总体数据规划的数据模型，进一步审查、修正各主题的基本表，参照业务规范，制定表间关联以及参照性和约束性，完成数据一致性设计；物理数据库设计根据所采用的数据库管理系统的特性，在逻辑数据库的基础上进行规范化设计。切实组织好已有信息资源的转换继承，按统一的数据模型建立以主题数据库为主体的高档次数据环境。

3. 应用软件工程

进行应用系统的设计和实现，是在总体规划功能建模的基础上，采用面向对象的软件工程方法完成的，要注意准确界定应用系统模块的功能范围、管理层次和信息加工深度。运用可重用的模块技术，建立和积累类库部件资源，进行规范化、产品化的应用软件开发。采用必要的、少量的接口，实现成熟的应用系统与新应用系统的集成。

第三节　"互联网＋"背景下交通运输的未来发展

一、车联网的当下与未来

车联网概念引自物联网，根据不同的行业背景，对车联网的定义也不尽相同。传统的车联网是指装载在车辆上的电子标签通过无线射频等识别技术，在信息网络平台上对所有车辆的属性信息和静态、动态信息进行提取和有效利用，并根据不同的功能需求对所有车辆的运行状态进行有效监管和提供综合服务的系统。

随着车联网技术与产业的发展，车联网的内容越来越丰富，已经超过了上述概念所涵盖的范畴。根据车联网产业技术创新战略联盟的定义，车联网是以车内网、车际网和车载移动互联网为基础，按照约定的通信协议和数据交互标准，在车——x（x：车、路、行人及互联网）之间进行无线通信和信息交换的大系统网络，是能够实现智能化交通管理、智能化动态信息服务和智能化车辆控制的一体化网络，是物联网技术在交通系统领域的典型应用。

（一）世界车联网的当下

中国目前正处于车联网发展的初级阶段——即由动态感知向主动管理过渡的阶段，但与发达国家相比较还有一定的差距。受到目前科研技术发展水平的限制，各国互联网巨头仍然把布局车联网产业的重点放在更有趣、更有用的信息提供方面，使车辆与智能交通平台联网，实现导航、救援、信息服务等功能，这就是主动管理阶段的主要内容。

目前，国内外进入车联网市场的巨头中，苹果、谷歌、百度分别推出了CarPlay、AndroidAuto 和 CarNet，主要目的在于提高驾驶过程中的舒适度。特斯拉最初立足于人车交互，减少车内实体按钮、优化交互，现在也开始研制智能驾驶。OBD 类设备、车载导航、行车记录仪等设备同样专注于智能驾驶辅助。高德地图近日召开了战略发布会，确定了未来会回归车载导航，从导航切入车联网。

近几年，各大互联网巨头纷纷布局车联网业，车联网更是为创业者们津津乐道。不可否认，目前车联网所能提供的服务确实能提高车主们的出行体验，使出行更为便捷和有趣，但是这些功能离车联网发展的第三个阶段——人、车、路协同还有很远的距离。不难发现，车联网在发展到车、路协同阶段之前，其所能赋予的用户体验有很强的可替代性，因此，沿着既有轨迹布局下去的车联网业，离蓬勃发展尚有不小的距离。那么，车联网的未来，人、车、路协同阶段究竟能给人们带来怎样的极致体验呢？

（二）国内车联网的当下：一个新的商业战场

近几年，国内车联网新增产业不断：百度与汽车厂商进行车联网合作、上海汽车集团股份有限公司（以下简称上汽集团）宣布和阿里巴巴牵手打造互联网汽车、乐视与北京汽车股份有限公司（以下简称北汽集团）推出互联网智能汽车计划等，加上苹果、谷歌、特斯拉、宝马、奥迪等知名厂商均宣布开展无人驾驶汽车的研发项目。让人们不禁猜想，车联网的春风到来了吗？毫无疑问，未来车联网一定会引爆一个新的产业，但这一产业远未到风起云涌的时刻。

依据产业生命周期理论，判断一个新兴产业进入快速发展阶段，要具备三大要素：第一，从技术到市场，已基本形成较为完善的商业模式。企业开始懂得如何以此拓展业务获取商业收益，市场消费者开始享受产业变革带来的价值。第二，在产业的核心资源控制上，上下游产业链开始形成自己的定位，核心资源不断向创新企业聚集。第三，行业配套设施开始不断完善，技术和产业共同的标准基本确立。

目前，车联网商业模式还未完全成型，各大巨头各玩各的，都希望占据市场的主导权，盈利更是尚有时日。

1. 商业模式：还处于混沌的拓荒阶段

按照车联网产业技术创新战略联盟对车联网的定义：车联网是能够实现智能化交通管理、智能化动态信息服务和智能化车辆控制的一体化网络。综观目前的车联网市场，可以发现这里所说的一体化网络仍处于构想阶段。且不说技术和产品尚未成熟，其最为核心的商业模式也处于探索期。以三大巨头百度、阿里巴巴、腾讯为代表的互联网企业，其核心商业模式为轻资产模式，即"人+机（数据库）+虚拟空间"模式。但是对于重资产特征非常明显的传统整车企业，往往一个产品的开发和生产线建设要耗费数十亿元的资金。由此可见，车联网产业技术创新战略联盟对车联网的定义具有明显的缺陷。

如何创新性完善真正属于车联网的互联网重资产模式，融合和打通互联网企业和汽车上下游产业链，仍是未来车联网亟须解决的问题。

2. 核心资源掌控：仍有打不开的死结

阿里巴巴的马云、腾讯公司的马化腾等在互联网产业获得巨大成功的企业家，由于互联网的资本、技术准入门槛相对较低，因此，他们遵循的核心是开放共享，甚至可以交易专利。但是放眼于汽车行业，这种思维行不通，一个大型的汽车企业可能有着百年的技术积累，各家汽车企业投入巨大的资金和研发人力，建立了各种强大的技术和产品壁垒，使得整车企业与互联网结合的过程中，谨小慎微地保护着自有的技术和数据资源，避免沦为互联网企业的"管道"。

没有哪个整车企业愿意让出自身的核心资源，包括最为重要的整车数据和芯片端口环节，在车企与互联网企业构建车联网的过程中，这是横亘在两大产业之间的巨大鸿沟。

3. 配套设施和共同产业标准

中国车联网产业，智慧交通还处于起步建设阶段，存在很多问题，正如高速公路的 ETC 经历了一段时间才解决了全国联网的问题一样。实现车联网标准通信协议的真正统一尚需时日，并且不能仅仅依靠互联网和传统汽车企业。

全球统一行业标准是产业面临的另一大难题。苹果、微软和谷歌三大巨头不断利用自己的技术优势，试图建立能够自己掌控的产业标准，但从目前的推进来看，举步维艰。目前，国内车联网也面临同样甚至更严重的问题，国内车联网行业发展的政策、法规及标准几乎处于空白状态。

（三）车联网的未来：无人驾驶

随着智能控制技术、通信技术在汽车领域的广泛应用，具有高度智能化水平的无人驾驶汽车得到了飞速发展。与传统汽车相比，无人驾驶汽车减轻了司机操纵汽车的劳动强度，降低了司机不规范操作和误操作对汽车运行安全性的影响，提高了汽车乘坐的舒适性，在某种程度上也提高了汽车行驶的安全性。如果无人驾驶得以实现甚至部分实现，那么车联网的发展就已经达到了人、车、路协同阶段的要求，即实现道路行车安全预警、交通优化。可以想象，无人驾驶汽车在未来某些特定场合将取代传统汽车成为汽车发展的主要方向。

车联网技术的发展，将促进无人驾驶汽车的发展，这主要依赖于车联网系统如何作用于无人驾驶技术。对于无人驾驶汽车来说，车辆对环境信息的识别，将直接影响车辆对行驶状态的判断及控制，主要包括以下两个方面：

1. 车辆与道路基础设施之间的信息交换

向当前的道路交通信号系统植入无线数字传输模块后，该模块可以向行驶过程中遇到的汽车发放数字化交通灯信息、路况信息、指示信息，接受联网汽车的信息查询及导航请求，再将有关信息反馈给相关联网汽车。将无线数字传输模块植入到联网汽车中，联网汽车可以接收并显示来自交通信号系统的数字化信息，同时将信息与车内的自动驾驶系统相连接，作为汽车自动驾驶的控制信号。

联网汽车的显示终端可以作为城市道路交通导航系统，在这个车联网系统中，将不再需要独立的车载卫星导航设备。相比于卫星导航，数字化交通系统给出的导航信息具有更快、更新、更全面的导航功能。另外，联网汽车的数字传输模块包含联网汽车的身份代码信息，这就是交通管理部门所说的"数字车牌"信息，是车联网对汽车进行通信、监测、收费及管理的依据。

2. 车辆与车辆之间的信息交换

在联网汽车内植入无线数字传输模块，数字传输模块可以向周边联网汽车提供数字化交通灯信号信息及状态信息，且数字化信息与传统交通灯信号信息是同步发送的。联网汽车中的无线数字传输模块可同步接收来自其他联网汽车的数字化信息并在汽车内显示，同时将信息与车内的自动驾驶系统相连，为联网汽车的安全行驶提供依据。根据接收到的由其他联网汽车发送的数字信息，联网汽车便会知道周边联网汽车的状况，包括位置、距离、相对速度及加速度等，在紧急刹车的情况下，可通知随后的联网汽车同步减速，有效防止汽车追尾事故的发生。

（四）无人驾驶——危机重重，但仍值得期待

如果认为无人驾驶仅仅就是精度达到多少和能跑多快，那就把这项技术想得太简单了。虽然目前无人驾驶离现实生活还有距离，但这注定是汽车产业发展的趋势，总有一天它会走进我们的生活，穿梭于大街小巷。在这一天到来之前，我们先来弄清楚为什么会出现无人驾驶汽车这一产品？正如无人驾驶先驱谷歌所认为的：无人驾驶汽车可减少 99% 由于人类疏忽而造成的交通事故。

可见，无人驾驶的核心目的还是交通的首要要求——安全。通过无人驾驶技术，基本实现人、车、路协同，有效降低司机的工作量，并对交通险情主动做出避险行为。

毫无疑问，无人驾驶汽车充满吸引力，但目前无人驾驶汽车距离实际应用还有很长的路要走。汽车智能化的企业领先者—谷歌的无人驾驶汽车及特斯拉的自动驾驶汽车近期都相继出现了交通事故。既然人类开发自动驾驶技术的目的就是希望未来能够达成"零事故"这样的愿景，那么只要出现事故，就代表着技术还不算成熟，还有进步的空间。无人驾驶的初衷很美好，前景也被多方看好，但其大面积应用还未到时候。作为车联网技术在车辆驾驶层的应用实践，无人驾驶技术必须以安全为前提并不断完善，才能使这一美妙的黑科技进入寻常百姓家。目前，不论是无人驾驶还是自动驾驶，这类高科技技术的安全性有待提高，还无法保证使用者的出行安全。

撇开安全问题不谈，无人驾驶汽车产业化背后，还存在着高昂的成本、不清晰的商业模式以及不成形的产业链条等问题。但换个角度看，越来越多的企业、研究机构对这一领域的热情也让这一领域未来充满了可能。一旦无人驾驶汽车成功面世，必将给产业带来颠覆性变化。届时，人类的生活方式也会发生改变，并将面临法律及道德等社会考验。无人驾驶汽车替代人类驾驶，同时又具备更安全

高效的特征，这是自动驾驶汽车存在的意义。将来，汽车将会成为一种简单的交通工具，品牌的差异化会逐步消除，人类的生活习惯也会随之改变，这些场景让人期待。

二、互联网大数据如何进一步改变市民出行

随着互联网的迅猛发展，每天通过互联网传输的数据量已经超越了传统意义上的"大量"的范畴，用"海量"来形容也不为过，数据来源丰富。且海量数据本身以及各类数据之间的交互构成了"大数据"。随着技术的发展，这些大数据的获取、存储、分析、处理变得越来越便利。大数据在逐渐发展成为一门学科的过程中，也为我们带来了决策与预测问题的新方法、新手段。同时，大数据的发展为互联网的发展提供了更多的支撑、服务与应用。互联网的发展也为大数据的发展提供了更多的数据、信息与资源，两者的发展相辅相成。继数字时代、信息时代、互联网时代后，人类又进入了大数据时代。

目前，不少企业、政府、学校、研究机构正积极探索有关大数据与交通的研究，涉的数据类型也十分丰富，包括互联网（社交、搜索、电商）、移动互联网（微信、微博、WiFi、App）、物联网（传感器、智慧地球）、车联网、GPS、电信（信令、通话、短信）等。那么，这些大数据又如何为城市交通出行服务呢？

（一）高校积极探索大数据——以手机信令数据为例

随着 21 世纪个人手机终端的普及，出行群体中手机拥有率和使用率已经达到相当高的比例，人们越来越认识到手机是一种较为理想的交通探测器。手机数据为居民出行信息分析提供了很好的技术选择，可作为现有交通数据采集技术的重要补充之一。

利用手机数据分析推算交通数据信息是一种新兴的厂域动态交通探测技术。手机数据定位采用的是基于基站小区的模糊定位技术。该技术的单点定位精度由每个基站小区覆盖范围的大小决定。基站小区覆盖范围半径在市区为 100 ~ 500 米，郊区为 400 ~ 1000 米，该范围一般小于交通小区的覆盖范围，满足交通规划的应用要求。目前，已有大量研究使用手机数据辅助交通规划，相对其他精

确定位技术（如 GPS），在样本量、覆盖范围以及实施成本和周期上更具有优势，提高了精度的同时也降低了成本。东南大学物联网交通应用研究中心利用手机信令数据，对交通出行行为做了大量研究，其中包括：

结合手机定位数据和仿真模拟的方法，研究了行人在综合客运枢纽内部的运动和换乘特性，并分析了综合客运枢纽乘客整体的集散情况，从微观和宏观两个角度对综合客运枢纽乘客的出行情况进行分析，建立了重点区域群体出行和运动行为的分析方法。

回顾和比较基于无线网络技术的交通信息采集方法，提出了以地下移动通信基站为基础的获取乘客轨迹信息的方法，由此建立了基于手机定位数据获取地铁乘客出行信息的方法。

从宏观方面利用手机定位数据对综合客运枢纽乘客的集散情况进行分析，通过建立时空聚类的方法识别了综合客运枢纽在无线通信空间内的覆盖范围，以此识别综合客运枢纽的乘客，并基于乘客的手机定位数据分析了一定时间范围内乘客在城市空间范围内的集散情况。

利用移动通信网络原理，结合个人手机终端，针对高速公路场景，建立了交通状态感知的理论与方法，对传统的检测器（如线圈等）布设方法进行了改进，并采用获取的江苏省高速公路数据验证了该方法。以上这些方法有广泛的理论和实践意义，东南大学物联网交通应用研究中心已经将部分研究运用于实际，在"基于云平台的开放式公共出行信息服务研究与示范"项目中运用相关技术，研究解决了市民出行信息服务，提升了城市交通的出行体验。

手机数据在交通领域的应用已获得了广泛研究，有了许多成功案例，展示了"大数据＋交通"的诸多可能。未来，随着 GPS 数据、高精 3D 地图数据、社交网络定位数据等不同类型的数据逐渐应用于交通领域，相信这些更加精确的数据必定能够助力交通出行。

（二）移动互联网 App 大数据助力城市交通出行

互联网企业在大数据研究方面也有很大建树，企业利用大数据的研究优势，研究布局新的产业或开放数据给学术界提供宝贵资源。毫无疑问，打车 App 的两大巨头滴滴出行和优步的数据都是大数据行业的宝库，以 App 大数据研究为基础，可以有效提高城市居民的出行体验。

三、"互联网+"潮流下面临的交通管理问题

"互联网+交通运输"产生了许多新业态,在为人们带来了新的出行体验的同时,也带来了新的安全隐患与新问题,而这些新问题很难用传统的法律政策加以规范。如果因为这些新的问题而抑制新业态的发展,这对我国互联网产业的发展极为不利。下面以打车软件和车联网为例,阐述"互联网+交通运输"新业态面临的新问题,并对其未来的管理提出建议。

(一)面向大众的"互联网+交通运输"平台管理——以打车软件为例

1. 打车软件对出行的影响

打车软件的出现是互联网时代发展的必然结果,也是城市出租车司机和打车用户间联系的桥梁。通过打车软件,用户提出打车需求,出租车司机接单以满足用户的打车需求。

(1)打车软件为社会带来的有利影响

打车软件改变了传统的打车方式,培养出互联网时代的用户。滴滴出行的诞生改变了传统出租车市场的格局,颠覆了路边拦车以及电话叫车的现状。在打车软件出现之前,北京等一线城市就有电话叫车服务,但是电话叫车方式并不普及,也没有足够大的用户群。

打车应用软件的出现有利于推动出租车行业的市场化改革,打破传统出租车企业对行业的垄断。长期以来,我国出租车行业的政府管制行为主要包括出租车的质量管制、数量管制与价格管制。在总量控制和出租车特许经营制度下,出租车行业没有实现充分的市场化,导致的直接结果是某些出租车企业垄断行业。凭借总量控制和出租车特许经营制度,出租车特许经营权成了出租车公司手中的稀缺资源,出租车司机和消费者都处于弱势。其中,运营牌照的审批是现行出租车运营机制的核心,我国几乎每个城市都由政府部门负责出租车运营牌照的总量控制,带来的结果是出租车运营牌照的价格居高不下。出租车价格实行政府管制、政府定价,没有遵循市场经济的一般规律,因此推动出租车行业的市场化改革就是根据车型、司机素质与服务水平、上下班高峰期、油价浮动等多方面因素,由市场竞争形成出租车数量的有效供给和价格均衡。

移动互联网时代，随着智能手机以及国内 5G 网络的快速普及，打车软件等方便人们生活的系列产品的出现，满足了人们的生活需求，打车软件为打车出行者、出租车司机以及社会带来了方便，在乘客和司机之间形成了良好的互动。

对于乘客来说，打车软件可以显著降低他们的等待时间，由于打车软件为司机和乘客提供了直接对话的平台，大大缩短了乘客的等候时间。对于经常打车又有很强时间观念的用户来说，打车软件的优势体现得更加充分。

对于整个城市来说，空驶率下降和拼车服务在一定程度上缓解了人们的出行问题。此外，也能有效降低出租车碳排放量，更有利于环境保护。首先，空驶率的下降节约出租车的总体运行能力。其次，通过拼车功能的使用，出租车的碳排放量降低。对于环境问题日益严峻的中国来说，降低大城市出租车空驶率对于环境的保护有一定的社会意义。

（2）打车软件带来新的社会问题

打车软件迅猛发展的同时，也带来了新的问题。政府必须加强"互联网＋约租车"市场的管理，实现打车市场的良性发展。那"互联网＋约租车"市场问题的实质在哪儿呢？

由于打车软件的全面普及，对传统打车方式造成了很大的冲击，如今大城市街边扬招的打车方式似乎已经被"打入冷宫"，不少道路上的出租车虽然打着"待运"的指示灯，但由于司机已在打车软件上接到了订单，故对路边扬招的乘客视而不见，这种现象在交通高峰期间尤为明显。马云曾在其《来往》里以《我妈的抱怨》提出结束打车软件之争。据调查，由于老人对于智能手机的使用率低，打车软件将老人等弱势群体排除在外，打车公平问题在老人、小孩等弱势群体中客观存在。

此外，在打车软件出现前的问题是找不到空驶的出租车，而现在的问题是许多人发现，在交通高峰期间，好不容易等到的空驶出租车往往已经被预订而不接受载客。那么，打车软件真的加剧了交通高峰期难打车的问题吗？打车软件对交通高峰期打车难的影响非常有限，招手行人的出行需求更有吸引力。在北京、上海等大城市出现交通高峰期间难打车的现象跟打车软件的出现也没有因果上的逻辑关系。打车软件很难短期内激发更多的打车需求，而早在打车软件出现之前，由于交通高峰期打车需求猛增，而且道路交通拥堵现象频发，引发空驶出租车的减少，这是真正的矛盾根源。

新行业的出现必然对传统行业的发展模式造成冲击。"互联网+"在带来新的创业模式的同时，也对传统的出租车行业发展模式产生了冲击。中国目前的出租车行业实行特许经营权制度，对出租车的数量有相应的管控，实行数量管控后，出租车行业本身供不应求。如果一旦放开数量管控而由市场引导，则难以预见出租车行业的变化，也不符合我国发展"公交都市"的大方向。此外，在各大打车软件公司抢占市场初期，大力推广各种补贴优惠，触犯了传统出租车行业利益，引发了传统出租车司机的不满。美国、法国等多个国家先后发生过出租车司机反专车抗议活动，优步在世界多地遭遇围堵，在多国被视为违规违法，在我国武汉、天津等地都先后发生过出租车司机围堵打车软件专车司机的事件。因此，在大力发展新行业的同时，也要考虑到传统行业就业者的利益。只有将对传统行业的冲击处理得当，创新之路才能够走得更加平稳。

2. 政府管理部门正确引导打车软件

毫无疑问，打车软件已经成为人们出行生活中的一部分，也对社会产生了一定的积极影响，"互联网+出行"相关企业的发展也符合党提出的"提高自主创新能力，建设创新型国家"政策要求。对于发展中存在的社会问题，则需要管理部门更好地规范相关企业的运营，促进互联网企业和社会的双向良性发展。

政府以更加市场化、开放化的心态规范打车软件市场的正常运行。例如，政府鼓励良性的市场竞争，充当好的裁判员和规则的制定者，而不是竞争的参与者。

另外，打车软件企业也需要在调整补贴额度、避免影响市场规律以及配合政府建立共享数据库等方面有积极表现。例如，根据有关部门的指导意见，政府调整补贴额度，避免影响市场规律。打车软件企业也要良好自律，积极配合政府的监管监督，避免做出影响行业正常发展的不正当竞争行为。

对于当前集中出现的一些普遍性的问题，政府可以向主流的打车软件企业争取意见，逐步解决问题，并改善市场的现状。对于"黑出租"等问题，政府可以建立一个行业共享的数据库，在保证用户打车需求的前提下，从安全层面下功夫，适当使用政府这一有形的手，妥善解决相关问题，对出租行业起到良好的监督作用。

此外，还需要注意，政府作为监督者监督的不仅是市场的秩序，更要防止打车软件的肆意扩张而影响到大运量公交的出行。我国作为世界上人口最多、城市人口密度最大的国家之一，大力倡导建设"公交城市"的政策不可动摇。因此，尽管新型的互联网企业的发展应该鼓励，但出租车并不能有效解决我国城市的交通问题，仍需要控制其过度发展，尤其是在一些经济较发达、日均出行量极大的城市。

"政府监管没错，但怎么管才是重点。把一些不规范的地方完善，还不能扼杀掉这些移动互联网创新产品，政府真正要实现'到位'而不'越位'。"中国人民大学公共管理学院副院长许光建说。

中国消费者协会律师团团长邱宝昌也提出，用"看得见的手"规范市场秩序，让"看不见的手"更好地发挥作用，前提是充分调研论证、多方听取意见、公开透明决策。故规范出租车市场，还应该多多听取来自群众（包括乘客和司机）的意见，结合城市交通规划，相信能促进打车软件市场的正面发展。

（二）车联网——推广与管理不可偏废

1. 车联网即将面临的安全问题

在世界闻名的"黑帽"安全大会上，诸多大名鼎鼎的"黑客"摩拳擦掌，对车联网安全虎视眈眈。先有美国"黑"利用电脑接入丰田普锐斯的控制系统，让汽车完全脱离驾驶者的掌控；后有年轻"黑客"采用暴力破解的形式获取特斯拉ModelS的账号密码，从而窃取数据，以对汽车进行追踪定位与远程解锁！

车联网的安全漏洞不仅存在于驾驶安全方面，也存在于隐私保护方面。中国汽车行业协会副秘书长叶盛基表示："随着车联网技术的发展，个人隐私要面临被'监控'的危险。如果问题不解决，无疑会让车联网的发展脱离轨道。"随着车联网开展一个又一个新的服务，"黑客"从中获取驾驶者的私人信息，其一举一动难免会让隐私泄露。由于车联网尚未普及到全民层面，或许现在对车联网的信息安全漏洞担心还为之过早。

2. 新的安全难题，如何通过管理为车联网用户保驾护航

车联网的重要组成部分是设备商、移动数据提供商与软件开发商。但各企业在不断提高产品功能的同时，必须加强自身安全措施。IT企业与汽车制造商的"联手"意向已初具雏形，跨界合作将为车联网安全铸造铜墙铁壁。就目前的情况看，各行各业很少有各自为营的"独立"状态，但是未来行业间的合作关系仍然需要进一步强化。与此同时，为了保障车联网安全，使驾驶更放心、隐私保护

更周密，国家的法律约束显得至关重要。就如同物联网一样，法律必须慢慢渗透到车联网中，逐步制定相关协议，并循序渐进地实施。对此，中国汽车工业协会副秘书长叶盛基表示，国家的各个重要部门要协同研究、及早立法。在这方面，我们可以借鉴国外的成功案例，并考虑我国国情，让法律法规更完善。

车联网技术中的安全性和可靠性将决定车联网的推广普及程度，是车联网走向大规模应用的前提和基础。在以政府法律约束为前提、可靠的车联网安全防护体系为支撑的条件下，用户才能放心使用车联网，助推车联网的发展。

第十一章　智能物流系统的信息化

第一节　现代物流的概念及信息化建设意义

一、现代物流概述

物流是国民经济的动脉系统，物流业正成为各企业、各地区乃至国家新的经济增长点。

（一）现代物流概念

1.物流的内涵

"物流"泛指物质资料实体在进行社会再生产过程中，在空间有目的性的（从供应地向接收地）实体流动的过程。它联结生产和消费，使货畅其流，物尽其用，促进生产不断发展，满足社会生产、消费的需要。也有文献表述为"高效、低成本地将原材料、在制品、产成品等由其始发地至消费地的流动和储存，以及与其有关的信息流进行计划、实施和控制的过程，以达到满足用户需求的目的"；"物流"是物质资料从供给者到需求者的物理性运动（包括处在供给者内部的物理性运动），是创造时间价值和场所价值的活动（包括一定的加工附加值）。

对物流的定义，学者们出于不同的侧重点（企业、工程、管理）有各种不同的提法，可归纳为狭义和广义两种。狭义的"物流"，仅指作为商品的物质资料的空间运动过程，属于流通领域的范畴。广义的"物流"，则包括物质资料在生产过程中的运动过程，也就是说物流既发生在流通领域，又包含在生产领域。在此我们讨论的是广义物流。

"物流"作为一个专用学科名词，它包含了物质资料在流动过程中的技术和管理活动。因此，"物流"的含义可以表述为：物质资料在生产过程中各个生产阶段之间的流动和从生产场所到消费场所之间的全部运动过程。包含运动过程中的空间位移及与之相关联的一系列生产技术性活动，包括自然技术和管理技术。由于物流技术的提高，降低了物质资料、产成品在流转过程中的费用，提高了经济效益和社会效益，因此被喻为"第三利润源泉"。

2. 现代物流的主要特征

通常认为，传统物流指物品的运输与储存及一些附属业务而形成的物流模式。

现代物流与传统物流的根本区别在于：现代物流强调系统整体优化，即以现代信息技术为基础，对物流系统内运输、包装、装卸搬运、流通加工、配送、存储等各子系统间进行优化整合，因此出现供应链一体化管理，核心业务管理的协调发展，强调全程物流，等等。现代物流有完善的物流信息系统和信息网络的支持，无论是决策、运作过程与管理都离不开信息系统的支撑，现代物流具有先进的物流科学技术。

在现代物流业蓬勃发展的今天，对现代物流也产生一些误解，认为现代物流业就是送货到门服务，就是建立拥有先进仓储设施的产品分销中心，就是对传统主要贸易方式的有形市场的进一步发展，因此纷纷建造仓储设施和商品分销中心、开发区域性和全球性有形市场、拓展并巩固现有分销网络。而真正的现代物流是以虚拟市场取代有形市场，压缩有形的仓储设施和商品分销中心，精简和简化分销网络。

物流是社会经济发展的产物，随着社会经济的发展，现代物流在运作上呈现出多样化的特征，主要表现为以下几点：

（1）反应快速化

物流服务提供者对上游、下游的物流、配送需求的反应速度越来越快，配送间隔越来越短，商品周转次数越来越多。

（2）功能集成化

现代物流着重于物流与供应链其他环节的集成。

（3）服务系列化

除了传统的储存、运输、包装、流通加工等服务外，现代物流服务在外延上向上扩展至市场调查与预测、采购及订单处理，向下延伸至配送、物流咨询、物流方案的选择与规划、库存控制策略建议、货款回收与结算、教育培训等增值服务。

（4）作业规范化

规范的作业标准和服务标准。

（5）目标系统化

现代物流从系统的角度统筹规划物流活动，力求整体活动的最优化。

（6）手段现代化

世界上最先进的物流系统运用全球卫星定位系统、卫星通信。同时，国际先进的物流技术与设备运用最新的红外探测技术、激光技术、无线通信技术、编码认证技术、RFID识别技术、PLC控制技术、无接触式供电技术等光机电信息一体化等新技术，提高了设备运行速度和定位精度，目前正朝着大型化、节能化、标准化、系统化、智能化和高效化等方向发展。今后，对物流技术与装备的需求将更倾向于先进物流装备和物流技术集成化的物流系统。

（7）组织网络化

现代物流需要有完善、健全的物流网络体系，网络上点与点之间的物流活动保持系统性、一致性，保证整个物流网络有最优的库存总水平及库存分布，使运输与配送结合，达到快速、灵活、高效。

（8）经营市场化

现代物流的具体经营采用市场机制，无论是企业自己组织物流，还是委托社会化物流企业承担物流任务，都以"服务—成本"的最佳组合为总目标，谁能提供最佳的"服务—成本"组合，谁就能占领服务市场。

3. 物流系统的分类

物流系统有多种分类型式，这里根据物流活动的相对范围和物流活动的业务性质对物流系统分类。

（1）根据物流活动的相对范围，将物流系统分为企业物流、社会物流、综合物流和国际物流。

①企业物流。企业物流指发生在本企业内部的物品实体流动。就工业企业而

言，相同于生产物流。

②社会物流。社会物流指全社会范围内，企业外部及企业相互之间错综复杂的物流活动的总称。

③综合物流。每一个企业作为社会经济的一个细胞，都要与外部社会发生联系，各有所需，各有所供。各生产企业之间构成彼此连接、不可分割的物流网络体系。企业是物流网络的结点，企业物流与社会物流相衔接，形成全社会的大物流，即"综合物流"。所谓"综合物流"，是指物质资料在生产者与消费者之间，以及生产过程各阶段之间流动的全过程。简单地说，综合物流包含了社会物流与企业物流两部分的物流全过程。涉及供应部门向车间和企业供应生产资料的供应物流；商品物质实体从生产者到消费者流动的销售物流；物资在本企业内部各工序之间流动的生产物流；对生产过程和消费过程中所出现的废弃物，有的是可以再加工利用的回收物流，有的是弃而不用的废弃物流等。因此，对其进行综合化、系统化管理，以期发挥更大的整体功能，更好地提高社会经济效益。

④国际物流。国际物流指世界各国（或地区）之间，由于进行国际贸易而发生的商品实体从一个国家（或地区）流转到另一个国家（或地区）的物流活动。随着国际贸易的发展，物流国际化越来越突出，"物流无国界"已被人们所公认，国际物流不断发展，要求有相应的国际物流设施和管理经验。国际物流比国内物流更为复杂，需要国际间的良好协作，也需要国内各方面的重视和参与。

（2）根据物流活动的业务性质，也可以将物流系统分为以下五种类型：

①生产物流。生产过程中，原材料、在制品、半成品、产成品等在企业内部的实体流动；流动过程中包括分类拣选、包装，以及原材料的采购、运输、装卸搬运、储存及产成品入库等物流环节。

②供应物流。为生产企业提供原材料、零部件或其他物品时，物品在提供者与需求者之间的实体流动。物资（主要指生产资料）从生产者或持有者，经过物资采购、运输、储存、装卸搬运、加工或包装、拣选、配送、供应，到达顾客手中的流动过程。

③销售物流。生产企业、流通企业出售商品时，物品在供方与需方之间的实体流动是销售物流。是商品经过采购、运输、储存、装卸、搬运、加工或包装、拣选、配送、销售，到达顾客手中的实体流动过程。

④回收物流。不合格物品的返修、退货及伴随货物运输或搬运中的包装、装

卸工具及其他可再用的旧杂物等，经过回收、分类、再加工、使用的流动过程。

⑤废弃物流。是伴随某些厂矿的产品共生的副产物（如钢渣、煤矸石等）、废弃物，以及生活消费品中的废弃物（如垃圾）等，收集、分类、加工、包装、搬运、处理过程的实体物流。

随着物流理念的深入与应用，有的物流企业根据干线运输的主要方式，将其称为航空物流、铁路物流、公路物流等。

4.物流系统功能模式

物流系统与一般系统一样，具有输入、输出、处理（转化）、限制（制约）和反馈等功能。其具体内容如下：

（1）输入

输入的内容包括有形的和无形的，如各种原材料或产品、商品；生产或销售计划；需求或订货计划；资源、资金、劳力、合同、信息等。即通过提供资源、能源、机具、劳动力和劳动手段等，对某一系统发生的作用，称这一作用为外部环境对物流系统的"输入"。

（2）输出

输出包括各种物品的场所转移；各种报表的传递；各种合同的履行；各种良好优秀服务等。物流系统以其本身所具有的各种手段和功能，在外部环境的制约作用下，对环境的输入进行必要的处理（转化），使之成为有用（有价值）的产成品，或位置的转移及提供其他服务等，称为物流系统的"输出"。

（3）处理（或转化）

处理，是指各种生产设备、设施（车间、机器、车辆、库房、货场等）的建设；各物流企业的业务活动（运输、储存、包装、装卸搬运等）、各种物流信息的数据处理；各项物流管理工作；等等。

物流系统本身的转化过程，即从"输入"到"输出"之间所进行的生产销售和服务等物流业务活动，称为物流系统的处理（或转化）。

（4）限制（或制约）

由于外部环境受资源条件（包括资金力量、生产能力、仓库容量）、能源限制、需求变化、运输能力（包括政策性波动等）、价格影响、市场调节、技术进步，以及其他各种变化因素的影响，对物流系统施加一定的约束，称为外部环境对物流系统的限制（或干扰）。

（5）反馈

反馈，主要指信息反馈，如各种物流活动分析、各种统计报表数据、典型调查、工作总结、市场行情信息、国际物流动态等。

物流系统在把"输入"转化为"输出"的过程中，由于受系统内外环境的限制（干扰），不会完全按原来的计划实现，往往使系统的输出未达到预期的目标（当然，也有按计划完成生产或销售物流业务的）。所以，需要把"输出"结果返回给"输入"，称为"信息反馈"。

（二）现代物流系统的构成及其功能

从系统角度看，物流是一个过程，这个过程是存货的流动和储存的过程，是信息传递的过程，是满足客户需求的过程，是若干功能协调运作的过程。因此，从物流生产过程和生产活动环节分析，物流系统由以下各部分组成：

1. 运输子系统

运输是物流业务的中心活动。运输是物流业务的重要环节，在运输过程并不改变产品的实物形态，也不增加其数量，物流部门通过运输解决物资在生产地点和消费地点之间的空间距离，创造商品的空间效用，实现其使用价值，满足社会需要。运输系统设计时，应根据其担负的业务范围、货运量的大小及与其他各子系统的协调关系，考虑以下几方面的问题：运输方式的选择；运输路径的确定；运输工具的配备；运输计划的制定；运输环节的减少；运输时间的加速；运输质量的提高；运输费用的节约；作业流程的连续性。

2. 存储子系统

储存保管是物流活动的一项重要业务，通过存储保管货物解决生产与消费在时间、数量上的差异，以创造物品的时间效用。仓库是物流的一个中心环节，是物流活动的一个基地。对储存系统进行设计时，应根据仓库所处的地理位置、周围环境及物流量的多少、进出库频度，考虑以下几方面的问题：仓库建设与布局合理；最大限度地利用仓库容积；货物堆码、存放的科学性；有利于在库物品的保养防护；加强入库验收、出库复核；加快出、入库时间；降低保管费用；加强库存管理，合理存储，防止缺货与积压；进出库方便；仓库安全。

3. 装卸搬运子系统

装卸搬运是各项物流过程中不可缺少的一项业务活动。特别在运输和保管工作中，几乎都离不开装卸搬运（有时是同步进行的）。装卸本身虽不产生价值，但在流通过程中，货物装卸好坏对保护货物使用价值和节省物流费用有很大影响。装卸搬运系统的设计，应根据其作业场所、使用机具及物流量的多少，考虑以下几方面的问题：装卸搬运机械的选择；装卸搬运机械化程度的确定；装卸搬运辅助器具的准备；装卸搬运的省力化；制定装卸搬运作业程序；配合其他子系统协同作业；节约费用；操作安全。

4. 包装子系统

在整个物流过程中，包装也是一个很重要的环节。包装分为工业包装和商业包装，以及在运输、配送当中，为了保护商品所进行的拆包再装和包装加固等业务活动。对包装系统进行设计时，应根据不同的商品，采用不同的包装机械、包装技术和方法，考虑以下几方面的问题：包装机械的选择；包装技术的研究；包装方法的改进；包装标准化、系列化；节约包装材料；降低包装费用；提高包装质量；方便顾客使用。

5. 配送子系统

配送是物流活动中接触千家万户的重要作业。它和运输的区别在于，运输一般是指远距离、大批量、品类比较复杂的过程。从批发企业或物流中心、配送中心到零售商店和用户的配送服务，是属于二次运输、终端运输。配送系统设计时，应根据其配送区域、服务对象和物流量的大小，考虑以下几方面的问题：配送中心地址的选择；配送中心作业区的合理布置，包括：收货验收区、货物保管区、加工包装区、分货拣选区、备货配送区；配送车辆的配置；装卸搬运机械的选用；配送路线的规划；配送作业的合理化；制定配送作业流程；配送及时性；收费便宜；提高服务水平。

6. 流通加工子系统

流通加工，主要是指在流通领域物流过程中的加工，是为了销售或运输，以及提高物流效率而进行的加工。通过加工使物品更加适应消费者的需求，如大包装化为小包装，大件物品改为小件物品等。当然，在生产过程中也有一些外延加工，如钢材、木材等的剪断、切割等。流通加工系统的设计，应根据加工物品、销售对象和运输作业的要求，考虑以下几方面的问题：加工场所的选定；加工机械的配置；加工技术、方法的研究；制定加工作业流程；加工物料的节约；降低加工费用；提高加工质量；加工产品适销情况的反馈。

7. 物流信息子系统

物流信息系统既是一个独立的子系统，又是为物流总系统服务的一个辅助系统。它的功能贯穿于物流各子系统业务活动之中，物流信息系统支持着物流各项业务活动。通过信息传递，把运输、储存、包装、装卸搬运、配送、流通加工等业务活动联系起来，协调一致，以提高物流整体作业效率，取得最佳的经济效益。当然，物流信息系统也有一些分支系统，如运输信息系统、储存信息系统、销售信息系统等，都分别配合该系统的业务进行活动，以期发挥应有的作用。

在设计物流信息系统时，应考虑以下三方面的问题：系统的内容、系统的作用和系统的特点。为了组织好物流，必须采用一系列基础设施、技术装备、操作工艺和管理技术，并不断加以改造更新。也就是物流大系统的环境影响物流信息系统的内容、作用与特点。

二、物流信息化及信息化建设意义

信息化就是围绕提高企业的经济效益和竞争力，充分利用电子信息技术，不断扩大信息技术在企业经营中的应用和服务，提高信息资源的共享程度。根本目的是改造传统产业、发展高新技术产业过程中，不断提高企业的开发创新能力、企业经营管理能力和竞争力。

物流管理很大程度上是对信息的处理，管理组织中存在的大量岗位只是发挥着信息的收集、挑选、重组和转发的"中转站"作用。如果这些工作由正规信息系统承担，反而会更快、更准、更全。物流管理人员和决策人员如何利用现代信息技术，充分发挥现代物流管理理论的作用，是企业面临的一个重要问题。

物流信息化不仅包括物资采购、销售、存储、运输等物流活动的信息管理和信息传送，还包括对物流过程中的各种决策活动如采购计划、销售计划、供应商的选择、顾客分析等提供决策支持，充分利用计算机的强大功能，汇总和分析物流数据，进而做出更好的进销存决策，充分利用企业资源，增加对企业的内部挖掘和外部利用，降低生产成本，提高生产效率，增强企业竞争优势。

物流信息化的任务是根据企业当前物流过程和可预见的发展，对信息采集、处理、存储和流通的要求，选购和构筑由信息设备、通信网络、数据库和支持软件等组成的环境，充分利用企业物流系统内部、外部的物流数据资源，促进物流信息的数字化、网络化、市场化，改进现存的物流管理，选取、分析和发现新的机会，提供更好的物流决策。

（一）物流信息化的特征

对物流信息化的特征，不同的学者有不同的概括，主要表现在弹性化、网络化、虚拟化、柔性化、智能化等方面的特征。归纳起来，物流信息化具备以下六个方面的特征。

1. 信息数字化

信息化物流系统中的信息不再是以文件、账本、单据的形式堆积成山，事实上众多的信息只需输入计算机便可以得到有序安全的管理。但是计算机只能识别二进制数码，因此信息需要数字化。

2. 服务柔性化

为了能够适应多变的市场，拥有较强的竞争实力，管理学界提出了"柔性化生产"的思想。在实践中也出现了 CNC，CAD/CAM，FMS，MRP 等生产方式。对于物流企业，通过及时获取市场信息，合理组织生产，按订单生产，提供个性化服务，使得生产过程有序，生产节奏平稳，保证高效率、低成本的优势。

3. 组织弹性化

与企业生产系统一样，信息化的组织不再进行大与小之间选择，而是灵活地适应生存环境，根据市场需求，实时调整企业组织规模而且管理重心下移，减少环节，降低成本，建立扁平化、网络化的组织机构，加强组织的横向联系。各种信息系统在思想上都要求信息的及时反馈，这只有对组织结构进行相应调整才能实现。因此，弹性化是信息化物流的组织特征。

4. 管理一体化

管理一体化是指在内部网络和信息系统的基础建设上，从科学、及时决策和最优控制的高度把信息作为战略资源加以外发和利用，并根据战略的需要把诸多现代科学管理方法和手段有机地集成，实现企业内的人、资金、物资、信息要素的综合优化管理。

5. 经营虚拟化

伴随信息化的发展出现了一种新的企业组织形式——"虚拟企业"，这是一种在 Internet 上与其他企业共享的一种全新的企业组织。其形式可能只是某一台电脑，甚至是一个网址，但其组织却是动态的组合或分解。通过国际、国内的各种计算机网络，就可以获取订单、组织生产、办理财务业务等，仅仅是按下键盘就可完成一笔交易。但是信息化物流的虚拟化经营要以信息处理、传输的速度及安全性为基础。

6. 管理人本化

信息社会中企业内部和外部信息网络的建立，大大降低了企业获取有形资源的信息成本，资金和其他资源相对丰裕，不再"稀缺"。与此同时，信息人成为十分"稀缺"的资源。相应地其管理的重点也由物的管理转向网络的管理，本质是对信息人员的管理，特别是要注重信息人力资源的开发，真正做到人尽其才。

（二）物流信息化建设意义

1. 物流信息化建设为中国物流行业改革和重组提供了手段

物流信息化是现代物流发展的关键，是物流系统的灵魂，更是主要的发展趋势。也就是说，物流行业最需要信息化、网络化支持。物流信息化是对整个社会物流系统进行的变革，正是利用信息技术的手段将原来割裂的供应链中各个物流环节整合在一起，突出地表现出了现代物流的整合和一体化特征。通过信息技术与传统物流功能的融合，形成新的物流核心竞争能力，丰富物流内涵。

2. 物流信息化建设是我国信息化带动工业化发展基本国策的具体落实

我国确定了实现以信息化带动工业化，以工业化促进信息化的方针，在这一时代背景下，为了推动我国电子商务的发展，必须大力提高我国物流信息化水平，以适应"一带一路"大战略的全新要求，推动"一带一路"倡议的顺利实施。

3. 新一代信息技术加速发展为物流创新提供新动力

当前，以物联网、云计算、移动互联网+、大数据等为核心的新一代信息技术正在加速发展，其在物流领域的日益普及和广泛应用，将全面提升物流供应链的信息化水平和一体化发展水平，促进更大范围和更深层次的物流技术创新，在推动新型服务、商业模式、产业组织、功能平台、物流设施加快涌现的同时，将深刻改变物流资源配置的方式，促进物流产业加快转型升级，促进物流成本进入新一轮下降通道，为物流产业实现创新驱动发展提供强大动力。

4. 物流信息化建设有利于促进企业物流活动快速转型，进军世界

物流信息化是物流企业和社会物流系统核心竞争能力的重要组成部分，是电子商务的必然要求。物流信息化建设减少企业的服务时间，增强企业的反应能力，有效降低成本，增强信息透明度，减少由于信息不对称性造成的管理人员背德行为，有利于形成新的利润源泉，是带动经济增长的热点，是企业进一步发展的动力所在。促进中国国内物流企业联合，做强做大，为与世界一流企业竞争打下坚实的基础。

虽然目前业内仍存在着这样那样的问题，但是我们坚信在政府的正确引导、企业的不懈追求和技术人员的专业支持下，我国物流信息化建设一定能够在不久的将来跻身世界先进水平。

第二节　物流信息系统

一、物流信息系统基本概念

物流信息系统是根据物流管理运作的需要，在管理信息系统基础上形成的物流系统信息资源管理、协调系统，是管理信息系统在物流领域的应用。它来源于物流系统，又反过来作用物流系统，使物流系统高效率化、高效益化运作。

（一）物流信息系统的概念

物流信息系统是企业管理信息系统的一个重要子系统，通过对与企业物流相关信息进行加工处理，实现对物流的有效控制和管理，并为物流管理人员及其他企业管理人员提供战略及运作决策支持的人—机系统。物流信息系统是提高物流运作效率，降低物流总成本的重要基础设施。

物流信息系统管理两类活动流中的信息：调控活动流和物流运作活动流。

调控活动流程是整个物流信息系统构架的支柱。战略、能力、物流、生产、采购等计划指导企业资源在从原材料采购到产成品送货过程中的分配与调度。上述计划在物流中的具体实施构成企业主要的增值活动，正是这些增值的活动为企业带来利润。尽管调控活动中的各项计划工作是相对独立的，计划周期也各不相同，但如果各项计划出现不一致、失调或扭曲，则会造成运作的低效率和库存的过量或短缺。例如，对战略计划缺乏充分地理解与贯彻导致生产和物流库存的不协调。同样，如果不充分估计到生产、采购和物流能力限制，也会导致系统的应变力差和低效率。各项计划工作不协调的另一个典型后果是过高的安全库存量设置。物流信息系统的一个重要作用就是帮助实现各项计划的一致性。

物流运作活动中的信息流主要包括顾客订单和企业采购订单的接收与发送、处理，以及相关的货物运输调控。主要的物流运作活动包括订单管理与订货处理、分销运作、库存管理、货物运输、采购等。

实际上，物流信息系统是一个四层结构的信息系统：

第一层是基础层，主要设计系统的代码管理及参数的设置和维护等。实体代码化是信息系统的基础，代码设计与管理是信息系统的重要组成部分，设计出一个好的代码方案对于系统的开发和使用极为有利。可以使许多计算机处理（如某些统计、校对、查询等）变得十分有利，也使事务处理工作变得简单。同样，系统设置的参数化使得系统变得灵活且易于维护。

第二层是操作层，用于指导物流作业，记录、更新物流各作业环节的作业信息。

第三层是管理层，用于制定作业计划，平衡、控制、协调客户需求与资源能力，以及各作业环节的均衡平稳。

最高层是决策层，根据企业运转的各种综合信息或报告，收集环境信息，制定企业的中长期作业计划及战略目标，并根据自下向上的信息反馈，不断调整修正各项目标计划。

（二）物流信息与物流信息系统的关系

1. 物流信息对物流系统的作用

物流信息系统必须结合以下六条原理满足管理信息的需要，并充分支持企业制定计划和运作：

（1）可得性

物流信息系统必须具有容易而始终如一的可得性，所需的信息包括订货和存货状况。一方面企业应能获得有关物流活动的重要信息，另一个方面是存储所需要的信息，例如订货信息的处理。无论是管理者的、消费者的，还是产品订货位置方面的信息。物流作业分散化的性质，要求信息具有存储能力，并且能从国内的任何地方得到更新。信息的可得性减少了作业和制定计划的不确定性。

（2）准确性

物流信息必须精确地反映当前状况和定期活动，以衡量顾客订货和存货水平。精确性可以解释为物流信息系统的报告与实物计数或实际状况相比所达到的程度。例如，平稳的物流作业要求实际的存货与物流信息系统报告的存货相吻合的精确性最好在99%以上。当实际存货水平和系统之间存在较低的一致性时，应采取缓冲存货或安全存货的方式，以适应不确定性。正如信息可得性增加信息的精确性，也就减少了不确定性，同时减少了存货需要量。

（3）及时性

信息系统及时性指系统状态（如存货水平）及管理控制的及时性（如每天或每周的功能记录）。及时的管理控制是在还有时间采取正确的行动或使损失减少到最低程度的时候提供信息。概括地说，及时的信息减少了不确定性并识别了种种问题，减少了存货需要量，增加了决策的精确性。

另一个有关及时性的例子涉及产品从"在制品"进入"制成品"状态时存货量的更新。尽管实际存在连续的产品流，但是，信息系统的存货状况是按每小时、每工班，按每天进行更新的。显然，适时更新或立即更新更具及时性，但会增加记账工作量。编制条形码、扫描和EDI，并及时而有效地记录。

（4）灵活性

物流信息系统必须具有灵活性，满足系统用户和顾客两方面的需求。信息系统必须具有能提供能迎合特定顾客需要的数据。例如，有些顾客也许想将订货发货票跨越地理或部门界限进行汇总发票。一个灵活的物流信息系统必须有能力适应这两方面的要求。从内部讲，信息系统要更有能力，在满足未来企业需要的同时不削弱金融投资及规划时间上的能力。

（5）以异常情况为基础

物流信息系统必须以异常情况为基础，突出问题和机会。物流作业通常与大量的顾客、产品、供应商和服务公司竞争。例如，必须定期检查每一个产品与选址组合的存货状况，便于制定补充订货计划。另一个重复性活动对非常突出补充订货状况进行检查。在这两种情况中，典型的检查需要大量的产品或补充订货。通常，这种检查过程需要注意两个问题。第一个问题涉及是否应该对产品或补充订货采取任何行动，如果答案是肯定的，那么，第二个问题应该如何行动。许多物流信息系统要求手工完成检查，尽管这类检查越来越趋向自动化。但仍然使用手工处理的依据是许多决策在结构上是松散的，并且是需要经过用户的参与做出判断的。具有目前工艺水平的物流信息系统结合了决策规则去识别这些要求管理部门注意做出决策的"异常"情况。

（6）适当形式化

物流报告和显示屏应该具有适当的形式，意味着要用正确的结构和顺序包含正确的信息。例如，物流信息系统往往包含一个配送中心存货状态显示屏，每一个显示屏列出一个产品和配送中心。要求一个物流顾客服务代表在给存货定位满足某个特定顾客的订货时，检查每一个配送中心存货状况。如果有 5 个配送中心，就需要检查和比较 5 个计算机显示屏。适当的形式会提供单独一个显示屏，包括所有 5 个配送中心的存货状况。这种组合显示屏使顾客代表更容易识别产品最佳来源。

显示屏向决策者提供所有相关的信息。将过去信息和未来信息结合起来，包括现有库存、最低库存、需求预测，以及在一个配送中心单独一个品目的计划入库数。这种结合了库存流量和存货水平的图形界面显示，当计划的现有库存有可能下跃到最低库存水平时，有助于计划人员把注意力集中在按每周制定存货计划和订货计划上。

2. 物流系统对物流信息的要求

物流信息是随企业的物流活动同时发生的，是实现物流功能必不可少的条件。物流系统对信息的质量要求很高，主要表现在以下三个方面：

（1）信息充足

有效的物流系统需要充足的信息，提供的信息是否充足，能否满足物流管理的需要至关重要。企业物流经理应了解信息系统，并懂得如何管理信息系统。主管信息系统的管理者如果懂得商业管理、物流管理的需要，就能更好地开展工作，提供更有价值的信息。因此，这两方面的管理者应该扩大知识面，了解对方的工作情况，对对方的需要和能力水平做出迅速的反应。

（2）信息准确

信息必须准确，只有准确的信息才能为物流系统提供服务。许多企业的可用信息非常少，并且模棱两可，导致物流决策不当，其主要原因是这些企业仍在使用过时的成本会计方法、管理控制系统，当今竞争激烈的市场上，这些方法已不能满足物流经理的竞争需要。例如，许多物流经理投入大量的资金和设备来提高仓库、运输、库存控制的效率，大大降低这个领域的人力成本。物流经理进行决策的时候，并不考虑沉没成本，只要边际贡献大于零，方案就是可行的。但按照成本会计，成本中包含了沉没成本，会计所提供的信息不能很好地满足物流经理的决策需要。

（3）通信顺畅

管理需要及时准确的信息，要求企业通信顺畅。通信的方式必须使人容易接收，否则就会产生误解，导致决策失误。人们常常有"选择性接收"的倾向，即事先进行预测，然后按照预测理解接收的信息。信息的发出者应该清楚地知道接受者需要什么样的信息、最适合哪种通信方式及信息用途。

（三）物流管理与物流信息系统的关系

信息是进行物流管理策划和控制的基础。物流信息的作用非常重要。首先，市场份额的竞争就是顾客的竞争。要使顾客满意和愉快，必须以最好、有效的行为为顾客提供服务。在物流业中，向顾客提供及时准确的订单状态、产品可得性、交货计划和发票成为使顾客全面满意的重要组成部分。其次，信息能降低库存和人员需求，是提高竞争水平的重要因素。最后，信息在物流管理的资源分配和组织计划中发挥着重要作用。

1. 物流管理对信息的需求

在供应链物流过程中，信息流在从供应商到最终用户的不同成员之间交换、共享和流动，将采购、制造、产品分销和售后服务连接为一个整体。在物流过程中，各个战略经营单位之间均有信息交流，有的是直接的，有的是间接的。

物流管理对信息提出了更高的要求。按照重组物流一体化的观点，物流信息分为战略信息、经营信息和技术信息等三个层次。其中，战略信息是为物流系统计划服务的，经营信息是提供给经理进行营业分析使用，技术信息提供给物流控制使用。市场营销支持、制造预测和财务会计等部门共同为实现物流管理目标服务。

要实现物流管理的目标必须有市场营销、制造预测和财务会计等信息的支持，这些信息来源于物流的主要流程，如顾客服务、库存控制管理、仓库保管等。上述信息是由最基本的物流活动产生的。值得强调指出的是，由战略信息、经营信息和技术信息依次向下的信息流，与由基层的操作活动信息、控制信息、分析信息和计划信息所构成的向上的信息流共同组成一个信息反馈回路，保证整个物流系统实现对物流管理目标的定位。

2. 物流信息系统对物流管理的作用

以典型的零售业物流管理系统为例，零售商需要应用整套信息系统以取得竞争优势，物流信息系统对物流管理的作用归纳为以下三方面：

（1）缩短物流渠道

是指寻找减少周转时间和存货的办法。存货包括中间存货和最终存货两类，出现在供应链中的不同节点上。中间存货是指零部件、在产品、产成品的存货，当供应链出现问题引起需求波动时用作缓冲。这些存货增加了总供应链的长度，而零库存的原则要求顾客与供应商间紧密配合，减少对存货的依赖。

（2）增加渠道的透明度

渠道的透明度是指知道什么时候、什么地方、多少数量的货物以及在供应渠道中可以达到目的。传统上，这些信息是不清楚的，最多只是明白属于自己企业范围的部分信息，供给渠道中的瓶颈与过多的存货不易被发现。不良的渠道透明度会导致不良的供应链控制。因此，为达到完美的供应链控制，掌握渠道的实时信息是必需的。

为达到这个目标，可以利用 EDI，使供应链上下游企业轻松获得有关信息，以便更好地协调供应链。渠道的透明度只有能反映现实时，才能说是好的。因此，依靠应用信息技术的实时信息系统，如 POS、条形码和 VAN 通信网络，建立 EDI 的快速反应机制。渠道的透明度对于全球物流系统显得尤其重要。

（3）实现物流系统管理

当今，物流已被看成对主业具有很大影响的重要因素。这种转变是由于经济全球化趋势导致供应链的延长，企业不得不把物流系统整合起来管理，以连接市场的供需双方，系统中某一部分的决策会影响整个系统的运作。为满足系统管理物流目标，EDI再次使得用于协调物流管理系统的信息自由与准确的流动。物流供应链是由许多不同的组织构成，每个组织为获得自身利益，不惜以增加供应链的长度为代价，EDI把这些组织联系成为合作者，并使渠道透明，因此，增加了协调渠道和取得最佳流动的能力。只有这样，物流管理系统才能被看成是一个系统。

二、物流信息系统的结构、功能和作用

物流信息系统是由人员、设备和程序组成的，为物流管理者执行计划、实施、控制等职能提供相关信息的交互系统。物流信息系统的信息来源于物流的环境，典型的综合物流信息系统有决策支持系统、运输、库存、配送信息系统。

（一）物流信息系统的结构

物流信息系统的结构是指物流信息系统各个组成部分的构成及相互关系。

1. 概念结构

物流信息系统的概念结构由四个部件构成，即信息源、信息处理器、信息用户、信息管理者。信息源是信息产生的源头，信息处理器对信息进行加工、存储、传输，信息用户是信息的使用者，信息管理者负责对信息系统开发、设计、实现、运行、维护和管理。

2. 层次结构

物流信息系统从层次结构上看分为三个层次，即业务操作层、管理控制层、决策支持层。业务操作层是物流信息系统的最基层，管理控制层使用人员是物流企业的中层管理人员，决策支持层是物流信息系统的最上层，使用人员是物流企业的高层管理人员。

3. 功能结构

物流信息系统从功能结构上看，主要有客户关系管理、订单管理、运输管理、仓储管理、装卸搬运管理、配送管理、包装管理、流通加工管理、货物跟踪管理、物流统计分析、决策支持等功能。

4. 物理结构

物流信息系统从物理结构上看，主要有计算机硬件、软件和网络。其中，软

件又有操作系统软件、数据库系统软件、物流管理应用软件等。

（二）物流信息系统的功能

物流系统的各个阶段和各个层次之间通过信息流紧密地联系起来，物流管理信息系统就是要对这些物流信息进行采集、存储、传递、处理、显示和分析。

数据采集和录入就是把分布在各个物流部门的相关数据收集起来，转换成物流管理信息系统所需的形式。

信息的存储是指采用某种物流介质保存信息的方法。数据进入物流管理信息系统之后，经过整理和加工，成为支持物流系统运行的物流信息，这些信息需要暂时或者永久保存，以供使用。

信息的处理是物流管理信息系统核心目标，是将输入的数据加工转换成有用的物流信息。信息处理，可以是简单的排序、分类、查询、统计，也可以是复杂的预测、模拟等。

信息的输出和显示是提供一个直观、清晰的界面，其目的是让各级物流管理人员能够容易解读物流信息。

由于数据的采集、信息的处理、信息的使用不可能在同一个地方进行，所以要通过数据和信息的传递将上述过程联系起来。

（三）物流信息系统的作用

企业决策者在物流信息系统的建设中，应明确的一个概念，即信息是什么。信息，既不是买软件，也不是买硬件，只是为达到目的所实施的手段和工具，企业实施信息化的最终目的是应用。因为企业的经营永远离不开一个永恒的主题，即最大限度地追求利润。世界无论变得如何数字化，终究是以物质形式存在的，不可能变成只有 0 和 1 组成的世界。一个企业信息化的建设也离不开企业的经营之本，信息系统只是为经营服务的手段。只有根据先进的理念，选用正确的技术，使技术应用在有效产品的开发上才称得上是一个成功的企业物流信息系统。

具体到物流信息系统本身，由多个子系统组成的，它们通过物资实体运动联系在一起，一个子系统的输出是另一个子系统的输入。合理组织物流活动，就是使各个环节相互协调，根据总目标的需求，适时、适量地调度系统内的基本资源。物流系统中的相互衔接是通过信息予以沟通的，而且基本资源的调度也是通过信息的查询实现的。例如，物流系统和各个物流环节的优化所采取的方法、措施，以及选用合适的设备、设计合理的路线、决定最佳库存量等，都要切合系统实际，即依靠能够准确反映物流活动的信息。所以，物流信息系统对提高企业物流系统的效率，提高企业的经济效益起着重要的作用。

1. 基本作用

（1）收集物流信息

物流信息的收集是信息系统运行的起点，也是重要的一步。收集信息的质量（即真实性、可靠性、准确性、及时性）决定着信息时效价值的大小，是信息系统运行的基础。信息收集过程要求遵循一定的原则。首先，要有针对性。重点围绕物流活动进行，针对不同信息需求及不同经营管理层次、不同目的的要求。其次，要有系统性和连续性。系统的、连续的信息是对一定时期经济活动变化概况的客观描述，它对预测未来经济发展具有很高的使用和研究价值。再次，要求信息收集过程的管理工作具有计划性，使信息收集过程成为有组织、有目的的活动。

（2）物流信息处理

收集到的物流信息大都是零散的、相互孤立的、形式各异的信息，对于这些不规范信息，要存储和检索，必须经过一定的整理加工程序。采用科学方法对收集到的信息进行筛选、分类、比较、计算、存储，使之条理化、有序化、系统化、规范化，才能成为能综合反映某一现象特征的真实、可靠、适用且有较高使用价值的信息。

（3）物流信息传递

物流信息传递是指从信息源出发，经过一定的媒介和信息通道输送给接收者的过程。信息传递最基本的要求是迅速、准确和经济。信息传递方式有如下几种：从信息传递方向看，有单向信息传递方式和双向信息传递方式；从信息传递层次看，有直接传递方式和间接传递方式；从信息传递时空看，有时间传递方式和空间传递方式；从信息传递媒介看，有人工传递和非人工的其他媒体传递方式。

（4）物流信息应用

物流信息的应用是指对经过收集、加工处理后的信息使用，以实现信息使用价值和价值的过程。信息的使用价值是指信息这一商品所具有的知识性、增值性、效用性等特征决定其能满足人类某种特定需要，给人类带来一定的效益。信息的价值是指信息在收集、处理、传递、存储等过程中，需要一定的知识、特殊的工具和方式，要耗费一定的社会劳动，是人类一种创造性劳动的结晶。这种凝结在信息最终产品中的一般人类劳动即为信息的价值。

2. 物流信息系统在企业中的作用

基于因特网和现代信息技术的物流信息系统，与其他信息系统一样，能够显著提高企业物流的运营效率和管理水平，越来越多的企业愿意采纳这项集管理和信息技术为一体的信息系统。一个典型的物流信息系统对企业的现实作用体现在如下几个方面。

物流信息系统是物流企业及企业物流的神经中枢。如果没有先进的信息系统支持，物流企业的功能就不能体现。物流企业作为面向社会服务，为企业提供功能健全的物流服务，面对众多的企业和零售商甚至是客户，如此庞杂的服务，只有在一个完善的信息系统基础上才可能实现。

通过物流信息系统，企业可以及时地了解产品市场销售信息和产品的销售渠道，有利于企业开拓市场和搜集信息。

通过物流信息系统，企业可以及时掌握商品的库存流通情况，进而达到企业产销平衡。

物流信息系统的建立，可以有效地节约企业的运营成本；可以通过规模化的、少品种、业务统一管理节约企业的物流运作成本；也可以通过信息系统完成企业的一系列活动，如报关、订单处理、库存管理、采购管理、需求计划、销售预测等。

物流信息系统的建立使物流服务功能大大拓展。一个完善的物流信息系统使得企业能够把物流过程与企业内部管理系统有机地结合起来，如与系统结合，可以使企业管理更加有效。

加快供应链的物流响应速度。通过建立物流信息系统，达到供应链全局库存、订单和运输状态的共享和可见性，降低供应链中需求订单信息畸变的现象。

第三节 "互联网+"背景下货运物流的发展

一、传统货运行业的新机遇

通过互联网平台，客户可以清楚地看到，为其服务的物流公司历史上一共承接了多少货量和订单，客户的选择和评价如何、时效怎么样。物流信息全程可视化，通过互联网的方式让货运情况实时可见、实时签收。

许多基于移动互联网的货运网络平台相继出现，互联网成为行业转型升级的重要推手。在传统货运模式下，客户、物流公司双方必须见面。在"互联网+"时代，货运业拥抱互联网，构建全新的价值链。加快促进道路货运转型升级，是促进物流业发展的关键所在。要运用互联网改造传统货运业，重构资源共享、合作共赢、可持续发展的产业生态圈。

长期以来，我国的道路货运业一直被贴上"多、小、散"的标签。超过700多万家物流企业以及3000多万名司机，构成了庞大的承运企业群体。在整个承运企业中，97%是中小微型物流企业，平均年营业额1000万元以下。

在传统货运业模式下，整个物流链条形式复杂。"发货企业要找到若干家货运代理，要经历多次中转、多次装卸，运作效率很低，也造成了巨大的浪费。"中物联公路货运分会会长王坚说，"'互联网+'将改变货运行业，货物信息更加透明化，车辆技术也将促进车队和司机的整合，运输效率会进一步提高。"

"互联网+货运物流"从线上交易到线下运作，实现了从订单、运单、交付到最后结算，以及评价、诚信系统的完整生态链的搭建。通过互联网搭建的集货平台，统一收集客户的需求，减少了中转和多次装卸，实现了集约化运作。供需双方庞大分散的群体，产生了货运物流平台的需求。"平台型物流企业绝不仅仅是提供简单交易和撮合业务合作的服务商，而是通过承诺合同，为其承担所有的运输风险，通过运费差价和信息服务获得利润。"

通过互联网线上的链接、信息对称和分享，实现线下整个物流的高效运作。通过这样的方式，中小微物流企业可以突破传统地理、地域的局限，获得更多的业务，并进入良性循环。

二、互联网 + 货运行业

当淘宝改变了大众的购物方式，滴滴出行、易到改变着人们的出行习惯，货运物流也已经"+"上了互联网。"互联网+"的热潮让 O2O 市场迅速崛起，继"互联网 + 出租车""互联网 + 社会车辆"之后，在信息不对称、集约化程度低的货运领域，通过移动互联网连接货主发货需求的"互联网 + 货运"的模式也在逐渐兴起。

"在电商物流和移动互联网的双核驱动下，传统物流进入了转型升级的快车道，中国物流越来越趋向平台化整合，开放式的物流信息化平台将逐步成为主流。这就需要打造一个匹配货主与司机运力的平台，帮助货运双方降低物流成本，搭建社会'公共运力池'"。

传统物流园区主要是为司机提供停车休息以及信息交汇等服务。由于车辆的过度集中，往往带来堵车、公路损毁、行车环境脏乱差等问题。移动互联网可以疏导这种需求，更合理地匹配车货两端，物流园区可以依托软件平台为司机提供更多的增值服务。通过这个公共信息平台，全国原本割裂的物流园区串成一串"珍珠项链"，更多的信息交互大大提高了货车司机和物流园区的生产效率。

每台在路上行驶的车辆都变成了速派得的营业网点和仓库，将原来的定点集货变成了移动集货和仓储，突破了网点地理位置的限制和车辆物理空间容量的限制。速派得的英文名字是"spider"，业内人士认为，速派得确实搭建了一张蜘蛛网——城市物流的"蜘蛛网"。用移动互联网整合货源与运力，这些货车平台被很多人视为"货运版"滴滴出行。在创业者看来，与按距离标准化收费的滴滴出行不同，货运平台解决了货运定价非标准化下的车货匹配，推动物流行业的互联网化。

行业内不诚信导致很多问题，一方面，货主通过软件联系好司机，结果司机没到，影响了货物配送；另一方面，司机驱车前往货源地，货主取消了订单，司机空跑一场，这都是行业内屡屡发生的事情。货运平台作为中介方，一旦出现问题，将转接双方压力，承担两方责任。在此情况下，只做信息连接平台是不够的，合理信用机制的建立与完善变得至关重要。如何尽可能通过审核等方法杜绝不诚信的事件发生，以及事故产生后的赔付追诉机制，都是平台需要考虑的。

三、让互联网与航空货运"联姻"

传统航空货运是围绕飞机开展业务，以飞机为中心确定地面保障、货运营销等各项任务计划。在"互联网+"的时代，货运围绕用户需求，以最快捷的方式为用户解决问题。除了货机，客机腹舱的运载量也在不断增长。一架波音777客机的腹舱能够运载20~25吨货物，相当于一个波音757全货机22吨的运量。供给增速大于需求增速，再加上公路、铁路的竞争，航空货运面临的市场环境并不乐观。

面对挑战，"以互联网思维改造航空货运"成了航空公司的选择。对传统企业来说，准确把握用户需求，应重视对数据的收集和分析。

了解客户的需求，还要利用移动互联的优势更快捷地为客户服务。为了解决客户提货不便的难题，东航推出东航移动E产品，逐步完善"多式联运"服务。客户根据自身需要选取货物出运地、目的地，系统考虑价格、时间是否保障优先等因素后，能够自动推荐最优联运计划，时间、航路、舱位情况、历史保障情况和销售价格等一目了然。

"对于客户，航空货运最大的优势就是快，移动互联能进一步发挥这种优势。"中国南方航空公司（以下简称南航）货运部副总经理林道为说。在南航广州国内货运站，一台掌上电脑、一张条形码、一个微信号展示了移动互联网的力量。"每一票货物都有一个条形码，每一个装载容器也对应一个条形码，货运人员只要用掌上电脑扫描条形码，货物的种类、重量、交运时间、舱位等信息就会自动传输到系统平台，实现各个环节的移动化处理。"

"做好'互联网+'，要利用互联网技术对货运流程进行优化和集成，从而提升客户体验和市场竞争力。"除了做好传统的货物运输，航空公司也在积极推入蓬勃发展的跨境电商市场。面对客户需求和市场竞争的压力，航空公司也在思索如何进一步在"互联网+"的"风口"上顺势而为。"未来，我们将进一步完善快速物流供应链的服务，为诸多线下、线上进口商品经销商提供高品质的货源，也为消费者带来原产地的极度新鲜体验。"

四、互联网物流企业的五种模式与发展前景

当互联网的影响力日益彰显，尤其是 O2O 模式的出现，让互联网对传统物流产业的重构产生影响，并成为可能。互联网在减少信息不对称、释放潜在市场活力、凸显个性化产品需求方面有着得天独厚的优势。消费者在同样的产品面前，有了更多的选择和比较。物流行业的竞争，已经从单纯的货源竞争上升为服务竞争、消费者体验的竞争。

（一）催生互联网物流企业快速成长的原因

伴随着传统企业转型升级的深入推进和产业结构的优化调整，以平台经济为核心的集约型发展模式得到快速推广，以物流平台为代表的经济格局初现雏形。从发展趋势看，未来的物流是平台经济的时代。通过对资源的整合，互联网物流企业发展快速，商业机会明朗，商业价值逐渐攀升。催生互联网物流企业快速发展的主要原因有以下四个方面：

1."互联网化"成为推动物流全行业向前发展的原动力

互联网正在改变餐饮行业、旅游行业、汽车行业和房产行业，互联网对物流行业低效、混乱的局面重塑是大势所趋。面对速度和体验的双重需求，互联网物流企业应运而生。

2.电子商务的快速发展催生了物流行业的初步崛起

电商的高速发展需要很好的物流模式来耦合，否则将会制约经济发展。当物流量完成从制造业驱动向电商业驱动的快速转变时，物流已经能够满足用户碎片化需求，并且有体验性好、个性化强、空间分布广的特点。与此同时，货物流通也越来越倾向于小批量、多批次、高频率的运作模式。在这一背景下，传统快递企业仅仅依靠低水平的规模扩张将难以支撑，互联网物流企业必须在这方面寻求的突破。

3.海淘成为购物新趋势，是互联网物流企业快速成长的催化剂

现阶段，海淘、跨境电商成为大众时尚消费的一种选择，移动互联网物流在提供海外直购服务方面有着天然的优势，在跨境电商业务中，也扮演着重要的角色，直接决定未来各物流企业的服务水平和市场竞争力。

4."互联网 +"代表的新经济形态已然深刻影响到物流全行业

在网络化世界里，物流互联网化将追求更高效、更精细的分工。"互联网 +"

不仅是作为一种技术手段与传统行业的融合，而且将互联网思维深植于物流行业。"互联网＋物流"的市场由规模化向细分化、个性化、多样化演变，促进物流运营向更科学、更高效的方向发展，当然也需要与之匹配的企业同步发展。

（二）互联网物流企业的五种模式

随着互联网物流企业的发展，其主要解决的是运力统筹和货源统筹的双重难题，现阶段主要有五种运营模式。

1."整车配送，一装多卸"模式

初期发展起来的互联网物流企业以平台为主，主要解决传统物流服务站信息不对称的问题。随着进一步的市场探索，各企业逐渐开始在货物集散端寻求更多的可行方案。最普遍的做法是，互联网物流企业搭建平台，平台一端对接客户，另一端对接司机。平台的价值更多体现在整合了离散的货源，完成了集货功能。

然而，以平台为基础，并没有解决集货困难、成本高、周期长、一流货源难寻的问题。"整车配送，一装多卸"模式只做到了最基本的表层重构，完成了对信息、货物的聚合与分发，没有从根本上改变物流行业供应链链条。

2."货运版"滴滴出行模式

随着移动互联网的发展，基于 LBS 位置服务，类似"货运版"滴滴出行模式的互联网物流企业纷纷上线，用户通过平台发布送货请求，货车司机在线抢单，但是这种完全照搬滴滴出行模式的物流企业存在一定的弊端。首先，"人打车"和"货配送"有着本质上的区别。"货配送"的需求多来自企业，与"人打车"相比，其流程更加复杂，要求多样化，难以标准化。其次，在支付闭环没有完全打通的情况下，物流配送结算的单价较高，司机不能直接出具发票，双方需要签收回单，还有账期等一系列问题难以解决。

3."拼车"模式

"货运版"滴滴出行模式在发展过程中遇到了瓶颈，那么货运走拼车这一路径能否行得通呢？从目前市场状况看，拼车还存在一定的成长空间。"拼车"模式以整车为单位，但并不是指整车出租，"拼车"模式和海运船舶的分仓理念相似，将车辆的空间按照货物的体积大小划分安排，通过系统统一调配，配送车辆可以多点取送，多装多卸，将社会闲散运力整合起来，达到成本和效率的最优化。

目前，市场上拼货的主流观点是"高频打低频，强需求带动弱需求"。但是在市场尚未完全打开之前，拼车的空间利用率大打折扣。另外，在技术、货源等因素综合影响下，时间、空间和距离三者之间的最佳平衡点也难以定位。

4. "平台招投标"模式

在此种模式下，用户可以通过平台发布货运需求，司机在平台上展开竞价，用户根据报价，选择性价比合适的司机进行接洽。以此模式发展起来的互联网物流企业，更加看重的是平台对供应链的控制价值，企业一旦掌控供应链管理技术，那么后期将有很大的市场发展空间。互联网的本质是公开透明的，互联网物流企业的货运报价也会越来越接近刚性成本，那么在平台竞价的压缩空间就会变得有限，货运物流交易效率要求较高时，竞价就会失去优势。物流企业想通过补贴拉低竞价来扩展市场份额是不可能的。

5. "立体生态经济"模式

商业模式中最大的赢家是供应链主企业，供应链从单独一条链向多条链整合，并延伸出平台模式，多个平台的建设和整合成为立体的经济模式。互联网物流企业将基层的末端配送运营、干线整合、全国仓储圈地、信息平台建设、大数据战略、金融服务延伸到制造代工等组合成物流的立体生态经济模式，并最终会掌控整个商业生态，成为最大的供应链主平台。

从我国目前物流行业整体看，空运、铁路的主体运力在国有企业，而公路物流运力散乱，立体生态经济模式的整合难度非常大。因此，立体生态模式物流骨干网的"骨干"整合将成为其最大的短板。

"互联网＋物流"形成的首要因素在于改变原始物流的运作模式，全面推行信息化，实现智慧物流。"互联网＋"形势下的信息化，不是单纯地建网站、搭平台、开发App，更多的是利用移动互联网优势，在管理监控、运营作业、金融支付等方面实现信息共享，用互联网思维、信息化技术改造物流产业，在新的领域创造一种新的物流生态。

互联网物流企业实施"互联网＋"是一种基于长远目光的战略考虑，物流在向其他业态渗透过程中相对容易。也许物流可以免费，但延伸出来的业态却能够赢利。各企业如果深耕"互联网＋"领域，在流程管控、配送效率、用户体验上做到极致，就能够在互联网物流的红海中拥有一片天空。

结束语

　　车路协调、车车协同是车辆自动驾驶的前一个阶段，车辆自动驾驶、自动车路系统是未来交通发展的一个重要方向，也是智能交通的终极发展目标。国外在车车、车路系统的智能交通研究上投入大量资金，公交信号优先，主动安全技术、车辆避碰技术是车路系统近期的研究成果。交通设施的建设应该考虑未来车路系统的试点和应用，并应留有发展的空间。相信在不久的将来，电子、自控、通讯、定位、微系统等技术的发展将很快融入智能交通，促进车路系统的发展。

参考文献

[1] 王卉 .5G 技术在城市交通中的应用 [J]. 无线互联科技，2021，18（24）：9-10.

[2] 基于视频分析技术的交通事件检测系统 [J]. 中国科技信息，2021（24）：14.

[3] 张扬永 . 基于神经网络的城市道路交通诱导算法设计 [J]. 湖北工程学院学报，2021，41（06）：71-76.

[4] 基于视频分析技术的交通事件检测系统 [J]. 中国科技信息，2021（22）：13.

[5] 张晶鑫 . 智慧城市轨道交通云平台建设构想及其架构与应用探讨 [J]. 智慧中国，2021（10）：70-72.

[6] 张先莉 . 成都市乡村旅游公共交通服务质量提升策略研究——以青白江区为例 [J]. 商讯，2021（30）：31-33.

[7] 基于视频分析技术的交通事件检测系统 [J]. 中国科技信息，2021（20）：10.

[8] 熊姗姗，郑博 . 综合交通信息化平台建设探讨 [J]. 中国新通信，2021，23（19）：1-2.

[9] 基于视频分析技术的交通事件检测系统 [J]. 中国科技信息，2021（18）：13.

[10] 保丽霞，刘玉喆，等 . 西安市智慧交通管理发展对策研究 [J]. 中国市政工程，2021（04）：73-76.

[11] 弓敏，孙有为，张竹青，等 . 城市轨道交通运营管理信息化建设措施分析 [J]. 技术与市场，2021，28（08）：144-145.

[12] 周文 . 新形势下交通信息化建设研究 [J]. 交通世界，2019（25）：8-9.

[13] 肖强 . 城市公共交通信息化发展问题研究 [J]. 智能城市，2019，5（13）：170-171.

[14] 郑淳夫．分析交通信息化发展中存在的问题及优化策略 [J]. 中国管理信息化，2019，22（07）：182–183.

[15] 赵炜彤．交通信息化发展中存在的问题及优化策略 [J]. 黑龙江科学，2018，9（22）：150–151.

[16] 汤柏龄．公路交通信息化建设存在的问题及有效措施探究 [J]. 西部交通科技，2017（12）：126–128.

[17] 陈勇．交通信息化发展中存在的问题及优化策略 [J]. 黑龙江交通科技，2015，38（03）：166–167.

[18] 宗刚，李腾海子．特大城市交通信息化评价指标体系构建与实证研究——以北京市为例 [J]. 武汉大学学报（哲学社会科学版），2015，68（02）：102–108.

[19] 薛跟娣．浅析交通信息化建设 [J]. 科技创新与应用，2014（31）：84.

[20] 白云．交通信息化发展中财务工作的重要性探讨 [J]. 时代金融，2014（15）：165.

[21] 白云．交通信息化发展中如何正确发挥财务管理作用 [J]. 财经界，2014（15）：232.

[22] 张开典．物联网环境下我国交通信息化发展研究 [J]. 硅谷，2011（07）：109.

[23] 马春城．浅谈对公路交通信息化的几点哲学思考 [J]. 河南科技，2010（16）：46.

[24] 张毅民．交通信息化在山西省的发展应用 [J]. 科学之友（B 版），2008（05）：132–133.

[25] 李江．交通工程学 [M]. 北京：人民交通出版社 .2002.

[26] 刘伟杰．智能交通在身边 [M]. 上海：上海人民出版社 .2013.

[27] 崔书堂．交通运输信息管理 [M]. 南京：东南大学出版社 .2008.

[28] 冉斌．互联网＋交通运输 交通运输的新变革 [M]. 南京：江苏科学技术出版社 .2017.

[29] 丁轶峰，陈轶斌，顾宇峰，等．交通信息化科学丛书 掌纹掌脉融合识别技术及其在泛地铁环境中的应用 [M]. 上海：上海科学技术出版社 .2017.

[30] 何杰．物流信息技术 [M]. 南京：东南大学出版社 .2009.